本译著为国家社科基金青年项目
"中国形象在澳大利亚新闻话语中的传播效果评估与优化(1972—2021)"
(项目编号:19CYY016)的阶段性成果

THE DISCOURSE OF NEWS VALUES

HOW NEWS ORGANIZATIONS CREATE NEWSWORTHINESS, FIRST EDITION

新闻价值话语

新闻机构如何制造新闻价值

〔澳〕莫妮卡·贝德纳雷克（Monika Bednarek）　海伦·卡普（Helen Caple）◎著

邓梦寒◎译　郇昌鹏◎审校

上海三联书店

目　　录

第二部分　分析框架

第三部分　实证分析

第四部分　扩展

致　谢

本专著的大部分章节都是由本书的两位作者协作完成——除了第四章 xv
和第六章（由 Monika Bednarek 撰写），以及第五章和第七章（由 Helen
Caple 撰写）。但是，我们对彼此所写的每个章节都进行了反馈。

在本书的写作过程中，很多同事和机构提供了重要的帮助，我们在此诚
挚地感谢他们（排名不分先后）。首先，感谢 Hallie Stebbins 委托我们撰写
此书，感谢牛津大学出版社的制作团队帮助本书顺利出版。我们还要感谢
匿名审稿人，他们对本书的初稿提出了宝贵的意见。

本书开篇的大部分基础工作是我们在 2013 年访问牛津大学路透社新
闻研究所（RISJ）期间完成的。我们非常感谢能有这次机会，还要感谢 David
Levy 所长和当时的研究主任 Robert G. Picard 及所有记者朋友们，感谢我
们在 RISJ 就新闻价值进行的有价值的对话。我们也很感谢 RISJ 允许我们
在本书的第二章重印部分工作论文："深入话语：新闻及其他领域的新闻价
值研究方法（2013）"。

第八章是澳大利亚研究基金（ARC）项目"分享在线新闻：分析社交媒
体现象的重要性"（LP140100148）的成果之一，Monika Bednarek 曾参与其
中。感谢 Share Wars 和 Mi9 的行业合作伙伴 Andrew Hunter、Hal
Crawford 及 Domagoj Filipovic，还有其他项目成员 Tim Dwyer、Fiona
Martin 和 James Curran，感谢他们提供了有益的讨论并帮助我们访问
ShareWars 的点赞系统（Likeable Engine）。我们还要感谢为本章收集数据
的三位研究助理：Joel Nothman、Samuel Luke 和 Penelope Thomas，尤其
是 Joel Nothman，他是专业的数据挖掘顾问。我们还要特别感谢日本早稻

田大学的 Laurence Anthony，他为第八章的研究结果（见 www.newsvaluesanalysis）创建了文本-图像的可视化关系。

Helen Caple 要感谢新南威尔士大学的艺术与媒体研究资助计划提供的研究资助。Monika Bednarek 感谢悉尼大学 Bridging 基金提供的研究资金，该基金资助了第八章的图像收集，以及由 Samuel Luke 专业提供的 2015 年一般研究。她还要感谢德国弗莱堡大学弗莱堡高等研究院（FRIAS）授予她的 FCFP 外国高级奖学金，使她得以在 2015 年下半年对本书手稿进行最后润色。

Pernille Day（瑞典）、Audrey Deheinzelin（法国）和 Beatrice Quiroz（西班牙和葡萄牙）为翻译第九章所分析的新闻文章提供了专业知识。本书分析语料的版权归原作者所有。

过去三年中，我们对新闻价值的话语研究方法已展示给众多受众，并在与同事的讨论中得以逐渐完善。我们非常感谢这些同事的反馈。特别感谢 Charlotte Hommerberg 组织和资助我们在瑞典巡回演讲，感谢 Martin Engebretsen 资助我们访问挪威，感谢 Theo van Leeuwen 与我们会面并讨论棘手的理论问题。我们还要感谢 2015 年参加悉尼大学新闻话语研究小组的同事和研究生，他们围绕我们在新闻话语分析方面的共同兴趣开展了热烈的讨论。媒体话语和新闻学的本科生与研究生提出的问题和反馈，以及在作业中对新闻价值话语分析的应用，使我们的方法变得更加明晰。

最后，我们要向一直鼓励和支持我们的家人与朋友表达爱意和谢意。

第一章

导　言

1.1　新闻价值话语

本书讲述语言、图像及新闻价值的话语构建。在本章导言中，我们先看一下下面三则新闻：

例（1）

一则最新报道显示，澳大利亚的体育节目中只有 7％涉及女性，相比十年前，这是一种退步，凸显出这个运动至上的国家所存在的显著性别鸿沟。

（http：//abc. net. au，2015，发表和检索日期为 2015 年 4 月 13 日）

例（2）

船长阿德里亚诺·比纳基（Adriano Binacchi）曾驾驶搁浅船只"狂欢精神号"，他被公认为世界上最淡定的船长。他的船遭遇了 6—10 米高的海浪。但接受媒体采访时，他的态度大体上听来却好像"这不算什么"。

当问到如此恶劣的海况是否罕见时，他回答说：

——"不算是，我并非第一次遇到。"

船上是否有人员受伤？

——"没人受伤，只有个别轻微的晕船现象。"

船只是否受损？

——"什么受损？可能有些窗户的玻璃碎了，小事情。"

（http：//the guardian. com/au，发表和检索日期为 2015 年 4 月 22 日）[1]

例(3)

图 1.1 中的新闻图片

图 1.1　新闻图片：移民走过斯洛文尼亚(美国《大西洋月刊》：杰夫·J. 米切尔/盖帝图库　供图)

本书主要关注语言和视觉文本如何解答受众对于"这如何成为新闻"的疑问。换言之,符号(或意义建构)手段如何使被报道事件的新闻价值合理化？我们先来分析例(1)：此例报道的事件发生于受众所在的国家(澳大利亚),事件是负面的("一种退步"),涉及面广("显著性别鸿沟"),并且刚刚为人所知("一则最新报道显示")。事实上,如果继续阅读,那么我们会发现这是 2010 年发表的新闻报道(题为"平等竞技：澳大利亚媒体中的体育与性别"),因此可以视其为一则新的消息或近期消息。

例(2)中的新闻很不寻常,因为除了受访者的回答外,其还包含了新闻工作者的问题。这些问题似乎是设计好的,用以诱导得出事件不同寻常(罕见)和负面("人员受伤""船只受损")的回答,但是受访者没有这么回答,也没有把这个事件描述得很宏大。相反,他多次使用了表达"轻微"含义的形容词("轻微的晕船""小事情")。这使新闻工作者很难引用受访者的话来把事件描述得非同寻常、损失巨大，从而使其具有新闻价值。不过，新闻工作者把这名船长（和采访）转变成了一个有新闻价值的故事——该船长被评为"世界上最淡定的船长"，并且用海浪的高度（"6—10米"）与船长的态度（"这不算什么"）形成出人意料的反差。这些都表现了新闻工作者巧妙运用语言资源构建事件的新闻价值。

在例（3）中，一群排着长队的人（图片标题告诉读者他们是移民）正沿着一条隆起的堤岸从农田中穿过。图片截去了人群的开头和末尾，暗示人群的大小或规模无法通过一幅图来完全展现，或人多到无以数计。此处就用了视觉手段来构建该新闻的价值（即展现极大的规模或范围）。以上三个例子用符号资源来构建事件的新闻价值，从而说服受众相信该事件值得成为新闻，并值得受到的关注。

本书讲述新闻机构如何通过语言和视觉手段（即本书所指的"新闻价值话语"）将这些消息作为"新闻"——打个比方来说——"卖"给我们。新闻价值是指现有文献中认定的可成为新闻的价值，包括例（1）（2）（3）中话语所建构的价值：接近性（接近受众）、负面性、重大性（大规模、大范围）、时效性（如最近发生的事件或最新事件）、新颖性（如非比寻常的事件）等价值。本书第二章和第三章将更为全面地界定、综述和阐释新闻价值。

这里需要指出的是，新闻机构有时在网站上也会使用（新闻）价值这个术语。比如，bbc. co. uk（英国广播公司）和 ap. org（美国联合通讯社）网站上都有一个板块，分别叫作"我们的价值"（英国广播公司）与"新闻价值和原则"（美联社）。有时，类似的价值也会被标以"标准和道德"（《纽约时报》）或者行为准则（半岛电视台）[2]。这些新闻机构对外宣称的价值和标准包括：

信任，独立，客观，诚实，关注受众，物有所值，创造力，尊重，多样性，团队精神（英国广播公司）；

真相，速度，准确，严谨，诚实，正直，公平，独立，透明，道德，细致/无偏见/不被改变的，多种途径传播（美联社）；

真相，公平，客观，透明，正直，准确，独立（《纽约时报》）；

真相，事实，准确，清楚，诚实，勇敢，公平，客观，平衡，独立，可信，多样，尊重受众，透明，同行互助（半岛电视台）。

一些新闻写作的著作导言中也会提及上述新闻行业的价值（如 Bender *et al*. 2009：136 - 139），新闻学者也用"新闻价值"这个术语来讨论这些行业价值（如 Fuller 1996；Palmer 1998；Johnson & Kelly 2003）。这些行业价值对新闻业来说虽然非常重要，但是明显与我们在上文例（1）（2）（3）中介绍的"新闻价值"相去甚远。前者是道德标准（如"真相""客观""诚实""公平"）或商业价值（如"速度""多媒介发布"）。我们另文分析过新闻机构如何通过市场和宣传材料来为自己创造价值（Bednarek & Caple 2015）。[3] 这些价值在新闻作品中也可以通过符号资源来构建——比如，语言/穿着风格、主题音乐，或者定式设计（van Leeuwen 1984，1989，2006b；Bell & van Leeuwen 1994），但这些超出了本书的研究范围。上文提到，本书第二章也会进一步解释，当我们用到"新闻价值"这一术语时，它指的只是"值得成为新闻"的价值。本书旨在向读者介绍如何系统地分析这些新闻价值是怎样通过话语构建的，即如何通过语言和视觉手段来构建。我们把本书的研究方法称为"新闻价值的话语分析方法"（即 DNVA）。

1.2　为何研究新闻价值？

为本书研究提供重要启迪的领域有媒体语言学（media linguistics）、语料库语言学（corpus linguistics）、话语分析（discourse analysis）、多模态研究（multimodality）和社会符号学（social semiotics），尤其是上述侧重于新闻业专业背景研究的领域。我们的目的是为读者理解新闻文本成为社会和符号学实践提供新的视角，这两种实践可以指导我们如何在母语和非母语环境中教授与学习这些文本（即媒体素养），也可以指导我们如何教授学生创造此类文本（即新闻教育）。同时，我们有志做出一定的学术贡献，为研究新闻话语提供一种新视角。

语言学视角下的新闻话语研究颇丰，研究话题涵盖意识形态（如 van Dijk 1988a，b；Fowler 1991；Richardson 2007；Baker *et al*. 2013a）、受众设计（Bell 1991；Jucker 1992）、语境和语类（White 1997；Biber *et al*. 1999；Lukin 2010；Smith & Higgins 2013）、新闻编辑室实践（Cotter 2010；Perrin 2013）、新闻话语的社会历史发展（Conboy 2010；Facchinetti *et al*. 2012)等。学界业已出版了一些介绍新闻话语的最新书目(如 Bednarek & Caple 2012a；Busà 2014)。这些都表明，新闻符号学实践在当下仍具有深远意义，并且与其他学科存在一定的关联性。然而，这些研究大部分都未凸显新闻价值这一概念(参见第二章)。尽管有关新闻价值的研究领域广泛多样，但是大多囿于非语言学学科，如新闻传播学。该学科领域内的研究缺少对语言文本和视觉文本的系统分析。

但是，我们为什么要研究新闻价值呢？本书旨在阐明 DNVA 具备描述及解释新闻事实的潜力，并解答与新闻实践相关的一系列问题，其中包括新闻价值的传统资源或修辞问题。DNVA 可以提供新的视角来帮助人们理解在构建特定的新闻价值时，何种符号资源会被不断使用(Bednarek & Caple 2014)。这样一来，DNVA 便可以确定新闻报道中的一般实践、常规惯例和常用表达，从而为理解符号学实践视阈下处于特定时间点或不同新闻周期中的新闻提供重要见解(Potts *et al*. 2015)。此类分析方法不再局限于符号学构建的微观层面，其也能用于研究某些特别主题(如本地新闻人物、寻求庇护者/难民、婚姻平等、气候变化等)是否与某种特定的新闻价值存在关联。这种复现的关联可能有意识形态价值，因此 DNVA 可以用作批评话语分析(critical discourse analysis)的工具(对 DNVA 批评潜力的详细讨论，参见 Bednarek & Caple 2014)。此外，学者还可以从历时性和跨文化视角开展此类研究。在此，我们旨在探讨在报道特别主题或事件时是否强调、弱化或者忽略了某些特定的新闻价值，以及事件本身对新闻价值造成的局限性。

此外，DNVA 还可以用于分析新闻的包装过程。例如，可以将其与新闻消息源分析(attribution analysis)(Bednarek 2016a)结合使用。此类分析方法可以阐明新闻价值以消费类新闻产品的形式得以整合和构建的过程，还可以说明受众是否影响新闻机构或新闻来源的话语和权威(Bednarek & Caple 2012a：214)。同样，在新闻包装方面，DNVA 可以用于查验不同组成部分(语言/视觉)发挥的作用(它们是否互相增强、相辅相成或彼此矛盾)，还可以判定多模态新闻故事是否被包装成功。这与符际关系研究兴趣相符(Caple 2013a)。上述所有类型的分析方法都可以用于特定的新闻媒体或新闻产物，包括但不限于分析所谓的通俗报业(popular press)和内容严肃的

5

报纸(quality press)之间的差异。这类分析还可以引入受众定位的概念,因为每个新闻媒体都有自己的目标受众。

最后一点是DNVA在新闻教育中的潜在应用。通过分析新闻从业者如何建构具有新闻价值的故事,我们可以阐明新闻从业者具有的隐性知识和经验,并为当代新闻业规范和实践提供新的解释。之后,新闻专业的学生便可以知晓这些实践。比如,他们可以通过解构实际的新闻故事来建构新闻价值,从而建构自己的多模态新闻文本(Caple & Bednarek 2016)。这样一来,学生可以更全面地了解什么是新闻话语,以及如何通过不同的符号资源来创造新闻价值。

本书的两位作者多年来一直致力于研究DNVA。Bednarek 和 Caple (2012a,b)在该领域出版了最早的两部作品。一部(Bednarek & Caple 2012a)是我们教授学生时使用的入门简介,另一部(Bednarek & Caple 2012b)是对网上一则环境方面新闻报道的案例分析。我们使用了库容大小不一的语料库,探讨了语料库语言学(corpus linguistics)在DNVA中的作用(Bednarek & Caple 2014;Potts *et al.* 2015;Bednarek 2016c)。同时,在我们研究的出版物中,Caple 一直是视觉 DNVA 研究成果的主要研究者(Caple 2013a;Caple & Bednarek 2016)。尽管该研究的大部分内容主要聚焦纸质/在线新闻,但是 Bednarek(2016a)已开始探讨广播新闻。基于前期研究经验,我们得出以下结论:新闻价值的话语分析应该专门立书讨论,这样才能更充分地探究该问题并加以说明。

1.3 重要术语

在详述本书采用的研究方法之前,有必要简要介绍几个重要术语:新闻、话语、多模态和语料库语言学。

1.3.1 新闻

"新闻"一词在日常使用中常用于指代新信息。寒暄时,我们可能会问对方有没有什么新鲜事,或者有没有查看脸书上的新闻推送。这里的信息来源(朋友、家人或陌生人)、信息领域(公共/私人)和信息类型(八卦、观点、公告或漫画)多种多样。从这个意义上说,新闻和新闻价值可以用于指代个人叙事或非正式会话中所呈现的新信息(Sidnell 2010：228)。在其他更为广泛的用法中,"新闻"一词已被用于形容围绕某一特定话题展开的所有话语,包括博主和活动家的推文(Papacharissi & Oliveira 2012)。在此类及相似研究方法中,"新闻"成了一个仅指代新内容的宽泛概念。有时,"新闻"一词也指报纸上使用的语言,可能还包括社论(评论)和报告文学,如 Biber 等人(1999)的新闻类型(news register)。

　　本书使用的"新闻"(以及"新闻价值")一词更加具体,主要与新闻机构发布的新闻报道有关。正如 Fuller(1996：6)所说,大多数记者一致认为"新闻是新闻机构对重大事件的报道,以及对其特定社区受众感兴趣话题的报道"。该定义聚焦目标受众(新闻机构服务的特定群体)这一概念。这一点将在本书得以显现,我们认为新闻价值取决于目标受众和其他背景因素。

　　关于新闻,我们也讨论报道事件、广播新闻及新闻发布的时间和地点。当使用"事件"一词时,我们把它视作一个笼统概念,包含事件、问题和偶然事件,也包括构成这些事件的要素。例如,当我们谈及如何构建事件来使其具备新闻价值时,就需要将事件的新闻参与者或事件发生地点考虑在内。广播新闻可能包括通过网络或者播客发布的音频和视频,而不仅仅指广播或者电视上出现的新闻。

　　因此,广义上的"新闻发布"包括在网络、移动设备、纸媒、广播或者电视上发布或传播的新闻报道。同样,当我们谈论"已发布"的新闻报道时,也指广播新闻报道。

　　总之,本书的内容主要涉及新闻报道,包括但不限于硬新闻、软新闻和科研新闻。我们不分析其他新闻文本,如建议、意见、读者电子邮件、访谈或测验。我们在其他作品中(Bednarek & Caple 2012a)指出,新闻报道具有独特的符号特征,如特别的体裁结构、视觉运用,以及词汇和句法特征(如名词化、言据性)。本书重点探究新闻话语的符号资源,以发掘其构建新闻价值的潜力,而不是概述这些独有特征。

1.3.2　话语与多模态

　　"话语"的定义多种多样,并且在不同学科都有所讨论(如 Baker 2006：

3-5)。语言学领域重点区分了(1)作为语言使用的话语;(2)可以从更接近福柯的理论视角(Foucauldian)出发,将话语看作人们认识世界的方式、从某些角度构建客体和概念的方式,以及用其他话语呈现现实的方式,并且其随后会对权力关系产生影响(Baker & McEnery 2015:4-5)。我们认同第一种话语观点(语言使用),但同时认为"话语"是多模态的。严格来说,"多模态"文本结合了两种或多种模态(如视觉、听觉),而"多符号"文本则结合了两种或多种符号(意义构建)系统,如图像或语言(O'Halloran 2008)。然而,"多模态"(multimodal)这一术语通常用来表示以上两种情况。我们在使用形容词"多模态的"和名词"多模态"时,都将遵循这一惯例。此外,我们使用"符号模态"(semiotic mode)这一术语来指代意义构建系统(图像,语言),使用"符号资源"(semiotic resource)这一术语来指代语言手段和视觉手段。因此,我们可以将多模态定义为"在交际作品或交际事件中不同符号模态(如语言和音乐)的组合"(van Leeuwen 2005:281)。

一些研究者在分析新闻话语时仅考虑语言这一模态,而多模态研究方法是我们的重点区别性特点之一。显然,多模态视角对于研究现在的新闻更有帮助。

截至目前,我们仍无法将报纸话语仅作为单一语言文本来看待和研究。相反,它是一个多面体,其中的图像、图像标题、新闻标题、栏目、排版和新闻在(网页)页面中的位置同时发挥作用,共同构成报纸的意义生产过程。因此,"单条新闻"就变成了需要全面解读才能完全理解的"一揽子新闻"。(Facchinetti 2012:183)

我们也有兴趣了解如何在实践中运用这种多模态话语,以及它如何构建新闻。因此,在使用名词"话语"及其派生副词"话语地"时,我们指的是所使用的符号资源——例如,特定语言手段或视觉手段的使用(参见第四章和第五章)。总而言之,我们对话语的定义借鉴了 Halliday(1985)的观点。Halliday 认为,文本"可以是口头的,也可以是书面的,实际上还可以是我们所能想到的任何其他表达媒介"(Halliday 1985:10)。Halliday 和 Hasan(Halliday & Hasan 1976:1)将文本定义为"使用中的语言单位"。

1.3.3 语料库语言学

语料库语言学是分析语言数据的一种实证方法,其利用计算机技术来分析计算机化的文本集合(语料库),这些文本集合通常经过精心设计并且规模宏大。语料库语言学研究通常聚焦语言使用和典型性(复现的模式),并且可能使用定量分析与定性分析相结合的研究方法。语料库语言学除了开发出一套用于语言分析的新技术外,还发展出新的理论和概念。因此,它将一种方法创新同一种独特的语言处理方法相结合(Lee 2007:87)。介绍语料库语言学的书目比比皆是,其中包括 Hunston(2002)、Baker(2006)、McEnery 等(2006),以及 McEnery 和 Hardie(2012)。总之,采用语料库语言学方法的研究人员借助计算机软件,并使用从语料库语言学领域发展出来的特定技术、概念和工具来分析电子数据集(语料库)。我们将在1.4.2.1节介绍本书使用的主要语料库语言学技术。

1.4 语料库辅助下的多模态话语分析

1.4.1 定位研究的新拓扑

本书的主要目标是向读者介绍 DNVA,另一个目标是促进多模态、话语分析和语料库语言学研究的发展,我们把这个方法称为"语料库辅助下的多模态话语分析"(corpus-assisted multimodal discourse analysis,CAMDA)(Bednarek & Caple 2014:151)。

研究多模态的领域非常广泛(O'Halloran & Smith 2011),多模态话语分析的方法也比比皆是。从广义上讲,多模态话语分析试图对"多模态交流、全部多模态资源及多模态资源的全部融合方式作出完整连贯的描述"(van Leeuwen 2015:108)。认同度最高的多模态话语分析方法是社会符号学视角(如 Kress & van Leeuwen 2001,2006;van Leeuwen 2005),尽管我们在此并未应用其元功能分析方法(可以参见 Caple 2013a)。[6] 具体地,多模态分析可以与特定的话语分析方法结合使用,如批评话语分析(Machin & Mayr 2012;Machin 2013;Djonov & Zhao 2014)。融合多模态与话语分析的其他重要研究包括 Chouliaraki(2012)的著作,该研究探讨了新媒体话语中的多模态,包括媒体融合(convergence journalism)和社交网站。

9　　在过去的 25 年中,话语分析和语料库语言学之间的融合突飞猛进(Baker & McEnery 2015:6-8),其中涉及关于话语现象或话语类型的语料库语言学研究,以及使用语料库语言学技术进行深度话语分析的研究[7],包括对批判性分析文本的研究(将语料库语言学和批评话语分析相结合,如Mautner 2000;Baker *et al*. 2008)和非批判性文本的研究(例如语料库辅助下的话语研究,可参见 Partington *et al*. 2013)。然而,只有少数研究将多模态纳入话语分析和语料库语言学研究之中(如 Adolphs & Carter 2013;Bednarek 2015)。

　　迄今为止,很少有将三者(多模态、话语分析和语料库语言学)结合在一起的研究。这种现象不足为奇,因为将这些方法组合起来是一项高度复杂的工作。显而易见的是,语料库辅助下的多模态话语分析在开展之前,也会遇到一系列有待商榷的问题。新闻话语,特别是发布在平板电脑、智能手机等数字媒体上的新闻话语,通过图像、图表、版式、词语和导航元素所展现的复杂言语-视觉信息包装起来,引导读者点进或离开新闻报道页面(如通过超链接)。这种丰富的多模态引发了人们的思考:真正构成多模态分析的要素是什么?分析的出发点又是什么?如果读者(和研究人员)同时接触一则新闻报道的言语元素和视觉元素,那么分析者是否从一开始就应该将分析单位当作言语-视觉元素的复合体?或者分析者是否可以将每种符号模态(如语言、图像)从文本语境中分离出来,然后进行单独分析?聚焦跨文本模式的语料库语言学,如何与聚焦文本模式和符号模态关系的多模态话语分析结合起来?这些都是重要的方法论问题,需要结合分析语境和所采用的研究范式来解决。[8]

　　我们发现,许多语料库辅助下的多模态话语分析方法的价值取决于分析者提出的研究问题和研究数据的类型。我们为此提出了一个拓扑结构(图 1.2),该结构映射了符号模态(水平轴)和分析单位(垂直轴)构成的四个象限。我们在这里使用拓扑这个类似于 Martin 和 Matthiessen(1991)提出的术语来指代连续体而不是分类系统中通常表示的绝对区别。也就是说,我们最好把这些区别视为渐变体或连续体。这种拓扑结构显示了四个

"分析区域",我们在研究过程的任何特定阶段根据分析重点进行区域选择,从而使研究人员在每个阶段都能将其研究项目定位到最合适的区域。无论分析是否为多模态、是否有语料库辅助,这种方法都是行之有效的。

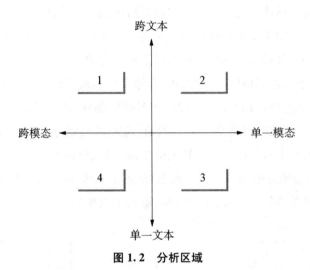

图1.2 分析区域

关于新闻价值分析,研究者可能会问,例如,新闻图片中的新闻价值是如何通过话语建构的? 在此,研究者有兴趣了解某个特定符号模态(图像)构建新闻价值的方式。这种单一模态分析可以在图1.2拓扑结构的右侧(即单模态内)进行,可以用于探究某个文本内使用的照片对新闻价值的建构(位于第3区),或者还可以用于探究不同文本间使用的照片对新闻价值的构建(位于第2区)。然后,研究者可以使用不同的符号模态(如语言)来重复这项研究并比较结果,通过比较语言文本和视觉文本来引入多模态分析。 10

如果研究者有兴趣了解不同符号模态组合在一起共同产生意义的方式,那么他们会在图1.2拓扑结构的左侧(多个模态间)进行分析。关于新闻价值分析,研究问题可能是:如何通过符号模态的组合建构新闻价值?此类分析可以探究语言资源和视觉资源对单一文本(第4区)或多个文本(第1区)意义构建的影响。

研究此拓扑结构的另一种方法,是将拓扑的下半部分(第3区和第4区)看作话语发生(Halliday & Matthiessen 1999:17-18),单一文本意义会随着时间推移展现出来。话语发生这一维度上的分析既可以应用于单一模态内(例如,探究在某个语言文本内展现出来的意义模式),也可以探究多种模态之间的关系(例如,语言和图像如何共同构建某个特定文本的意义)。在此,语篇语义学或语篇连贯之类的问题可能成为关注焦点。

相比之下,图 1.2 拓扑结构的上半部分(第 1 区和第 2 区)更倾向于研究多个文本之间的模态,该部分可以对某种特定语言种类进行概括,如可以研究新闻标题写作风格(单一模态内,即第 2 区),或者研究数字新闻报道页面中标题和导语图片相互作用的方式(多种模态间,即第 1 区)。研究者也可以将不同区域的分析结合起来。例如,研究者可以分析多个文本间的意义展现(话语发生),以便对某一特定语类的结构进行归纳。这时,可以合并区 2 和区 3(如果分析仍聚焦单一模态)或区 1 和区 4(如果分析聚焦多种模态)。总而言之,图 1.3 通过示例分析,重现了该拓扑。

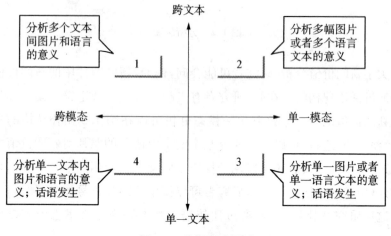

图 1.3 分析区域举例

在之前的新闻价值研究中,我们还未使用这种拓扑结构来定位研究,但是我们的数据分析从一则网络新闻报道(Bednarek and Caple 2012b)发展到一个包含 965 万词的语料库(Potts *et al*. 2015)。有的分析仅关注图像(如 Caple 2013a),有的仅关注语言(如 Bednarek 2016a),还有的综合分析了两种符号模态(如 Bednarek & Caple 2012a,b)。

本书中,我们的实证分析既有在单一模态内进行的,也有在多种模态间进行的,且注重多个文本间的分析。第六章介绍了骑行者/骑行新闻(第 2 区,语言)的语料库语言学分析;第七章分析了新闻机构通过社交媒体发布的图像(第 2 区,图像);第八章分析了通过脸书分享的新闻报道语料库中的语言和图片,研究者首先单独分析每种符号模态(第 2 区),然后再综合分析两种符号模态(第 1 区)。由于我们没有过多关注多个文本内或话语发生维度上的意义进化,因此可以将这种分析称为"互文性"基于语料库的多模态话语分析(CAMDA)。我们不将其视为开展 CAMDA 的唯一方法,而是鼓励研究者提出各种不同的分析方法。特别是我们认为,有必要开发一些行之有效的方法,将多个文本间(互文)的分析和单一文本内(文内)的分析结合在一起,同时也能将不同符号模态间的分析结合起来。我们希望本书可以鼓励其他研究者对如何开展此类分析提出创新之见。

12

1.4.2　概念、技术和工具

本节介绍本书所应用的重要概念、技术和工具。我们首先开展语料库语言学分析,然后再开展视觉分析,最后简要介绍两者使用的工具(技术)。

1.4.2.1　语料库语言学分析的概念和技术

CAMDA 的重要组成部分是语料库语言学分析(请参阅 1.3 节)。在之前对新闻价值的研究中,研究者已使用过不同的语料库技术(如词目/单词/N 元频率,关键词/词性/语义标签和搭配)(Bednarek & Caple 2012b,2014; Potts *et al*. 2015; Bednarek 2016c)。在此,我们无意重复介绍这些技术,而是告知感兴趣的研究者,这些研究可以提供更多详细信息。在本节中,我们简要介绍了本书使用的主要语料库技术,并未讨论与之相关的争议话题(请参阅 McEnery & Hardie 2012; Hunston 2013)。

词频、关键词和分布范围

大多数语料库语言学软件程序,如 Wordsmith(Scott 2015),都可以进行自动频率分析,并生成一份语料库词频列表,其中包括每个词汇出现的频率。使用者可以区分类符(不同单词形式)和形符(单词总形式)的出现频率。例如,一个具有 300,000 个形符的语料库可能仅包含 14,000 种类符,因为许多形符都是重复的。词频列表中的词汇可以是词目(WALK)、同一单词的不同形式（walk、walks、walked、walking）或者更长的结构（I walked）。这些较长的结构通常被称为 N 元序列，指 N 个单词的重复组合。例如，二元序列（两个单词，如 of the，you know）或三元序列（三个单词，如 at the end，you know that）。在任何词频列表中，语法词往往是最常见的，因此出现在列表顶部。使用者可以使用"停用词表"来排除此类单词，"停用词表"是在产出词频列表时被忽略的单词列表。我们在本书中使用的停用词表是含有 174 个词条[9] 的默认英语列表，词频列表可以通过"词云"的形式实现可视化，词云图中的单词形状越大，表示出现频率越高（图 1.4）。

图 1.4　部分词云举例（源自第六章）

此外，一些语料库软件允许用户根据词汇在文件内部或文件之间的分布，对词频列表中的条目进行排序，这也被称为词汇的"分散度"（例如，Gries 2008）或"分布范围"（例如，Nation & Waring 1997）。本书使用"分布范围"一词来指代每个词汇在各个语料库文件中的分布情况，从而确定一个词汇条目所占的语料库文本数量。这一点非常重要，因为某些频率相对较高的词汇条目可能只出现在语料库的少数几个文本中。分布范围分析（有时也称密室度分析）有助于识别某种语言变体的核心特征（Bednarek 2012），并且有助于对文本相似性进行更普遍性的分析（Taylor 2013）

例如，研究者可以通过关键词自动分析来比较两个语料库中的频数。在此，该软件将一个语料库（节点词、目标词或研究语料库）中的词汇条目频率与作为参考的另一个语料库（参照语料库）中的词汇条目频率进行比较。

该计算考虑到了语料库的容量大小,并使用了统计检验方法——最常用的是对数似然值(LL;G2)。该检验方法通过提供一个对应于特定 p 值的对数似然值来检验两个语料库之间是否存在统计显著性差异。若 p 值为 0.05(G2 = 3.84),则意味着我们有 95% 的把握确信结果并非偶然。[10] 那么,从统计学上来讲,与参照语料库相比,关键词列表中的词汇条目在目标语料库中出现的频率要么过高要么过低。

我们还使用了一个名为 ProtAnt 的新软件工具(Anthony & Baker 2015a)。与参照语料库相比,此工具使用关键词算法计算得出整个语料库中最典型的文本和最凸显的文本。[11] 为此,ProtAnt 首先给出一份语料库关键词列表,然后再计算出每个语料库文件中出现了多少个关键词,最后按照文件中包含的关键词数量对其排名(Anthony & Baker 2015b:278)。因此,排名最高的语料库文本将包含最多的关键词(典型文本),而排名最低的语料库文本将包含最少的关键词(非典型文本)。这种技术背后的假设认为,"从整个语料库来看,一个文本包含的语料库关键词越多,就越有可能成为该语料库中最核心或者最典型的文本"(Anthony & Baker 2015b:277)。该工具的主要目的是帮助研究人员系统识别文本以进行定性分析,即降低采样技术。它也可以用来识别语料库中构建的最"典型"的新闻价值,这也是我们在第六章使用的方法。

搭配与搭配网络

语料库语言学中的另一个重要概念是搭配,它指单词的非随机关联。据观察,有些单词会"同时出现",也就是说它们经常出现在彼此附近。搭配分析通常首先选取一个单词(节点词),然后再去辨别哪些单词常在给定的语境内与之同时出现。这些同时出现的单词就被称为"搭配词"。例如,"哦"(oh)、"目的"(sake)、"知道"(knows)、"我的"(my)和"保佑"(bless)都是英式英语中"上帝"(god)的搭配词。一般而言,通常研究范围分别涉及节点左侧的四五个单词及右侧的四五个单词。搭配词可以根据其含义进行分组。因此,如果某些词形通常与表达消极态度的搭配词一起出现,那么人们便会认为这些词具有消极"语义韵"(Louw 1993)。另外,研究者也可以确定搭配网络(即搭配词网络)。例如,"花费"(spend)是节点词"时间"(time)的搭配词,其本身也与"金钱"(money)搭配使用,"金钱"(money)又与"支付"(pay)搭配(Brezina *et al.* 2015:152 - 153)。这类网络可以通过GraphColl 软件(Baker & McEnery 2015；Brezina *et al.* 2015)来实现可视化,如图1.5所示。每个圆圈代表一个单词,单词之间的线条长度代表搭配强度(线条越短,搭配强度越高)。因此,我们可以发现,"更多"(more)是节点词"骑行者"(cyclists)的搭配词,其本身与"比"(than)和"人们"(people)的搭配强度更高(见第六章描述的语料库)。

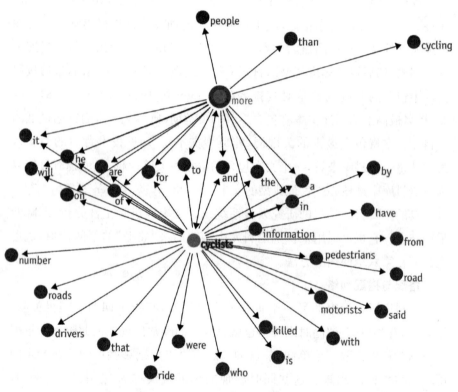

图 1.5 GraphColl 网络示例(源自第六章)

15　　大多数软件工具可以使用内置的统计搭配度量来自动识别搭配词,不同的统计方法会产生不同的结果。[12] 大多数关联度通过比较搭配词出现的期望频率与实际频率来识别(Brezina *et al.* 2015:144)。除非另有说明,我们通常使用 MI3 统计数值,即节点左右两侧各有 5 个单词的跨度(5L:5R),最小频率阈值为 2,不计算跨句点的搭配(使用 Wordsmith 时)。MI3

(Daille 1995)是互信息值的立方变体,该值降低了自身低频偏差——赋予观察得来的频数更多权重。与不太常见的搭配词相比,其在频繁共现的(典型的)搭配词中排名更高(Brezina *et al*. 2015:159-160)。我们还将谈及其他搭配度量——对数似然值和 t 值。[13]

语义标签与词语特性描述

除了确定单词频率和单词关联外,语料库语言学软件(标注器或句法分析器)还可以根据单词的可能含义或语法功能对其分类。例如,UCREL 语义分析系统(UCREL Semantic Analysis System,USAS)可以将单词标注到特定的语义场内(Archer,Wilson & Rayson 2002)。每个语义标签代表一个语义场,如"情感行为、状态和过程"或"时间",其内部可以进一步划分。例如,词条"近期的"(recent)、"最近的"(latest)、"新的"(new)可能被标注到"时间(Time):旧的(old)、新的(new)和年轻的(young)"这一语义场内。使用标注语料库可以创建标签频率列表或词语标注组合频率列表,如聚焦分析语料库中最常见的语义标签。

Sketch Engine(Kilgarriff *et al*. 2014)的词语特性描述针对某一节点词生成搭配词,并根据这些搭配词的语法关系(例如,……的宾语,……的主语,修饰语)对其分组,从而将词语搭配分析与语法分析结合在一起。换句话说,Sketch Engine 可以自动识别搭配词及其与节点词之间可能存在的语法关系(https://www.sketchengine.co.uk/word-sketch/)。[14] 除了对某一词目进行简单的词语特性描述外,Sketch Engine 还为用户提供了名为词语描述异同的功能,该功能可以显示共用搭配词和非共用搭配词,从而比较不同词目或不同词形的搭配词。在第六章中,我们聚焦相似性(Taylor 2013)而非差异性,并使用此功能来确定同一词目的单数形式("骑行者"[cyclist])和复数形式("骑行者"[cyclists])的常见搭配。

索引与检索项

此处要介绍的最后一种技术是索引生成——针对某个特定检索项(节点),找到其出现的所有形式及上下文本(共文本)。生成索引行对于定性分析而言尤为有用,因为共文本得以扩展,索引也可以通过不同方式自动排序。例如,图 1.6 显示了 35 条针对"孟菲斯"(Memphis)一词的示例索引行,每行按照检索项右侧单词的字母顺序排序(再次使用第六章中描述的语料库)。

16

```
1   better facilities that separate bicycles from automobile traffic. Memphis already has 51 miles of bike lanes, with other
2   . So far in 2009, there have been 16 pedestrian fatalities in Memphis, already surpassing last year's total by three. y three.
3   traffic-safety advocacy group Transportation for America ranked Memphis as the fifth most dangerous city in the country for
4   , but the National Complete Streets Coalition's recent ranking of Memphis as the fifth most dangerous city for pedestrians
5   the flowers showing off their beautiful colors in Overton Park, Memphis' bicycle culture appeared also to be in full bloom. m.
6   than through art, film, music and performance?" Because Memphis' bicycle culture continues to expand its boundaries,
7   protected bike lanes, or "greenlanes," in Memphis. Downtown Memphis Commission president Paul Morris, who is
8   attractive place for people to live and work," said Downtown Memphis Commission President Paul Morris, who is
9   safety, maintenance Syd Lerner, executive director of Greater Memphis Greenline, and Bill Jurgens, director of Oasis Bike
10  for the entire 13.34-mile stretch. A local group known as Greater Memphis Greenline was organized to promote the project. Last
11  . The pilot project, which will begin upon the conclusion of the Memphis in May International Festival, is among more than
12  added. The Green Lane project will start after the conclusion of Memphis in May, the annual event that shuts off traffic along
13  line through swampy forests and a sweeping cross-section of Memphis is on track to be converted this year into a biking and
14  2013 TN Bike Summit at Rhodes College. Local advocates believe Memphis is the ideal location for the big meeting. "Memphis
15  . The task force is currently working in conjunction with the Memphis Metropolitan Planning Organization to develop a
16  and multi-use paths will be placed over the next 20 years? The Memphis Metropolitan Planning Organization is forming a
17  start to dust off their bikes again after a record-breaking winter, Memphis police officers at Tillman Station wanted to remind
18  to criminals. Masson said conservancy officials have met with Memphis police officers and will meet with residents to
19  who work there. "We're really going to miss this place," said Memphis resident Barbara Scott, who says she visits the shop
20  say, because it enhances the accessibility to Shelby Farms for Memphis residents. Officials with the Shelby Farms Park
21  than academic. With 56 miles of bike lanes already installed in Memphis streets, local governments and private groups are
22  pilot project that officials hope will become a model for making Memphis streets more bike- and pedestrian-friendly. The grass
23  of Cory Horton. Horton, who was a founding member of the Memphis Thunder Racing Team in the spring of 2003, was killed
24  the text, "3 Feet - It's the Law." The signs were installed by the Memphis Thunder Triathlon Racing Team in partnership with the
25  a beautiful day for the bikers to ride from Memorial Park in East Memphis to Midtown, and then back to the cemetery for a
26  said he'll offer another, safer way for bikers to get from East Memphis to Shelby Farms. He wants to create a bike route on
27  , Southaven and Olive Branch. The plan, to be overseen by the Memphis Urban Area Metropolitan Planning Organization (MPO),
28  - Citizens views sought on bicycle , walking routes The Memphis Urban Area Planning Organization will hold public
29  daughter maneuver her first bicycle, Margaret Edwards of East Memphis was nervous as Maggie rode with one hand on the
30  . Last year, Tennessee ranked 26th. Now it's 17th. Last year, Memphis was selected by Bicycling magazine as the "Most
31  Country Club. He was airlifted to the Regional Medical Center at Memphis, where he died a short time later. The woman driving
32  10 a.m. The cyclist was flown to the Regional Medical Center at Memphis, where he underwent surgery and was listed in
33  'Green lanes' to enhance cycling Memphis will install 15 miles of protected bicycle lanes that
34  friendly In a test project set to start in three months, the city of Memphis will reserve two lanes of a mile-plus stretch of
35  become the eyes and ears of the community." In a city like Memphis with a high crime rate, more bicycle riders can serve
```

图 1.6　索引排序

　　经排序的索引对确定模式或反复出现的语言表达尤为有用。用户可以对单个词语(如 *cyclist*)或组合词语(如 *bike rider*, *cyclist death*)生成索引,也可以使用"＊"作为代表一个或多个字符的通配符(例如,搜索 cyclist＊可以检索到 cyclist, cyclists, cyclist's, cyclista, cyclistis 等词)。像 Wordsmith 这样的工具还提供了高级搜索选项,如引入了"语境词"。使用此功能,我们可以在搜索项左右两侧五个词语以内找到与 *old* 搭配的 *cyclist* 的所有索引行。Wordsmith 可以进一步计算出某个既定检索项复现的"词簇"。这些词簇基于索引行,形式为五个单词以内的重复短语。词簇可以包含两个或两个以上的单词(如 *cyclist deaths*, *cyclist was killed*, *death of a cyclist*)。

此外,有些语料库工具还可以提供检索项在文本文件中的位置信息,以
表明搜索项是否出现在文档的开头、中间、结尾,或者贯穿于整个文档中。
例如,Wordsmith 为用户提供了离散图(可视化图表)和离散值,用以表明检
索项分布的均匀程度。通常情况下,离散值位于 0 到 1 之间,并且离 1 越
近,分布越均匀。[15] 此外,Sketch Engine 允许用户查看索引分布图,该图显
示了检索项在语料库各部分(各区域)之间的分布。[16]

1.4.2.2　视觉分析概念与技术

虽然本书借用了 Kress 和 van Leeuwen(2006)的一些术语来进行图像
分析,但是我们的使用方式有所不同,并且始终聚焦新闻价值。其他概念来
自 Caple(2013a),主要关于结构平衡与美学吸引力之间的关系。其他术语
选自有关摄影设备工作原理的技术手册。正如我们之前对图像新闻价值建
构的研究(Caple & Bednarek 2016),本节将继续从图像内容(图像所描绘的
内容)和图像捕捉(也称"摄影技术")两方面来研究图像。后者包括两方面
分析:图像构图分析(信息在图像框架中的排列方式)及技术性能(如快门
速度、光圈)分析。

内容:表征参与者、属性、活动序列、背景

在研究图像内容时,我们主要寻找图像表征出来的人或物,即被表征的
参与者。按照 Kress 和 van Leeuwen(2006:48)的专业术语来讲,被表征的
参与者指:

构成交流主题的参与者,即图像中再现出来的人物、地点和事物(包括抽象的
"事物"),以及我们所创造的图像主体。

这能够帮助我们确定图像的人物、地点和主题,无论是家喻户晓的著名政
治人物、运动员、地标或风景,还是一名普通大众成员或负面事件的受害者。
我们研究组成被表征参与者的不同构成部分。对于被表征人物而言,
我们研究服装或制服、珠宝、奖章、徽章、装备,以及他们可能佩戴、持有或使用
的其他特别物品。我们标记这些附属物(Kress & van Leeuwen[2006:50]术
语中的"所有物特征"(Possessive Attributes)。研究附属物可以帮助我们进一

18　步区分图像中呈现的是哪种类型的人物(例如,是普通警察还是警察局长)。

　　我们还研究了被表征参与者进行的活动。例如,一个人的状态、思考或情感可能被拍摄到(例如,就像在人物拍摄中一样,人们以中立、正面或负面的面部表情及直接或间接的目光接触对着相机摆好姿势)。人们也有可能被拍到正在做某事,我们将其描述为"行动者",即行动的执行者(van Leeuwen 2008:142),如开枪。我们也有可能将其描述为"受害者",即行动的承受者(van Leeuwen 2008:142),如遭到枪杀。人们还有可能被拍到正在诉说某事或倾听某事/某人,此时他们的眼神交流、手势和肢体语言可以帮助我们解码他们究竟是在诉说还是在倾听。我们分析了此类活动及被表征参与者在其中扮演的角色,并将这种分析称为活动序列。分析活动序列可以为我们提供更多信息,从而弄清图像所描绘出的被表征参与者的类型及他们正在做的事情(例如,警察逮捕嫌疑犯)。

　　我们还研究了上下文或语境,这里称为"背景",被表征参与者就是在这种背景中得以描绘出来(如法庭、政府大楼、实验室及某人的客厅)。这种背景可能是不存在的(例如,在人脸特写镜头中),也可能是极度清楚的(例如,在超广角镜头中),还有可能介于两者之间。它能够告诉我们新闻事件的发生地点,甚至有可能帮助我们进一步确定人物类型及其参与活动的活动序列。例如,某个在实验室中使用注射器填充试管的被表征人物,极可能被描述为从事某项实验的科学家。图1.7展现了我们研究的与图像内容相关的视觉资源。

背景:
户外,街道上,靠近居民建筑

再现参与者:
权杖员、市长、宗教领袖

附属物:
权杖、市长官袍、市长纹带、宗教长袍

活动序列:
队伍行进

图 1.7　构成图像内容的视觉资源(BBC 新闻图片:Terek Chowdhury　供图)

捕捉：构图与技术性能

与图像捕捉有关的一种分析涉及对图像内容在图像框架中排列方式的分析,我们将其称为"构图"。

构图:"前景化"、"镜头长度"、"裁剪"、"角度"、"动态不对称性"(dynamic asymmetry)、"间断对称性"(interrupted symmetry)。被表征参与者可能被放置于图像框架的前面,也可能被放置于图像框架后部。这些都是"前景化"因素,能够影响描述元素之间相互关联的方式,以及图像观看者与图像内容的关系密切程度。就影响观看者与图像内容的关系密切程度而言,镜头长度的原理与前景化相似。远距离拍摄会在受众和被表征参与者之间形成最大程度的脱节(即 van Leeuwen[2008:141]的术语"疏离"[distanciation]),但同时能够包含图像中的背景,从而告知受众图像所描绘的活动序列发生的地点。另一方面,特写会完全消除背景,从而需要受众和图像内容之间进行最大程度的互动。

图像"裁剪"的概念与前景化及镜头长度密切相关,因为它也能够告诉我们图像中包含或不包含的内容信息。[17] 比如,某张照片可能向我们展示一位政治家正在台上讲话。然而,这位政治家目光注视和手势指向的观众可能被排除在图像之外。通过裁剪观众,图像将我们的注意力集中在政治家身上,而且极有可能集中在她的面部表情、手势和肢体语言上。在本章开头的例(3)中,图像也使用了裁剪。我们发现,图像前面的人头紧挨着躯干和双腿,因此我们能够填补此处缺失的信息。这种裁剪告诉我们,图像中发生事件的大小或规模超出了图像捕捉的范围。

"拍摄角度"(水平角度和垂直角度)这一概念告诉我们信息在图像框架内的排列方式。拍摄被表征参与者的照片时可以借助水平角度、仰视角度(向上拍摄被表征参与者)及俯视角度(向下拍摄被表征参与者),或者正前方(面对面)或倾斜(侧面)角度。

关于构图的另外两个更深层次的概念是"动态不对称性"和"间断对称性"(Caple 2013a)。动态不对称性是指在构成图像时使用对角轴,并在被表征参与者之间建立不平等的关系。如果主要被表征参与者被置于图像框架的左下角,那么他们很有可能被置于图像框架右上角的其他参与者(通常情况下不太显著)取代,反之亦然。同样,图像框架中的其余部分可以留白。

在对称平衡的图像中,所有被表征参与者都以平等关系显现出来(例如,游行队伍中的一排士兵)。间断对称性会导致对称性出现轻微的"缺陷"或瑕疵(例如,其中一名士兵看错方向),这只能打断而无法完全破坏构图的对称平衡。图 1.8 展现了构图的各个方面。

20

前景化:
图像突出了有纹身的粉丝,这名粉丝位于照片右侧

镜头长度:
中等距离

角度:
略低的镜头视角

动态不对称性:
带有纹身的粉丝在照片右侧占据主导地位,照片利用对角轴方向左下角的一名女性来平衡这种主导地位

图 1.8　构图的视觉资源(《每日电讯报》照片:盖帝图库　供图)

技术性能:"移动、焦点、噪点"。与图像捕捉有关的第二种分析涉及相机设置对图像内容的影响。例如,框架中的所有元素是否都处于对焦状态,是否都光线充足,是否模糊或处于运动状态,或者它们是否都在时间和空间维度上静止不动。我们将这方面的分析称为"技术性能"分析。

虽然研究者不一定知晓图像捕捉中选择了哪种快门速度、光圈或感光度(ISO),但是他们可以尝试了解此类相机设置对图像捕捉的影响。[18] 例如,较慢的快门速度可能会使运动物体周围出现模糊。因此,使用慢速快门可以让水看上去十分丝滑。慢速快门与相机平移(随被摄物体的运动同步移动照相机)和闪光灯的配合使用,可以增强运动员跑跳时的运动感。高速快门可以冻结动作,它使得观看者能够非常详细地看到用肉眼无法看到的运动细节。例如,水滴形状或者跳水运动员表演特技跳水时扭曲的肌肉组织。我们称其为"移动"。

景深,即多少图像内容处于对焦状态,也是图像捕捉的一个方面,我们可以通过更改相机设置中的光圈对其进行操作。景深急剧减小,会使焦点周围的图像区域或清晰的图像区域非常狭小,也会使图像的其余部分变得模糊。将景深调至最大,可以确保图像框架中的所有元素都处于对焦状态。我们将此称为"调焦"。

最后,非常高的 ISO(在光线不足及高速快门情况下非常有用)会导致图像非常粗糙,损伤画质。

极低的 ISO 将产生清晰、鲜明、高质量的图像。我们将此称为"噪点"。 21
图 1.9 展现出了技术性能的各个方面。

移动:
慢速快门让水流看上去十分丝滑

调焦:
最大景深表明岩石、人物及地平线都处于对焦状态

噪点:
非常干净、清晰的照片

图 1.9　构成技术性能的视觉资源(《卫报》照片:David Clapp/盖帝图库　供图)

1.4.2.3　工具/技术

正如 1.4.2.1 节所阐明的,我们在分析中同时使用了经典语料库语言学工具和新型语料库语言学工具,即 Wordsmith(Scott 2015)、Sketch Engine(Kilgarriff *et al.* 2014)、ProtAnt(Anthony & Baker 2015a)和 GraphColl(Brezina *et al.* 2015)。这些工具帮助我们分析词/N 元词频率、关键词和典型性、分布范围、搭配和搭配网络、词语特性描述及索引行。此外,我们还使用了 UAM Corpus Tool(O'Donnell 2015),这是一款可以在计算机辅助下进行手动标注的软件程序,"即用户可以标注计算机通常无法识别的文本模式"(O'Donnell 2007)。该工具允许研究人员上传文本、创建标注项目(如极性:负面性、正面性或中性/模糊性),并根据需要,依次逐句进行整体标注或切分标注。它也支持对标注的文本数据进行复杂查询及自动处理。例如,该程序可以生成所有标注文本片段或者可供比较的数字和统

计信息(例如,在 99 个文本中,55 个文本的编码为负面,17 个为正面,27 个为中性/模糊)。

此外,我们遵循首次应用于 Caple(2009)研究中的方法,使用了一种关系数据库(Microsoft Office Access)来进行图像分析,并将语言分析和照片分析相结合。尽管最初设计、架构和手动填充数据库字段时非常耗时,但是它对于大型数据集分析而言(例如,第七章案例研究中的 1 100 张图像)是一种非常高效的方法。后续的输入数据查询功能更突显了数据库的优点。查询功能可以处理输入的数据,这些数据不仅可以显示原始总数(例如,数据中一共存在多少个负面性实例),还可以显示任意结果组合的数量。该功能可以支持回答更为复杂的问题。例如,哪些新闻价值可能与负面性相结合?以及新闻价值在新闻报道中怎样分布? 如果我们的分析涵盖文字和图像(第八章),那么可以提出这样的问题:在语言文本中构建负面性的因素,在视觉文本中也会构建负面性吗? 第七章和第八章就案例分析所使用的数据库提供了更多详细信息。

1.5 结束语与章节概述

总之,本书将 DNVA 和 CAMDA 结合在一起,探讨组成新闻语篇的文字和图像构建新闻价值的方式。本书的主要特点是:

• 跨学科和多方法相结合,在分析新闻媒体时将语料库语言学和多模态话语分析相结合;

• 分析了如何通过语言和图像这两种符号模态向受众"出售"新闻(构建新闻价值);

• 提供了全面的分析框架,对多模态新闻话语进行系统分析,该框架可供其他研究者在后续研究中使用;

• 将深入理论讨论与多种分析相结合,主要分析英语国家的真实新闻话语(语言和图像),其中三章专门探讨了全新的案例分析。

在本章中,我们首次介绍了 DNVA,并概述了本书使用的主要术语、概念和技术。我们建议不熟悉这些方法的读者在阅读后面的章节时可以回来参考本章相关内容。第二章和第三章概述了语言学和其他学科对新闻价值的界定,并阐述了我们自己的研究方法(DNVA)。第四章和第五章介绍了可用于构建新闻价值的语言资源和视觉资源,提供了全面的分析框架。第六章至第八章介绍了三个新的实证研究。第六章说明了如何将 DNVA 用于分析某一特定主题(骑行者/骑自行车)的文本。虽然第七章和第八章侧重于一系列不同的主题,但都是在社交媒体的背景下研究新闻。当下,新媒体造成了新闻业及其商业模式的不稳定和数字化颠覆,点击量、点赞量和转发量已经成为"注意力经济"这一新型经济模式中的关键因素(boyd 2012),技术进步也导致"新闻制作和新闻写作发生重大变化"(Facchinetti 2012: 152)。在这样一种时代背景下,分析新闻报道就变得至关重要。第七章研究了新闻机构在脸书上发表的报道中新闻价值的构建。第八章重点研究脸书用户广泛转发的新闻事件的新闻价值。第九章描述并阐释了未来研究的两个关键领域:历时性研究和跨文化研究。最后,第十章回顾并反思了前面每个章节的内容。

23

注释

1. http://www. theguardian. com/australia-news/live/2015/apr/22/nsw-stormswild-winds-and-flooding-as-sydney-weather-brings-chaos-rolling-report#block-5536dcd3e4b0e90b560ce55b,获取日期:2015 年 4 月 22 日.
2. 这些内容详见网站:http://www. news. com. au/more-information;http://www. bbc. co. uk/aboutthebbc/insidethebbc/whoweare/mission _ and _ values;http://www. ap. org/company/news-values;http://www. nytco. com/who-we-are/culture/standards-and-ethics;http://www. aljazeera. com/aboutus/2006/11/2008525185733692771. html,获取日期皆为:2015 年 9 月 30 日。
3. 新闻机构也可以运用自指来为自身创造新闻价值。例如,将自己塑造成调查类报纸或者监察类报纸。(Marchi 2013)
4. 参见 Conboy(2006:15 - 16)对小报新闻价值的研究,以及 Bednarek(2006a)对英国小报和大报的评价。
5. 与软新闻的无时效性(Bell 1991)、正面性(Ungerer 1997)或稳定性(Feez et al. 2008)相比,硬新闻具有时效性(Bell 1991)、负面性(Ungerer 1997)或不稳定性(Feez et al. 2008)。软新闻与人们的兴趣或娱乐相关(Bender et al. 2009:134)。硬新闻与人们的兴趣对立,而不是与软新闻对立(Piazza & Haarman 2011)。以我们的经验看来,这一标准并非始终适用。然而,本书并未聚焦新闻体裁分析,也未过多强调不同类型新闻报道之间的语言学差异。

6. 这种纯元功能分析方法认为,符号模态具有三种主要功能:"概念"功能,符号模态表征我们周围和内部的世界;"人际关系"功能,符号模态构建社会关系;"语篇"功能,消息实体或"语篇"试图呈现一个连贯的整体(Kress and van Leeuwen 2006:15)。

7. 文献目录由 Costas Gabrielatos 提供,可以通过 http://www. gabrielatos. com/CLDABiblio. htm 获取。获取日期:2015 年 9 月 30 日。

8. 另一个挑战涉及对主观性或偏见的处理,因为语料库和话语分析会随一系列因素而变化(Marchi & Taylor 2009;Baker & McEnery 2015)。为了控制主观性,研究者可以采用透明性和一致性的原则(Baker 2009:83),正如本书所极力实现的。

9. "默认英语停用词列表"下载网址:http://www. ranks. nl/stopwords/,获取日期:2015 年 11 月 12 日。

10. 更多信息参见 http://ucrel. lancs. ac. uk/llwizard. html,获取日期:2015 年 11 月 13 日。

11. 由于 ProtAnt 只能处理 UTF - 8 编码的文本文件,因此要首先使用 EncodeAnt 将所有文件转换为 UTF - 8 格式(Anthony 2014)。

12. 关于搭配的讨论主要围绕如何确定搭配词的标准,如距离、频率、排他性、方向性、离散度和类符—形符分布(Brezina et al. 2015)。

13. 尽管 MI3 统计数据可以衡量搭配强度,但是这两个数值实际衡量的是置信度,人们可以使用置信度来衡量两个词形之间存在的非随机关联(McEnery et al. 2006:57;Brezina et al. 2015:161)。t 值减去观测值中的期望值,并用所得结果除以标准差(Hunston 2002:70)。对数似然比公式比较了两个单词同时出现的次数及单独出现的频率,还考虑了这两种状态之外的情况(Dunning 2008)。使用 t 值产生的最强搭配关系往往包含高频词对(Hunston 2002:74;McEnery et al. 2006:57),通常是功能词,而 MI3 和对数似然比产生的搭配关系既包含高频功能词,也包含低频实义词(Baker 2006:102)。

14. Sketch Engine 用来生成词语特性描述的统计技术是 logDice (Rychlý 2008)。该衡量方法基于 Dice 系数,并考虑了节点词的频率、搭配词的频率,以及某个特定语法模式内的搭配频率(Baker et al. 2013a:37)。更多内容请参见 http://trac. sketchengine. co. uk/raw-attachment/wiki/SkE/DocsIndex/ske-stat. pdf,获取日期:2015 年 12 月 09 日。

15. http://lexically. net/downloads/version7/HTML/index. html? plotdispersionvalue. htm,获取日期:2016 年 1 月 08 日。

16. 参见 https://www. sketchengine. co. uk/concordance/,获取日期:2015 年 12 月 09 日。

17. 裁剪是指对图像内容进行构图然后呈现给受众的方式。更合适的术语可能是"框架"。但是,由于 Kress 和 van Leeuwen (2006:177)已经使用"框架"一词来表示完全不同的内容,因此我们选择了"裁剪"一词以避免混淆。

18. 快门速度通过开关胶片平面上的帘幕(快门),控制光线与相机中的图像传感器接触的时间长度。相机镜头上包含一个光圈,允许光线通过。用户可以增大或减小光圈开口,从而决定通过镜头的聚焦光线的数量。ISO 代表国际标准化组织,在摄影中,它表示感光度。例如,低感光度(100)表示对光线的敏感度较低,可以在正常或光线较强的条件下使用,以产生非常干净/清晰的高质量图像。高感光度(如3 200)表示对光线高度敏感,在光线条件很差的情况下使用会导致图像非常粗糙,看上去不太清晰。关于相机设置技术方面的完整说明,可以在许多摄影网站上找到,如 http://www. all-things-photography. com/iso-settings/,获取日期:2016 年 3月 22 日。

第一部分

理　论

第二章

新闻价值

第一章简要介绍了"具有新闻性的价值"(newsworthiness values)，即
现有文献定义的新闻报道价值(newsworthiness)。事实上，探讨新闻价值
的文献不胜枚举，"新闻价值"这一术语的表述方式也不尽相同。我们于
2013年对新闻价值在语言学和其他学科领域的界定方式进行了全面的跨
学科综述(Caple & Bednarek 2013)。[1] 本章将建立在该综述基础上，但无法
详尽阐述。本章首先探讨新闻传播学领域对新闻价值的研究，再介绍其在
语言学领域的研究概况。本章还将引入新闻价值的话语分析方法，并在后
续章节作进一步阐释。

2.1 新闻学/传播学研究

学界通常认为，Walter Lippmann([1922]1965：223)最先提出选择新
闻事件是否出版的属性(attribute)与惯例(convention)，而高被引研究是
Galtung 和 Ruge(1965)的论文。20世纪60年代起的多数研究(包括语言
学研究[如 Richardoson 2007；Smith & Higgins 2013])都以后者的研究成
果作为出发点。因此，他们对新闻价值的界定也就成为新闻学/传播学领域
主流的界定方式(Hoskins & O'Loughlin 2007：31)。我们将对他们的研究
方法作简要阐述。需要注意的是，Galtung 和 Ruge(1965)使用的术语是"新
闻因素"(news factors)，其在后续研究中逐渐被"新闻价值"(news values)
取代。对大多数学者而言，这两种表述的含义相同。

2.1.1 新闻价值研究的基础：Galtung 和 Ruge(1965)的研究

Galtung 和 Ruge(1965)提出的新闻价值研究方法集中探讨事件如何成为新闻。他们通过类比无线电波信号，提出"常识感知心理"(common-sense perception psychology)，并在此基础上总结出 12 个"新闻因素"，以决定事件是否具备作为"新闻"报道的价值。在这 12 个新闻因素中，前 8 个新闻因素源于人类的感知能力而"不受文化因素影响"，包括频率(Frequency)、门槛(Threshold)、无歧义性(Unambiguity)、意义(Meaningfulness)、预期性(Consonance)、不可预料(Unexpectedness)、连续性(Continuity)和协调性(Composition)；而其余 4 个新闻因素则"受文化因素制约"，包括涉及精英国家(Reference to elite nations)、涉及精英人士(Reference to elite people)、涉及普通百姓(Reference to persons)和涉及负面事件(Reference to something negative)。表 2.1 列出了 Galtung 和 Ruge 对新闻价值的阐释。

表 2.1　**Galtung 和 Ruge(1965)提出的新闻价值因素**

新闻价值	定义/阐释(原文斜体部分)
频率	"事件发生的频率与媒体报道的频率越接近，则该事件越有可能被媒体作为新闻报道"(66)
门槛	"(事件)越严重……越暴力，越有可能成为新闻"(66) "事件存在一个衡量的门槛，只有越过这个门槛才会成为新闻"(66)
无歧义性	"歧义越小，事件的关注度越高"(66) "首选能够解释清楚且不存在歧义的事件"(66)
意义	"在听者或读者的文化框架中是可解释的"(66—67) "必须在文化上接近"(67) "相关性：事件可能发生在文化疏远的地方，但读者或听众仍能理解其含义"(67)
预期性	"事件与人们期望看到的心象越符合，事件越有为人所知的价值"(65) "'预期'一词应既包含'预测'(认知解释)的含义，也包含'愿望'(规范性解释)的含义"(67)
不可预料	"因事件未曾预料或与预期不符而引起人们的关注，'不可预料'本质上表示突发或稀有(事件)"(67)

新闻价值	定义/阐释（原文斜体部分）
连续性	"一旦某一事件成为头条或被视为'新闻'，则在之后的一段时间内将持续作为新闻"(67)
协调性	"新闻报道能'平衡'同报中的其他报道"(67)，即在一份报纸或新闻广播中提供一系列新闻事件
涉及精英国家	"事件与精英国家关联越大，越有可能成为新闻事件"(68)
涉及精英人士	"事件与精英人士关联越大，越有可能成为新闻事件"(68)
涉及普通百姓	"事件报道越是从个人角度出发，如从特定人物的行为出发，越有可能成为新闻事件"(68)
涉及负面事物	"事件结果的负面性越强，越有可能成为新闻事件"(68)

在谈到这些新闻因素时，Galtung 和 Ruge(1965：65)提出了一条"新闻传播链"，包括新闻选择(selection)、扭曲(distortion)和复现(replication)。他们由此推测，一个事件越满足新闻选择标准/新闻因素，就越有可能成为新闻(即新闻选择)；而一旦被选定作为新闻事件，则使该事件具有报道价值的新闻要素将会更加凸显(即扭曲)；最后，这种选择和扭曲将在新闻传播从事件本身转向读者的过程中重复出现(即复现)。据此，他们进一步提出两种假设。第一个加和假设(Additivity Hypothesis)表示，"事件的(新闻价值)得分越高，就越有可能成为新闻，甚至成为头条新闻"(Galtung & Ruge 1965：71)，但他们并未对该假设作出验证。正如他们所说，这"显而易见，无需验证"(Galtung & Ruge 1965：71)。第二个互补假设(Complementarity Hypothesis)表示，若一个事件的某一方面或某个新闻因素较为弱势，则该事件另一个"互补"的方面会较为强势，以使其成为新闻。为验证这一假设，Galtung 和 Ruge 将"新闻报道、社论、文章(报道、采访)和读者来信"摘成剪报，并对其内容作了分析(Galtung & Ruge 1965：74)。他们按照不同因素是否存在或缺失，对各个单元(即剪报)进行了归类。例如，是否存在或缺失精英性(国家或个人)，"语言风格"是"负面的""正面的"还是"中性的"(Galtung & Ruge 1965：74)。归类的重点在于事物和事件背景，即报道的对象和地点。例如，他们将剪报"报道了'负面'事物(某物被损毁、破坏或拆毁)还是'正面'事物(某物建成、修建或创造)"，以及人们"是从负面还是正

面的视角下看待事件"作为归类标准(Galtung & Ruge 1965：77)。Galtung 和 Ruge 通过分析,初步得出以下结论,即"新闻价值互补的情况很可能存在"(1965：80),但他们也表示还需要进一步研究。

针对该经典研究,我们作为话语分析研究者可以作出许多有意义的评价。首先,Galtung 和 Ruge 关注的重点很明显是事件本身,因为他们认为一个事件"要么具有新闻因素,要么就没有新闻因素"(Galtung & Ruge 1965：71)。由此看来,似乎事件本身以某种方式被赋予了新闻价值,或者新闻因素/价值为事件所固有,但这样就会产生很多问题(详见第三章)。学界对 Galtung 和 Ruge 的批评主要是因为他们认为事件似乎被赋予了某种认识论特性,从而具有新闻报道价值(见 Harcup & O'Neill 2001：265)。

其次,新闻价值/因素涉及截然不同的层面,包括报道事件的明显特征和新闻收集及生产过程(Bell 1991：156)。例如,新闻因素"协调性"(composition)关乎新闻出版(报纸、公报)中不同类型新闻的混合,新闻因素"门槛"(threshold)涉及事件的程度或范围,而新闻因素"连续性"(continuity)则涉及新闻议程。对本书而言,如果要使用"新闻价值"来讨论以上所有方面,那么就必须清晰地区分它们不同的层面,但我们更倾向于在应用该术语时,采用更狭义的含义(见 2.3.1 节)。

第三,Galbung 和 Ruge 区分了"选择"(selection)与"扭曲"(distortion)和"复现"(replication),他们认为新闻媒体可能会强调新闻报道价值。这意味着"新闻因素的累积效应巨大,由此创造了一个与'真实发生事件'不同的世界"(Galtung & Ruge 1965：71)。他们的观点表明,话语构建(或"扭曲")了新闻世界里的镜像。然而,Galtung 和 Ruge 并未把这种话语构建发展成某种理论,而是更关注新闻价值之间的关系,并量化统计事件中出现的新闻价值。

最后,Galtung 和 Ruge 分析了不同新闻文本的内容,但没有分析其语言或符号构建。这很好理解,因为该研究的学科背景并非语言学或社会符号学,但这也表明研究符号资源如何构建新闻价值还有很大的发展空间。

2.1.2 新闻价值在新闻传播学中的应用

Galtung 和 Ruge 的研究被誉为"新闻价值研究的奠基之作"(Bell

1991：155），被评价为最早尝试系统地界定新闻价值（Palmer 1998：378），
具有较高创新性（Allan 1999：63），对"什么是新闻"这一问题作出了经典的
社会科学解答（Tunstall 1970：20）。许多研究者确实沿用（或误用）了他们
提出的方法（见 Hjarvard 1995 的论述），但与此同时，他们的成果多年以来
也常受批判和修正。批评之一就是研究中的数据有限，因为他们仅分析评
价了四种挪威报纸中某些类型的内容，研究得出的新闻因素/价值不一定同
样适用于其他类型的新闻，尽管 Bell（1991：155）认为"这些新闻因素/价值
广泛适用于许多国家的不同新闻类型且具有启迪意义"。其他相关的批评
还涉及 Galtung 和 Ruge 提出的新闻因素独立于文化的特性（culture-free/-
bound nature）或其普适性（Masterton 2005；Robie 2006；Guo 2012）。

　　第一个全面挑战 Galtung 和 Ruge 研究的是 Tunstall（1971）。他指出 [31]
如下几点：Galtung 和 Ruge 的研究话题具有特殊性，忽略了其他事件的日
常报道；新闻报道几乎全都来自新闻机构；忽视了新闻呈现的基本层面；未
考虑视觉资源。同时，Tunstall 也指出了 Galtung 和 Ruge 的研究具有"与
众不同的优势"，即他们"一系列假设"可以广泛应用于不同的新闻语境
（1971：21－22），这在迄今应用 Galtung 和 Ruge 成果的大量研究中可以得
到清晰印证。我们将在后续章节简要探讨这些后续研究，并重点关注 Caple
和 Bednarek（2013）综述研究中出现的关键问题。

2.1.2.1　新闻价值和新闻事件

　　许多研究者都沿用 Galtung 和 Ruge（1965）的研究途径，即以新闻事件
为出发点（如 Schulz 1982；Shoemaker et al. 1991）。新闻价值被普遍认为
是选择标准，适用于已发生的"事件"，以及记者是否在新闻调查中选用。在
一些研究中，新闻价值不仅涉及选择标准，还涉及事件的性质、属性、视角等
各个方面。[2] 例如，Machin 和 Niblock（2006：27）探讨了"特定事件的内在属
性"。Palmer（2000：31）也以事件作为研究的出发点，认为"新闻价值包括
事件的时效性、趣味性、重要性等方面，还包括事件与其背景间的联系"
（Palmer 2000：33）。之前对 Galtung 和 Ruge 研究的批评，同样适用于此
（见 2.1.1 节）。在谈论事件的新闻价值或其报道价值特性时，存在的基本
问题是：（i）将事件视作单一的整体；（ii）认为新闻价值很容易被客观地确
定，即事件本身要么有，要么没有新闻价值；（iii）似乎忽视了人为干涉的因

素(社会认知和话语介导)。

另一个相关的问题是,一些研究未能清楚地区分"事件"(event)和"新闻故事"(story)(即新闻条目[news item])。比如,在 Conley 和 Lamble (2006)讨论洪水事件的报道中,我们尚不清楚他们将"影响力"(Impact)这一新闻价值视作了事件(洪水)的性质还是新闻故事(有关洪水的报道)的性质:"洪水对多方面都产生了影响,这是衡量一则新闻报道最普遍的标准……影响越大,事件越大。若一则新闻报道没有预期的'影响力',则其新闻报道价值可能会受到限制。"(Conley & Lamble 2006:43)当然,新闻价值可以被视作**首先**适用于"事件"(event)的选择标准,记者决定对哪些已经发生的"事件"(event)展开调查;**其次**适用于"新闻故事"(story),报纸和电视/广播在有限的版面/时间中选取哪些"新闻故事"(story)进行出版/报道。这种界定易产生诸多问题:(i)新闻价值似乎是事件所"固有的"特性;(ii)把事件(event)和报道(story)混为一谈。

2.1.2.2 新闻价值和新闻生产过程的不同层面

许多研究者还沿用 Galtung 和 Ruge(1965)的研究途径,将"新闻价值"运用于新闻过程的不同方面。比如,Harcup 和 O'Neill(2001:279)罗列的"当今时代的新闻价值列表"包括有关新闻故事报道的事件和人物的新闻价值(权力精英、名人、娱乐、惊奇、坏消息、好消息、重要性和相关性)与有关新闻关注/报道(news attention/coverage)的新闻价值(后续行动),以及新闻机构的特定偏好或政治立场(报纸议程)。通过考察广大研究者从 1965 年起提出的各种"新闻价值"(Caple & Bednarek 于 2013 年整理)发现,研究的重点尤其集中于事件(event)、故事(story)、新闻实践(journalistic practice)、新闻议程(news agenda)或商业模式/市场条件(business models/market conditions)。

这些新闻价值,有的涉及报道事件或事件人物的明显特征,其中包括"负面性""影响力""时效性""接近性"和"精英性"。其他研究者讨论了与报道事件无太大关联的新闻实践要素,其中包括风格、新闻报道结构、信息构建清晰度等,这些新闻价值的表述包括"无歧义"(Unambiguity)、"简化"(Simplification)、"简洁"(Brevity)及"清晰"(Clarity)。同样,涉及内容间的平衡或符合当前新闻议程的方面也被视作新闻价值。一些研究者还涵盖了涉及商业模式或经济状况的因素,尽管其他研究者将其排除在"新闻价值"讨论范围之外。例如,Brighton 和 Foy(2007:29)认为,"外部影响"(External influences)是"新的新闻价值"一部分。O'Neill 和 Harcup(2008:171)将"职业习惯(occupational routines)、预算(budgets)、市场、意识形态及更广泛意义上的全球文化、经济和政治考量"作为新闻过程中发挥作用的其他因素。Machin 和 Niblock(2006:141))甚至对新闻价值的社会学解释提出质疑,认为其没有考虑战略市场意识(strategic market awareness),并声称"目标受众定位(audience targeting)也是一种新闻价值标准"。

若一个术语在文献中的使用方式各不相同,则该术语在一定程度上会变得模糊不清,进而造成混乱,还会丧失其作为重要理论概念的价值。我们由此提出疑问:将"新闻价值"这一标签用来表述其应用的所有不同方面,是否具有实际作用?此外,为明确特定出版物中如何界定该术语,描述其概念显得尤其重要(2.3 节将对此进行重点探讨)。

2.1.2.3　新闻价值的本质或地位

有关上述讨论的另一个问题涉及新闻价值的本质或地位。新闻价值究竟是新闻工作者所持有的价值,是他们的选择标准,是物质事件的感知特性(perceived quality),还是体现在发表的新闻报道中的价值?Montgomery(2007:10)指出,"'新闻因素'(新闻价值)的认识论地位(epistemological status)有些含糊不清"。

研究者通常认为,新闻价值存在于新闻报道文本之外,如是"常规且高度规范的程序(routine and highly regulated procedures)"(Golding & Elliot 1979:114),或是有关新闻选择决策过程的核心标准系统(Westerståhl & Johansson 1994:71;Palmer 2000:45)。鉴于其探讨的是在新闻业社会实践中"使用"或"应用"的新闻价值,我们可以将其称为新闻价值的"社会"视角。2.1.2.1 节提到,新闻价值可以被视为已发生事件的性质或属性,这种"物质"视角将新闻价值概念应用于物质现实。最后,新闻价值也被视作存在于新闻工作者脑中的价值(Palmer 2000:45;Donsbach 2004;Kepplinger and Ehmig 2006:27;Schultz 2007:190;Harrison 2010:248;Strömbäck *et al*. 2012:719),我们将其称为新闻价值的"认知"视角。

同时,许多新闻价值分析都根据内容分析来识别新闻价值。新闻价值在这种情况下就被看作发布的新闻事件所体现的价值,同时其还被视为选择的标准或事件的性质。因此,Harrison(2006:136)将新闻价值分析总结为"一种**基于内容**的研究,旨在通过探寻'事件的性质'如何增加事件的新闻性来判断生产过程"(Harrison 2006:136,原文字体加粗)。[3] Staab(1990)从另一个角度提议,新闻工作者进行新闻写作时可以"突出真实事件的不同方面以强调不同的新闻因素,这样事件及其相应的新闻故事就被赋予了不同的意义和重点"(Staab 1990:429)。由此我们联想到了 Galtung 和 Ruge 提出的"扭曲"概念。研究者若重点关注新闻工作者的写作或使用的话语,则可以被称为新闻价值的"话语"研究视角。

我们认为,虽然新闻价值确实具有上述维度(社会、物质、认知及话语),可以从不同视角进行研究,但是在研究视角不明确或多个维度混合的情况下就会产生问题。O'Neill 和 Harcup 指出,新闻价值研究"有时会混淆新闻选择(news selection)和新闻处理(news treatment)间的差异"(O'Neill & Harcup 2008:171)。这只是维度混淆的案例之一。

2.1.2.4 新闻价值因素及其名称

一些研究者也罗列了新的新闻价值因素,用以替代 Galtung 和 Ruge 提出的新闻价值(1965)。这些研究者主要指出,Galtung 和 Ruge 的研究适用性在 21 世纪已经落后且局限明显。这其中包括如 Hoskins 和 O'Loughlin(2007)、Brighton 和 Foy(2007)等研究者,他们的目标是探讨新闻领域发生的转变,包括直播和连续电视新闻报道、新媒体平台,以及新闻供应方和用户关系的转变。然而,多数研究者并未阐明为何需要提出新的新闻价值,也未能解释新的新闻价值与旧的新闻价值有何显著的不同,以及选择某一特定表述方式的原因。实际上,包括 Brighton 和 Foy 提出的"新"的新闻价值(2007:25)和 O'Neill(2001:279)提出的"当代"新闻价值在内的许多新闻价值因素仍然与"传统"新闻价值有很多重合。

通常而言,正如 Caple 和 Bednarek(2013)所述[4],不同研究者罗列的新闻价值存在许多重合。例如,对于新闻价值的"精英性",11 位不同的研究者几乎给出了相同的解释/界定:个人、国家或组织中的精英元素(地位高)。主要差异存在于对该新闻价值的名称/表述方式,包括"精英性"

(Eliteness)、"名人"(Celebrity)、"地位"(Statue)、"声望"(Prominence)、"价值"(Worth)、"权力"(Power)等。我们认为没有必要再增加现存的新闻价值,因此本书将不会引入任何新的表述方式。第三章将阐述本书所指的新闻价值,以及选择特定表述方式的原因。

2.1.2.5　新闻价值和新闻图片

新闻传播学中有关新闻价值研究的最后一点不足是对图像的忽视(详见 Caple 2013a)[5],但只有少数研究者注意到了这点(如 Rössler *et al.* 2011)。Tunstall(1971:21)是唯一因 Galtung 和 Ruge(1965)忽视了视觉资源而对其提出批评的研究者。

Hall(1973)关于新闻摄影的著作体现了早期的符号研究途径。他认为,新闻有两个层面的含义。图像层面涉及影像标示在形式层面上的新闻价值(formal news value),即根据新闻的专业理念来详细阐释照片和文本(Hall 1973:179)。新闻摄影中体现在形式层面的新闻价值包括有关高地位人士出乎意料的、戏剧性的、近期发生的事件。含义的第二个层面是内涵主题与解释的意识形态层面。在此,我们可以参考 Barthes(1977)对外延与内涵的界定。

相比之下,多数新闻价值和新闻摄影的研究者关注的仍然是选择过程和内容分析。由此,视觉化和图像可及性被列为选择标准(见 Rössler *et al.* 2011:417)。例如,Harcup 和 O'Neill(2001:274)提出的"娱乐性"新闻价值(entertainment)下设子分类,称为"图片机会"(picture opportunities)。他们谈道:"如果新闻报道能够提供很好的图片,那么即使没有明显的内在新闻报道价值,'娱乐性'也体现其中。"(Harcup & O'Neill 2001:274)他们还提到了"配有好图"的新闻报道(Harcup & O'Neill 2001:276)。然而,对"好图片"的界定方式尚不明确,且用"明显的"(obvious)或"固有的"(intrinsic)来形容新闻价值也有失妥当。

一些研究者将"传统"新闻价值运用到新闻图片中,如 Singletary 和 Lamb(1984:108)在研究美国获奖新闻摄影时发现,照片"体现的新闻价值屈指可数",常见的价值包括新闻图片所体现的"时效性"(Timeliness)、"接近性"(Proximity)和"冲突"(Conflict),以及专题图片所体现的"接近性"(Proximity)和"人情味"(Human Interest)。只有少数研究者试图提出与新闻摄影密切相关的新闻价值。Craig(1994)研究了新闻图片在两种澳大利亚报刊(《西澳报》,*The West Australian*,都市报纸,总部位于珀斯;《澳洲人报》,*The Australian*,全国性报纸)中的使用情况,他在新闻图片中发现五种新闻价值:"涉及精英人物"(Reference to Elite Persons)、"协调性"(Composition)、"平民性"(Personalization)、"负面性"(Negativity)和"冲突/戏剧性"(Conflict/Dramatization)。研究者最近还提出了一系列"图像固有(image-inherent)的新闻要素"(Rössler *et al*. 2011:417),这些照片新闻要素包括"破坏"(Damage)、"暴力/侵犯"(Violence\Aggression)、"纠纷"(Controversy)、"名人"(Celebrities)、"突发"(Unexpectedness)、"情绪"(Emotions)、"执行和技术"(Execution and Technique)及"性/色情"(Sexuality/Eroticism)。这些照片新闻要素被界定为"选择标准",用以决定图像是否"值得发布"(Rössler *et al*. 2011:417)。在目前对新闻价值和新闻图片的研究中,明显缺少对新闻图像传递的意义如何体现新闻价值的探讨,如图片的审美吸引力(aesthetic appeal)(见 Caple 2013a)。

2.1.2.6　中期小结

在深入探讨新闻价值的语言学研究之前,我们在此先作一个中期小结。可以说,新闻传播学的研究者常常将新闻价值视作一种生产技术,即新闻价值是新闻工作者使用的标准,用以决定去调查或报道哪些事件。研究者认为,新闻价值在新闻过程中发挥了关键作用,"影响新闻选择"(McQuail 2005:310)、"促成"新闻报道并"支配"新闻实践(见 O'Neill & Harcup 2008)。Conley 和 Lamble(2006)尤其强调该方面:

> 新闻价值将**决定**报道是否需要跟进。如果需要跟进报道,那么其将**决定**报道是否需要发布。如果需要发布,那么这些新闻价值将**决定**报道呈现的位置。呈现位置确定后,其还将**决定**大众以何种程度进行阅读。(Conley & Lamble 2006:42,加粗字体为本书作者添加)

从话语分析者的视角来看,这似乎意味着新闻价值先于文本(pre-textual),因此不属于文本(a-textual),但我们认为**从话语层面**分析新闻价值的构建方式具有明显的研究价值(见第一章例(1)至例(3))。此外,我们还指出了有待进一步明确阐释的方面。这些方面为本章和下一章探讨新闻价值的界定提供了思路。但在介绍我们的研究路径之前,有必要先简要回顾语言学视角下的新闻价值研究。

2.2　语言学研究

多数语言学视角下的新闻话语研究似乎对新闻价值分析兴味寡然,这可能是因为他们尚未将其与语言学分析联系起来,仅认为新闻价值存在于文本之外。另一方面,Bell(1991:76)、Durant 和 Lambrou(2009:89)、Smith 和 Higgins(2013:1)等语言学家指出,构建报道事件的新闻价值是新闻记者的一个重要技能,也是新闻话语的基本功能。然而,许多语言学研究从不提及新闻价值,即使有所涉及也只是轻描淡写,它们将关注的重点放在其他方面。

新闻价值通常以新闻传播学的视角被界定,对其质疑很少(但参见 Montgomery[2007:10－11]对新闻价值认识论地位的探讨)。此类研究通常分析新闻工作的特定方面,如广告与新闻报道之间的关系(Ungerer 2004)、战争报道中的叙事(narrativization)及人情味(Piazza & Haarman 2011)、构建自然(nature)(Goatly 2002)或者对穆斯林的表征(Baker *et al.* 2013a),却鲜有对新闻价值的深入分析。即使更为关注新闻价值的学者(P. Bell 1997;Ungerer 1997;ben-Aaron 2003,2005;Jaworski *et al.* 2003;Bednarek 2006a;Smith & Higgins 2013),他们也通常遵循已有的界定方式,其中多数都来源于 Galtung 和 Ruge(1965)、van Dijk(1988a)、Bell(1991)等人的重要著作。然而,少数语言学家试图重新界定新闻价值(Caple & Bednarek 2013),主要可以分为三种研究方法(分别称为"基于实践的研究路径""认知路径"和"话语路径")。

2.2.1　基于新闻实践的研究

基于新闻实践的研究路径包括新闻编辑室的民族志研究,代表性人物有 Allan Bell 和 Colleen Cotter,他们本身具有新闻工作的职业背景。[6]Bell 在语言学领域颇具影响力。教科书及其他新闻话语导论对新闻价值的解释,基本都采用他所作的界定(如 Durant & Lambrou 2009：88；Smith & Higgins 2013),同时也影响了我们先前的研究工作(如 Bednarek 2006a；Caple 2009)。简而言之,Bell 根据新闻传播学研究,将新闻价值描述为"新闻工作者在处理新闻报道时用以作出专业判断的标准,且这种标准往往是不经意间形成的"(Bell 1991：155)。

37   Bell 认为,新闻价值塑造、控制或"促进"新闻故事收集、组织和呈现的方式(Bell 1991：247),新闻价值使得事件以特定的框架呈现出来(如 Bell 1991：169)。他认为,对新闻人物或事件的报道(选择什么事件及哪些最终成为新闻)可以从是否符合新闻价值标准、是否具有新闻价值(news value)、是否具有报道价值(newsworthy)等方面来解释(如 Bell 1991：180,194, 320)。这表明对他而言,新闻价值还是新闻人物/事件的"属性"(quality), 同时也是新闻记者受过训练后所使用的"标准"(criteria)。由此,Bell 的著作似乎暗示新闻价值独立于新闻记者而存在,要么作为新闻故事生产的某种物化驱动力,要么存在于事件/人物的"本质"中。另一方面,Bell(1995： 313,320)还将新闻价值与新闻记者的判断或感知相联系。

Bell 的研究方法因其"新闻价值"术语涵盖了太多不同的现象而变得异常复杂。他以 Galtung 和 Ruge(1965)的研究为基础并加以修改,将新闻价值分为三类。第一类涉及新闻内容,其中的新闻价值包括"新近性"(Recency)、"未预料性"(Unexpectedness)和"重大性"(Superlativeness)。第二类涉及新闻收集和处理,其中的新闻价值包括"连续性"(Continuity)、"竞争"(Competition)和"预制"(Prefabrication)。第三类为有关"新闻文本的属性或风格"(Bell 1991：160)的三种价值,即"清晰"(Clarity)、"简洁"(Brevity)和"色彩"(Colour)。2.3 节将进一步讨论该分类。

就新闻价值和新闻话语的关系而言,Bell 提出可以借助对新闻教科书的分析或"对媒体所报道事件的推断"(Bell 1991：155)来识别新闻价值。两种方法之间,他似乎更倾向于后者。他的一个重要观点是新闻记者可以使用语言来"强化"(enhance)新闻价值,因为他们会对原始资料进行编辑并最终定稿(Bell 1991：65)。Bell 进一步说道:"将新闻价值最大化是编辑的基本职能。"(Bell 1991：76)他在探讨个别新闻故事时还举了一些案例,我们将在第四章来讨论这些案例。

Cotter 研究新闻价值的路径在许多方面都与 Bell 相类似,Cotter 将新闻价值视作新闻记者"对重要传播内容的内化假设(*internalized assumption*)"(Cotter 2010:56)。Bell 认为,新闻价值是新闻记者经过训练后使用的标准;Cotter(2010:53)则认为,新闻记者在社会化过程中接受了新闻价值。同 Bell 一样,Cotter(2010)认为新闻价值至关重要,因为新闻价值作为指导方针或决定因素,影响(Cotter 2010:1)或支配(Cotter 2010:73)新闻决策和新闻实践,并建立了选择标准及"重要性等级"(hierarchy of importance)(Cotter 2010:73 - 74)。这样看来,新闻价值"**被用来决定什么是新闻**"(Cotter 2010:87,原文加粗)。的确,她发现新闻价值对方方面面都产生影响:

> 新闻价值不仅能够在概念形成阶段解答报道**什么**及什么可以视作新闻,还能回答其他与新闻故事和故事构建相关的新闻问题:**如何**报道,突出**什么**,从**哪里**开始,和**谁**谈论,以及**何时**推进或停止。新闻价值还与新闻在报纸或广播中所处的位置或者播放时间有关:在**什么时候**进行播报(收音机及电视)或刊登在**哪个位置**(印刷报刊),以及**如何**发布,涵盖了有关任何一天在时间和空间层面的非文本需求。(Cotter 2010:75,原文斜体加粗)

同 Bell 一样,Cotter(2010)将新闻价值称为"内容要素"(elements of content)(Cotter 2010:94)、新闻人物的属性(Cotter 2010:69)或新闻故事(Cotter 2010:95)。虽然 Cotter(2010:87)也称其为"团体认可的属性"(group-agreed qualities),并将新闻记者视作行为主体,但似乎新闻价值仍然独立于新闻记者而存在。的确,Cotter 在很大程度上明确认为,新闻价值存在于新闻记者脑中。

Cotter(2010)与 Bell(1991)的最大区别在于,Bell 对新闻价值的看法比 Cotter 更为宽泛。Bell 提出的一些新闻价值(如"构成"[Composition,涉及新闻内容的混合])被认为是外部新闻报道价值(outside newsworthiness)(如 Cotter 2010:80)。另一个重要差异是,Cotter(2010)主要关注新闻编辑室的活动,而非出版的新闻故事。例如,她展示了新闻价值如何通过她所谓

38

的"新闻价值实例化观点"(news-value-instantiated proposition),明确体现在编前会中(如编辑说"有些过时了"则体现了"新颖性")。[7]Cotter(2010:71-72,76)还表示,在探讨、描述和评价新闻编辑部的会议、备忘录、商业杂志、专栏及评论文章中的新闻实践时,也会利用新闻价值来阐释报道或不报道某事件的理由(如一位专栏作家将某人称为"一个无人知晓的女人"[声望,Prominence])。

就新闻价值和新闻话语的关系而言,Cotter 认为新闻价值"塑造"(shape)或"内嵌于文本之中"(Cotter 2010:67)。但她也认识到,新闻话语可以增强(reinforce)并再生产(reproduce)新闻价值(Cotter 1999:175,Cotter 2010:94)。

2.2.2 认知研究路径

新闻价值的认知研究路径之代表人物有 Teun van Dijk 和 Roger Fowler,他们都使用了批评话语分析方法(critical discourse analysis)。虽然他们对新闻价值的讨论程度不及 Bell 和 Cotter,但是也对新闻价值提出了自己的界定。Van Dijk(1988a)区分了不同类型的新闻价值:涉及新闻生产的经济条件(包括如预算和销量/订阅);新闻采集生产过程(出版截止日期、版面和消息源的可及性);以及一系列"界定新闻价值更为具体的认知限制"("新奇性"[Novelty]、"新近性"[Recency]、"预想"[Presupposition]、"预期性"[Consonance]、"相关性"[Relevance]、"异常和负面性"[Deviance and Negativity]和"接近性"[Proximity])。他认为新闻价值是"具有认知表征"的限制(Van Dijk 1988a:121),是新闻生产的基础,其中包括选择(selection)和表述(formulation):"事件是否被阐释为潜在的新闻事件,取决于适用这种解释(模型)的潜在新闻话语,反之亦然。新闻生产似乎是循环的过程,即事件和文本互相影响彼此。"(Van Dijk 1988a:113)同样,Fowler(1991)以解释 Galtung 和 Ruge 最初提出的新闻价值为出发点,提出认知视角界定方式。通过这种界定方式,新闻价值被视为是社会构建的"主体间的心理范畴"(intersubjective mental categories)(Fowler 1991:17),但 Fowler 也认为新闻价值是"(潜在)报道的属性"和"表征特点"(features of representation)(Fowler 1991:19)。换句话说,Fowler 和 van

Dijk 从认知角度对新闻价值进行界定,同时也认为新闻价值存在社会和话语的维度。

在此,对基于实践的研究和认知角度的研究进行简要总结。一些针对新闻传播学研究者的批评同样适用于语言学家,部分原因在于这些研究对他们产生了很大影响,尤其是 Galtung 和 Ruge(1965)的研究。这其中包括对事件新闻价值或其报道价值属性的探讨、"新闻价值"这一表述应用在新闻过程的不同方面,以及新闻价值不同维度(如社会、物质、认知和话语维度)的模糊化或混合等问题。同时,以 Bell(1991)为代表的语言学家也为我们的"话语"研究途径提供了重要动力(Bednarek & Caple 2012a,b;2014),即我们可以系统地考察新闻话语中新闻报道价值的构建。

2.3 新闻价值研究的新方法

本节将引入我们提出的新闻价值的"话语"研究途径,即新闻价值话语分析法(discursive news values analysis,DNVA)。首先,我们将阐释如何使用"新闻价值"这一术语(2.3.1 节);接着,我们重新审视"新闻价值具有不同维度"这一观点(2.3.2 节);最后,我们将界定新闻价值话语分析的适用范围(2.3.3 节)。第三、四、五章将更加详细地介绍新闻价值话语分析,并阐述可以应用于文字和视觉文本的新闻价值话语分析整体框架。

2.3.1 厘清"新闻价值"的概念范围

在上述章节中,我们提出"新闻价值"这一表述被运用于截然不同的方面,包括事件或新闻故事的明显特征、新闻实践的各方面、内容混合的要素、是否符合新闻议程,以及有关商业模式或经济状况的因素。我们认为有必要更加清晰地区分这一术语应用的不同方面。我们还看到,Bell(1991)对此有过尝试,他区分了三种不同种类的价值(表 2.2)。为了后续更为深入的讨论,在此简要审视一下 Bell 的分类。

40

表 2.2　Bell(1991)对新闻价值的分类

新闻文本的价值	简洁
	清晰
	基调
新闻过程的价值	连续性(故事一旦成为新闻,就会一直作为新闻)
	竞争(新闻机构间对独家新闻的竞争,故事涉及出版报道的竞争)
	共选(将一则故事与另一则更具新闻报道价值的故事联系起来)
	构成(混合整体新闻公报或报纸中不同类型的故事)
	可预测性(固定事件,如迎合新闻生产过程的新闻发布会)
	预制(已有通稿)
新闻人物和事件的价值	新近性:"最好的新闻是才刚刚发生的新闻"(156)
	一致性:"是否符合人们对新闻人物所在的社会群体或国家的既定观念"(157)
	负面性:"基本新闻价值";"新闻就是坏消息"(156):包括伤害、受伤、死亡、灾难、事故、冲突、战争报道和异常
	相关性:"对受众生活的影响或接近受众的生活"(157)
	接近性:"地理位置接近可以增强新闻价值";"与之相关的是……国家间的文化相似性"(157)
	未预料性:"未预料的或稀有事件的报道价值高于普通事件";与之密切相关的是新奇性(novelty),即"新颖性"(newness)(157)
	重大性:"最大建筑物、最暴力的犯罪和最具破坏性的火灾会被优先报道"(157)
	平民性:"表示从个人角度描述的事件比概念、过程、广义或笼统的事件更具报道价值"(158)
	精英性:"涉及精英人物,如政治家或电影明星";"第一世界的精英国家比南方的非精英国家更具有新闻报道价值"(158)
	引语:"有关新闻消息源的精英地位";"某类精英,特别是社会认可的权威"(158)
	无歧义性:"新闻故事轮廓越鲜明,越受读者青睐"(157)
	真实性:"新闻故事包含硬新闻所需各种事实和数字的程度:地点、人名、价值总额、各种数字"(158)

虽然 Bell 的分类颇具益处,但是"新闻价值"这一术语包含了新闻过程 41
中大量各不相同的元素,由此产生很多问题。例如,新闻文本(news text)中
的价值:清晰(clarity)、简洁(brevity)和基调(colour),与 Cameron 在写作
风格的教材中发现的价值(正确[correctness]、一致[consistency]、清晰
[clarity]和简明[concision])相类似,Cameron 将其作为"好文章"的定义
(Cameron 1996:319)。同样,Cotter(1999:174)认为,简洁(brevity)和清
晰(clarity)及其他价值是典型的"新闻写作的修辞目标"。事实上,Bell 也将
其称为"目标"(goal)或新闻写作和编辑的"目的"(aim)(Bell 1991:160;
1995:306,319)。由此可见,清晰、简洁和基调属于新闻故事应有的一般语
言特征,并不涉及报道事件的新闻价值。此外,虽然新闻过程(news
process)的价值:连续性(continuity)、竞争(competition)、共选(co-
option)、构成(composition)、可预测性(predictability)和预制
(prefabrication),显然影响事件是否能"成为"出版的新闻,但是我们认同
Cotter(2010:80)的观点,即应将版面空间(space)、内容杂糅(content
mix)、交稿期限(deadline)等其他因素作为"因素而非新闻价值"。在此基础
上,我们可以补充其他影响新闻选择和生产的因素,如记者可及性
(availability of a reporter)、新闻素材和新闻消息源的可及性(material and
sources)、新闻生产过程(news cycles)或通过受众分析(audience analytics)
得到的信息(如是否可分享[perceived shareability])。[8]

因此,本书基于我们的前期积累(Bednarek & Caple 2012a;Caple &
Bednarek 2013,2016),区分了以下概念:

• 新闻写作目标:有关新闻写作的一般目标,如表达清晰、简洁、基调、准确等;
• 新闻选择因素:影响事件是否报道或新闻故事是否出版的因素,如商业压力、
记者可及性、出版期限、受众分析等;
• 新闻价值:涉及事件的新闻报道价值,即事件在特定团体中潜在的价值,由新 42
闻工作者在新闻实践中评估决定的潜在报道价值,或通过话语构建的新闻价值。

需要指出的是,我们未将道德伦理价值(如事实[truth]、公平
[fairness])和商业价值(如速度[speed]、多平台发布[access via multiple

platforms])纳入新闻价值的讨论范围(见第一章)。针对第三点中有关新闻事件报道价值的新闻价值,我们需要说明的是,此处事件的潜在新闻价值是指社会文化赋予的价值,而非事件"天然的"(natural)或"固有的"(inherent)价值(见第三章)。我们对新闻价值的界定还强调了要进一步梳理新闻价值的不同维度,后续章节将对此进行集中探讨。

2.3.2 新闻价值的维度

Van Dijk(1998)认为,价值具有认知、社会和话语的层面。用他的话来说,价值是文化层面"为社会认知所共享的精神客体"(Van Dijk 1998:74);价值是"社会成员在大量实践及各种环境下应用的价值"(Van Dijk 1998:74),而且话语策略可能建立价值(Van Dijk 1998:262)或选择/强调特定价值(Van Dijk 1998:286)。Van Dijk 从整体上谈论了价值,我们可以在此三种维度(认知、社会和话语)的基础上增加第四种维度(物质维度[material])。在之前新闻传播学研究的文献综述中,我们已经简要提及这些维度:我们认为事件在物质现实中对某一群体存在潜在的新闻价值(物质维度);新闻工作者和受众群体对新闻价值的看法(认知维度);新闻价值是新闻实践过程中的选择标准(社会维度);以及新闻价值可以通过话语构建(话语维度)。表 2.3 展示了新闻价值研究的不同视角对应的不同维度(Bednarek 2016a)。[9]

43

表 2.3 新闻价值的维度

物质维度:事件在物质现实中相对某一群体存在潜在的新闻价值	什么是事件的潜在新闻价值?
认知维度:新闻工作者和受众对新闻价值和新闻报道价值的认知	新闻工作者和/或受众群体如何看待新闻价值?
社会维度:新闻价值是新闻实践过程中的选择标准	新闻工作者如何将新闻价值作为标准以选择报道和发布的内容及其生产方式?
话语维度:新闻价值可以通过话语构建	新闻价值如何通过话语在新闻生产前、中、后及新闻产品中被构建?

这些不同的方面以各种方式相互影响。例如,事件具有潜在的新闻价值(物质维度);新闻工作者将其对新闻价值的看法和目标受众作为选择标

准,对事件进行选择、组合,并以新闻的形式呈现(认知维度、社会维度);新闻工作者使用语言和其他符号模式向彼此及受众展示和传播新闻价值(话语维度)。新闻工作者处理的原始资料(如新闻稿)和发布的新闻故事中构建了新闻价值,而受众群体又会讨论这些原始资料和新闻故事的报道价值(话语维度)。认识到这四种不同的维度非常重要,因为这样就可以探讨维度间的联系和相互影响,但如果混为一谈,研究就无从谈起。

为避免混淆,且囿于讨论范围所限,本书仅从话语维度,研究新闻价值,即我们所指的新闻价值话语分析(discursive news values analysis, DNVA)。在系统探讨四种维度间的关系和影响之前,有必要开发一个框架来分析新闻价值**如何**通过话语得以构建。如前所述,现有研究尚缺语言学和多模态视角。作为关注跨学科视角下多模态话语分析的研究者,我们有意在本书中填补这一空缺。再次强调,我们提出的话语研究路径与其他路径是互补的关系。因此,我们的目的并非把所有新闻价值都压缩到话语中,或者认定话语是构建新闻价值的唯一方式。我们的观点是,新闻价值研究应该更系统性地分析新闻价值的话语构建方式,通过与其他研究者建立跨学科合作,将分析结果与民族志研究和新闻价值的社会、认知及物质维度的其他研究相联系(Bednared & Caple 2014:139)。

理论上,话语视角可以应用在 Cotter(2010:73)划分的新闻过程不同阶段:故事构念、故事构建、故事排版和考评。我们可以分析新闻价值如何通过话语,在各阶段传播和协商。实际上,我们一开始首先系统探讨已出版的新闻报道如何通过符号资源来构建新闻价值,本书也将延续这一研究焦点。我们旨在介绍一个框架,用于分析如何在出版的新闻故事中构建特定事件的新闻价值。我们关注的问题并非事件如何被选为(select)新闻,而是如何将事件**构建**(construct)为新闻。呈现(presentation)或处理(treatment)是我们的研究重点,而非选择(selection)。更准确地说,我们提出的新闻价值话语(discourse of news values)才是重点。

2.3.3 新闻价值话语分析的范围

很显然,本书无意解答所有问题。首先,我们认为,使用新闻价值话语分析框架分析出版的新闻故事无法回答下面这些问题:为什么某一事件会

44

被新闻机构选择；为什么选择这个事件而非其他事件；为什么选用这张图片而非其他图片，等等。我们通过识别事件中的新闻价值来探究新闻报道的方式，而非报道的原因。正如我们之前所说，影响事件是否被报道或报道是否能出版的原因很多（如商业压力、记者可得性、期限等）。针对为何选择特定图片或使用语言手段这一问题，也存在诸多解释。例如，若拥有一张其他新闻机构没有（独家）的照片，则意味着这张照片会被选择发布；特定语言手段的使用可能是因为新闻工作者遵循了内部写作风格指南（Cameron 1996）[10] 或其他写作建议（Cotter 1999）[11]。仅仅通过对出版的新闻文本进行新闻价值话语分析，无法获知风格指南或其他写作建议所产生的影响，也无法获知编辑在其中产生的影响及选择特定符号资源的主体是谁（如新闻记者、副主编等），更无法解答为什么报道该事件，以及为什么选择该故事、照片或视频。为了寻找这些答案，我们需要进行民族志研究，走进新闻编辑室，观察或采访新闻记者，但这已超出了本书的讨论范围。

其次，我们认为，用新闻价值话语分析方法来探讨已出版的新闻话语，无法回答特定符号手段是否是被有意识或有策略、有目的地用于构建新闻价值。构建新闻报道价值的符号手段已经被规约化，是长期新闻实践的结果。其中一些符号手段被视为新闻话语的陈词滥调（见 Bender *et al.* 2009：101 或 Lozada 2014 提供的列表）。由于新闻报道表现出一种"高度的规约化"（conventionalisation）（Catenaccio *et al.* 2011：1848），因此符号手段可以是半自动化的，需要新闻工作者遵循惯例和常规并利用隐性知识（tacit knowledge）和基于实践的经验。[12] 总之，我们认为，无法通过对出版的新闻文本进行新闻价值话语分析来获知作者的意图。当我们使用诸如"手段（DEVICE）构建/建立 Y 新闻价值"等表述时，并不表示意向性（intentionality），而是与话语中构建的潜在意义有关。尽管如此，我们还是对新闻话语作一般假设，即新闻话语"旨在通过向受众呈现具有新闻报道价值的故事来吸引他们"（Bednarek & Caple 2012a：46）。正如 Sissons（2012：278）所说："新闻报道的功能性目标就是发布能够吸引目标受众的'具有报道价值的'（newsworthy）信息。"

第三，我们认为，对发布的新闻话语进行新闻价值话语分析无法使我们获知受众如何阅读这些文本的潜在意义及他们的反应，因为受众可以从不同的角度来解读含义（Hall 1994）。由此，我们旨在避免"效应谬误"（effects fallacy）（Boyd-Barrett 1994：38），即假设话语分析能够阐释话语的解读方式。但是，我们可以认为，如果特定新闻价值（如负面性和重大性）在报道某个事件或人物（如移民）时始终处于突出地位，那么受众就有可能通过这些话语来认知该事件或人物（如巨大威胁），但仅对文本进行新闻价值话语分析无法证明上述观点。要研究实际受众群体的理解，就需要进行受众研究（Coffin & O'Halloran 2005：159）。对受众反应的研究是新闻价值话语分析的潜在应用，但不属于本书的讨论范围。由此，我们认可文本解读方式的研究是

> 一项完全独立的研究，需要观察并询问读者⋯⋯但因时间或精力有限，我们不得不忽略读者如何解读文本，但探究主流媒体提供的不同文本（即接触不同类型文本的机会）颇具学术意义。（Boyd-Barrett 1994：29）

总之，本书的贡献在于分析新闻故事如何在"实践中'运作'"（Boyd-Barrett 1994：38），并将新闻作为话语和符号实践来研究。正如我们在其他研究中指出的："探究新闻媒体如何为事件赋予新闻报道价值，展示了新闻媒体强调了事件的哪些方面，并揭露了事件如何包装以供受众进行新闻消费。"（Bednarek 2016a：31）此外，新闻价值分析可以作为批评话语分析的另一种工具（Bednarek & Caple 2014），因为许多研究者认为，新闻价值本身就是一个意识形态系统（如：Hall 1973；van Dijk 1988a；Bell 1991；Cotter 2010），或者这些新闻价值能够"增强其他意识形态"（Bednarek & Caple 2014：137）。虽然我们不会在本书中对新闻价值的意识形态方面作过多评论，但是在把新闻作为专业实践来分析时，仍必须要牢记此点。

本章对新闻价值研究进行了批判性、跨学科的综述，并引入了我们自己的话语研究路径——新闻价值话语分析。我们对新闻价值分析的贡献不仅在于介绍了聚焦符号资源的新路径，还在于对新闻价值研究这一广阔且复杂的领域进行了概述，梳理了新闻价值的不同方面，提出了四个维度和研究视角（物质、认知、社会和话语）。我们的研究路径重点分析符号资源如何在

45

发布的新闻故事中构建新闻价值。在第四章和第五章中,我们将详细讨论这些符号资源。我们将首先在下一章解释本书中"话语构建"(discursively constructed)的含义,还有新闻价值的构成及其界定。

46 **注释**

1. 其他概述可见 Brighton 和 Foy(2007:8 - 14)、O'Neill 和 Harcup(2008)等人的研究。本章不考虑有关新闻框架(news frames)、议程设置(agenda setting)、新闻把关(gatekeeping)等研究,因为这些研究与新闻价值研究在一定程度上有所重合(见如 Allan 1999;Johnson-Cartee 2005)。本章也不考虑道德伦理及商业价值等因素(见第一章)。

2. 并非所有研究者都认为新闻价值为事件固有的性质,许多研究者认为新闻价值是**感知到**的价值。

3. 在该综述中,我们没有探索新闻价值分析使用的方法。除了内容分析之外,对新闻价值的新闻学研究有时也借助民族志研究路径,包括访谈(如 Masterton 2005)和观察新闻编辑室(如 Lester 1980)。的确,新闻价值研究的方法论本身就是一个值得讨论的话题。例如,通过内容分析来识别报道的新闻价值,从而确定选择这些报道的原因,就会产生很大问题,因为这仅告诉了我们报道的**方式**而非报道的**原因**(Hartley 1982:79;Harcup & O'Neill 2001:276)。

4. Cotter(2010:70)根据新闻学**教科书**也提出了同样的观点。

5. 鉴于研究范围有限,我们此处主要关注新闻图片,而非广播新闻图像。一些广播新闻图像的研究在界定移动图像中的"价值"时与新闻生产和经济价值相关(如 Cummins & Chambers 2011),这超出了我们此处使用的"价值"界定范围。但可参考 Maier 和 Ruhrmann(2008)基于 Schulz(1982)的研究路径。

6. 两位研究者的专业分别属于语言学的不同分支学科:Bell 是社会语言学家,而 Cotter 是民族志研究者。Cotter 的研究方法也属于"认知"方式,因为她明确认为新闻价值是新闻记者所固有的价值。然而,她的界定只是隐含认知视角,她研究的重点显然还是新闻编辑室的新闻**实践**。

7. 这与 Lester(1980:991)的观点相类似,Lester 认为新闻编辑室的谈话会"产生"新闻报道价值,如通过汇集特定事件整体新闻报道价值的特征以体现新闻故事(如"毕业典礼太无聊了")。

8. 在 21 世纪的新闻编辑室内,受众信息(audience metrics)(分享、点赞、阅读量最大等信息)既影响报道的**内容**,也影响这些报道的包装**方式**(Olmstead *et al*. 2011:1;Nguyen 2013:150;Martin & Dwyer 2015;Welbers *et al*. 2015)。

9. 一开始,我们仅区分了话语和认知两个维度(Bednarek & Caple 2012a);增加物质维度是受到了 John Richardson 评论的启发,Bednarek 和 Caple(2012b)对此进行了介绍;社会维度由 Bednarek(2016a)补充。

10. 举个例子,《BBC 新闻风格指南》(2014)中包括了语法、拼写和标点、头衔、姓名、数字、宗教等章节,以及按照首字母排序的章节。为展示该指南中的写作风格,以下列出了指南中"种族"(race)的词条:

> **种族 Race**
> 用"**black people**"替代"blacks"(黑人),用"**white people**"替代"whites"(白人)。某人的肤色只有在其与事件有关时才可以被提及。"**black**"(黑色)通常不用于"Asians"(亚洲人)。使用"**black and Asian people**(黑人和亚洲人)"或"**Asian**(亚洲人)"及"**African and Caribbean people**(非洲及加勒比地区的人)"。避免使用"**non-whites**(非白人)"。"coloured"(有色人种)不适合在涉及种族的背景下使用,除非表示"南非种族制度"(apartheid South Africa),或者"**Coloured**"(首字母大写)表示"mixed race"(混合种族)。同样需注意"immigrant"(移民)一词的使用,该词经常被错误地用于形容出生在英国的人。
> (http://www.bbc.co.uk/academy/journalism/article/art20130716151834065,检索日期为 2014 年 11 月 6 日,原文加粗部分)

可以看到,关于如何使用特定存在争议的词,如"elderly"(老人)、"handicap"(残疾人士)、"种族"(race)等,是有建议术语的(Cotter 1999:176)。新闻机构针对特定领域(如巴以冲突)也会提供词汇使用指南(Barkho 2008:281-282)。

11. 这些指南关乎新闻写作目标,如表述清晰、简洁或准确。Cotter(1999)从写作风格教科书、语法指南、新闻编辑部写作指导和行业期刊中选取了一些建议语言的例子,包括写作清晰生动、谨慎使用强化词和被动态、避免冗长繁琐、正确使用语法。新闻学专业学生使用的一本教科书(Bender *et al.* 2009:95-108)提出了如下建议:
    (1) 简洁
    (2) 使用强势动词和生动名词
    (3) 避免形容词、副词、陈词滥调、俚语、委婉语、负载词,避免装腔作势、夸大其词
    (4) 避免提及自身或使用第一人称代词,除非在引语中
    (5) 使用具体的时间表述
    (6) 避免过度使用标点
    (7) 避免重复和阐释显而易见的事情
    (8) 避免在报纸中使用现在时(网页/广播除外)
    (9) 避免使用否定句
    虽然没有提及具体的新闻价值,但是其中一些建议可能会引导记者使用构建新闻价值的资源。例如,使用"强势动词"这一建议(如"rip"[撕]、"shatter"[打碎]、"unleash"[释放])与重大性(Superlativeness)新闻价值相关(见第四章)。

12. Barkho(2008)认为,新闻工作者在选择词汇时比在选择句法时更具主观意识。

053

第三章

新闻价值话语分析

　　本章首先明确文中新闻价值话语构建的含义,随后介绍文中提出的新闻价值及其概念。分析如何通过符号资源来构建新闻价值时,我们需要一个可以适用于新闻话语的分析框架。后续章节将分别介绍适用于语言(第四章)和新闻图片(第五章)的分析框架。为避免多次重复介绍,我们在本章对每个新闻价值统一界定。本章还将探讨"解读倾向"(preferred reading)和"目标受众"两个概念(target audience),并辅以案例分析。

3.1　新闻价值的话语构建

　　新闻价值的话语分析(DNVA)着重探讨如何通过话语(即使用中的符号资源)来构建新闻价值。鉴于第一章已解释了本章中"话语"(discourse)的含义,此处将着重阐述"构建"(constructed)的含义。首先,我们将讨论"构建"(construction)在语言层面的含义,并且探讨其在新闻图片层面的含义。

　　我们先看一下语言学家使用了哪些动词来描述语言和新闻价值之间的关系(表 3.1 按时间顺序对此进行了总结),这将有助于后面的讨论。[1]

表 3.1　在表达语言与新闻价值时,语言学家常用的动词

语言学家 探讨语言和新闻价值关系时常用的动词	
Bell(1991：2,76,81)	反映和表达、使……最大化、增强
Ledin(1996：56)	促成、创造

语言学家 探讨语言和新闻价值关系时常用的动词	
Cotter(1999：173,175)	增强、加强、再生产
Vestergaard(2000：155)	突出
Goatly(2002：18)	符合、强调
Jaworski et al.（2004：184,195）	增加、加强
ben-Aaron(2005：715)	增加、编码
Bednarek(2006a：71,75,76,149)	促成、相关、表现、增强
Montgomery(2007：93)	驱动
Stenvall(2008a：230,241)	识解、强调
Durant and Lambrou(2009：89) Mahlberg(2009：285)	突出
Cotter(2010：67)	嵌入
Lams(2011：1861)	增强
Smith and Higgins(2013：23,25)	表达,强调

　　语言学家的常用动词往往都表示增强（enhancing）或突出（highlighting）新闻价值。虽然我们在原则上认同"新闻故事的语言……可以'突出'（highlight）新闻报道价值（即新闻语言有效解释新闻事件的关注度或将关注度最大化）"（Durant & Lambrou 2009：89，原文斜体部分），但本章更倾向于使用动词"构建"（construct）、"建立"（establish）和"识解"（construe），旨在强调文本在 Fairclough(1995)提出的"文化与文本的辩证关系"中可以构建文化。Fairclough 说道："社会和文化塑造文本，但文本也通过转换和再生产的方式来构建社会和文化。"（Fairclough 1995：34）Van Dijk(1998：228)同样认为，认知表征（包括话语）是"通过社会实践产生、再生产、构建和再构建的结果"。社会再生产有"自上而下"的一面，也有"自下而上"的一面，即社会实践维持（sustain）、延续（continue）并改变（change）社会系统（van Dijk 1998：229）。Luginbühl(2009：139)在谈及新闻文化时提到：

认可文化是符号实践就表示认可文化是由语言使用的形式和模式建立并传递。新闻的形式不仅反映了新闻理想和新闻价值,新的文化实践及其新的理想在人们意识到这种变化之前就已定型。……另一方面,该模型强调文化不仅反映现存价值,还会建立新的价值。Luginbühl(2009:139)

本研究选择使用构建(construct)、识解(construe)、建立(establish)等动词,突出了话语在生产、转换、建立及构成社会、文化和认知过程中的作用。选择这些动词也表明我们赞同其他媒体研究者的观点,即新闻是构建的结果。[2] 但我们不否认社会再生产也有"自上而下"的方面。同时,我们发现,许多语言学家在谈论新闻价值如何影响(influence)、驱动(drive)、支配(govern)、控制(control)、塑造(mould)或形成(shape)新闻生产和新闻呈现(见第二章)时使用的动词,往往只强调了社会再生产中"自上而下"的方面。我们认为有必要对此做出改变。

此外,我们在构建主义和现实主义之间采取中间立场。一方面,我们认同构建主义视角,对探究媒体如何将意义赋予现实感兴趣。通过新闻价值话语分析,我们认为媒体会通过强调或淡化文本中某些新闻价值的方式来体现新闻事件的报道价值(Bednarek & Caple 2014:139)。我们还认为,事件的潜在新闻价值取决于赋予其价值的既定社会文化系统。比如,由于皇室在英国和其他地区存续的文化重要性,威廉王子就属于"精英"类新闻人物。奥萨马·本·拉登之死体现的是"正面"还是"负面"价值则取决于特定团体的解读立场。由此可见,事件本身存在潜在的新闻价值,这种价值由文化赋予,可以为人们所共享(如对虐待儿童的负面评价)或限制于特定团体(如哪些个体可以被视作精英)。因此,新闻事件的潜在新闻价值通常表示社会文化赋予的价值,而非"天然的"或"固有的"价值。

另一方面,我们并非一味地遵循激进构建主义,而是从现实主义的视角认定媒体"可能提升或降低事实呈现(物质事件报道)的准确性"(Milestone & Meyer 2012:19)。换句话说,新闻事件并未被剥夺其"本体现实性"(Cameron 2009:190),我们承认存在符号以外的物质现实。比如,大卫·卡梅伦于2010年当选英国首相,但如果在此前的新闻报道中称其为首相则有失准确。因此,在通过话语来表征新闻事件的物质现实过程中,既存在限制，又存在新的机会。比如，某事件中有 200 余名抗议者，那么新闻报道就可以称有"数百名抗议者"；若有 2,000 名抗议者，那么新闻报道就可以称有"数千名抗议者"。

　　相较于语言，新闻图片就好比报道事件的镜子，通常被认为更具真实性、客观性和权威性，Zelizer（2005：171）称之为"影像真实性"（photographic verisimilitude），[3] 此概念也涵盖在巴尔泰斯关于"照片是事件记录"的描述里：至少在表层信息层面，照片中所指和能指的关系不是"转换"（transformation）关系，而是"记录"（recording）关系，语码缺失显然增强了影像的"真实自然性"（naturalness）；景象就在那里，其捕捉是机械化的，不存在人为因素（"机械化"由此确保客观性）（Barthes 1977：44）。

　　然而，图像并非简单地记录客观真相，而是通过植入、裁剪、视角化等方式，将元素、背景及参与者融入图像，以展现事件的视觉表征。无数例子表明，图像借助不同的视觉表征，就会产生不同的意义；一旦获得更多的背景信息或视角，图像就会随之呈现出截然不同的意义。图 3.1 就可以作为一个案例。从图 A 可以看到联合国难民事务高级专员公署（UNHCR）的人员正在援助一个男孩，而周围是一望无际的沙漠。这张照片最早是 UNHCR 代表 Andrew Harper 于 2014 年 2 月 16 日在推特上发布的。

（https：//twitter. com/And _ Harper/status/435078098867208192/photo/1，检索日期为 2016 年 3 月 22 日）

图 A　　　　　　　　　　　　图 B

来源：照片：UNHCR/Jared Kohler.

图 3.1　叙利亚失散的男孩，2014 年 2 月 16 日

53　　　图 A 显示,小男孩独自穿越广袤的沙漠。在推特发布以后,该意义在
(社交)媒体广为流传(Pollard 2014)。之后,Andrew Harper 又发布了一张
图片,该图展示了更多背景信息,小男孩的境况也变得更加清晰(见图 3.1,
图 B)。Harper 澄清道:"他并非独自一人,只是和人群分散了。"[4]

　　假定通过符号资源可以改变事件呈现的准确性,那么新闻价值话语分
析就可以用来分析新闻失实、媒体夸大及媒体恐慌(见第十章)。这种批评
性语言分析强调事件的潜在新闻价值及其话语构建间的"匹配度",即是否
夸大了事件的新闻报道价值。但本书将着重探讨新闻价值话语分析在其他
方面的应用,如对如何构建特定话题(自行车骑行/骑手)的新闻报道价值进
行批评性分析(第六章),考查新闻机构在 Facebook 上推送的新闻及其新闻
价值(第七章),以及 Facebook 用户大量转发的新闻及其新闻价值(第八
章)。

3.2　新闻价值列表及标示

　　第二章提到,新闻价值及其名称数量庞大。我们无意在此做重复工作,
因为我们意识到,从 Galtung 和 Ruge(1965)的研究开始,我们就一直站在
前人的肩膀上。本书选取的新闻价值在新闻价值研究中都有所涉
及。[5]Caple 和 Bednarek(2013)在综述新闻价值研究的文章中指出,现有文献
使用不同的术语、定义和概念,但普遍公认的新闻价值包括:"负面性"(冲
突)、"影响力"(有重要后果、有意义、具有相关性)、"重大性"(在规模、程度、
范围层面比较显著)、"接近性"(接近目标读者的地域或文化)、"时效性"(新
近性、现时性)、"意外性"(不同寻常)、"精英性"(具有声望或精英地位)、"平
民性"、"一致性"(可预计、典型事件)和"美学价值"(仅限视觉资源)。

　　一些研究者还提出"人情味/娱乐性"(Human interest/entertar-
inment),但该类别难以定义,可操作性不强,而且易与"平民性"混淆。"人
情味"有时也用来表示一种体裁或文本类型。比如,在讨论"人情味"时,研
究者将其视作一种新闻类别(Piazza & Haarman 2011)。此处,"人情味"不
是一种新闻价值的概念,而是一种新闻类别,等同于"软新闻"(Ljung 2000:
137)。有鉴于此,本书不将"人情味"作为一种新闻价值,但在讨论新闻价值

的"平民性"时会涉及新闻中对人的描述。

尽管只有一些研究者最近才提出将"正面性"(Positivity)作为一种新闻 54
价值,而且"正面性"仅适用于某类新闻(如软新闻、体育新闻),但是我们也
会对此进行讨论。"负面性"(Negativity)被称为"基本新闻价值"(Bell
1991:156),但 Feez 等人(2008:72)认为,新闻报道价值本质上既包含对
"非稳定(负面)"(destabilizing)事件的报道,也包含对"稳定(正面)"
(stabilizing)事件的报道。Conboy(2002:174)提到,通俗报业中常出现"令
人愉悦"的新闻报道。Ben Aaron(2003)认为,有关国定假日的报道多是中
性或正面的。Caple(2013b:285)发现,体育新闻的正面情绪多于负面情绪。
还有观察者注意到了主流新闻供应商向"正面新闻"的转变(Bech Sillesen
2014)。Van Dijk(1988a:124)通过分析犯罪新闻中有关警察的报道和灾难
新闻中有关救援行动的报道,认为没有任何正面因素的负面新闻"可能更难
以理解"。同时,我们发现,即使是在"好消息"新闻报道中人们也会突出其
"负面性"。例(1)为一名记者出狱报道的开头,例子中的下划线部分体现了
报道的"负面性":

例(1)

Peter Greste 被埃及监狱释放,其家人感到"非常兴奋"

Andrew Greste 称,被释放后,他兄弟的兴奋情绪是温和且有限的,因
为他半岛电视台的同事仍处于监禁中。澳大利亚记者 Peter Greste 的家人
对埃及监狱突然将其释放感到高兴,但他们也为仍在监禁中的半岛电视台
同事深表担忧。

他们也承认,他遭受的苦难及他们为结束苦难所付出的努力让所有人
都感到痛苦。(《卫报》[手机应用程序版],2015 年 2 月 2 日)

因此,对于新闻话语中的正面因素在何处并以何种形式体现,还需要更
多实证研究,这也是本书将其纳入研究的原因之一。

在话语研究视角下,表 3.2 界定了本书所涵盖的新闻价值(按首字母顺
序排列)。但在进一步解释这些定义之前,需要注意的是,我们并未事先假
设这些新闻价值具有普适性(即这些新闻价值放之四海而皆准),这是需要

实证研究来解决的问题。本书着重探讨澳大利亚、英国和美国发布的英语新闻。本书所使用的术语"事件"(event)涵盖重大事件(events)、待解决事件(issues)和意外事件(happenings),其中还包括事件的要素及要素的各个方面(地点,新闻人物)。试举两例,新闻人物通常地位很高("精英性")且事发地往往接近受众("接近性")。

55

表 3.2 新闻价值及其在新闻价值话语分析视角下的定义

新闻价值	定义
审美吸引力	新闻事件通过话语构建为景象/场景美丽(仅限视觉资料)
一致性	新闻事件通过话语构建为典型性事件(此处仅限新闻人物、社会团体、组织或国家)
精英性	新闻事件通过话语构建为涉及地位高的或著名人士、有影响力的国家或著名机构等
影响力	新闻事件通过话语构建为具有重大影响或产生重大后果(不限于对目标受众的影响)
负面性	新闻事件通过话语构建为存在负面因素,如灾难、冲突、纠纷或犯罪行为
平民性	新闻事件通过话语构建为涉及对普通人的描述(包括非社会精英和事件目击者)
正面性	新闻事件通过话语构建为存在正面因素,如科学突破或英雄行为
接近性	新闻事件通过话语构建为接近(出版地/目标受众的)
地域或文化重大性	新闻事件通过话语构建为影响程度深或范围广/规模大的新闻
时效性	根据出版日期,新闻事件通过话语构建为最新的事情,如新颖的、最近、持续或将要发生的事件,或与当前情况/时间相关(现时或季节性)的事件
意外性	新闻事件通过话语构建为出乎意料,如反常、奇怪或稀有的事件

　　本书随后将对上述新闻价值作进一步的界定,此处仅作简要评价(参照Bednarek 2016a)。我们在命名并定义新闻价值时,尽量采用最易于理解,

56 且不易产生歧义的名称,遵循"奥卡姆剃刀原理"(Ockham's razor),"若无必要,勿增实体",将有关联性的概念归入同一新闻价值,不再为每个相关联

的概念单独创建新闻价值。比如,"时效性"(Timeliness)涵盖了"新颖性"(newness)、"新近性"(recency)、"现时性"(currency)、"即时性"(immediacy)等相关概念,因为这些概念都表示事件与新闻发布时间之间的相关性。同样,Bell(1991)提出的"属性"(Attribution)有关新闻来源的精英地位,所以被归属于"精英性"(Eliteness)。Montgomery(2007)提出的"冲突"(Conflict)属于"负面性"(Negativity)新闻价值。如研究需要,研究者可以建立更为细致的子类,如"接近性"可以细分为"地域接近"(geographical)或"文化接近"(cultural),"时效性"可以细分为"新颖性"(newness)、"新近性"(recency)、"即时性"(immediacy)、"迫切性"(imminence)、"现时性"(currency)、"季节性"(seasonality)等(见图 3.2)。

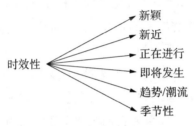

图 3.2 "时效性"细分子类示例

3.3 新闻价值的界定

下文将按首字母顺序,对每个新闻价值进行界定。由于"审美吸引力"(Aesthetic Appeal)仅适用于图像符号,因此我们将其放在最后讨论。我们将依据本书提出的新闻价值话语分析方法对新闻价值进行界定,但当引述他人研究时,我们将使用事件或新闻人物的"报道价值"(newsworthiness)这一概念(见第二章)。界定新闻价值时,我们有必要提及分析新闻价值时所必须考虑的棘手问题,并给出简要的解决建议。但本章不宜深入探讨分析过程,有兴趣的读者可以通过第六章至第八章及标注手册来获得更多相关信息(Bednarek 2016b;Caple 2016,可通过 http://www. newsvaluesanalysis.com 下载)。

3.3.1　一致性

"一致性"这一新闻价值有下列三种界定方法：

1. 新闻事件的期望性（expectedness）和可预测性（predictability）
2. 对新闻事件进展及该事件的报道方式的预期；
3. 对个人、组织和国家存在的刻板印象（stereotype）。

Galtung 和 Ruge（1965：67）采用的是第一种方法，他们将"一致性"定义为符合人们预期和期待发生的事件。Schulz（1982：152）对"一致性"作出类似定义，即"可预测性"（Predictability）为"事件在发生前可提前预知"。第二种方法根据事件通常如何进展及如何以脚本或图式形式呈现来界定"一致性"，并由此得出报道的"常见轮廓"（familiar contours）（Montgomery 2007：8）。第三种方法将"一致性"定义为"符合人们对新闻人物所在社会团体或国家所持的先验观点"（Bell 1991：157）[6]。在本书的话语框架内，"一致性"被定义为：事件报道中的人物、社会团体、组织或国家通过话语构建为符合目标受众的刻板印象。本研究对"一致性"的界定不包括前两种方法所定义的新闻事件，因为它们主要关乎新闻从业惯例，包括语类结构（genre structure）、新闻议程/新闻生产过程（news agenda/cycle），以及对事件过程或报道类型预期的一致性（conformity to expectations of processes or types of reporting），因此不属于本书新闻价值的讨论范围（见第二章）。

为分析新闻事件是否被构建为符合常规观念（构建"一致性"这一新闻价值），研究者首先需要明确目前存在的常规观念，这也是诸如批评话语分析等研究方法普遍面临的难题。这类研究解决问题的方法是参考先前对于相关常规观念的研究，并找出其语言构建机制（如 Lazar & Lazar 2004；Mautner 2007）。Baker 等人（2013a）采用基于语料库的批评性话语分析研究方法，研究了英国媒体如何表征穆斯林群体，他们通过查阅研究及凭借直觉识别出对穆斯林群体的刻板印象。我们认为，后一种方式（即通过直觉感知）适合对目标受众非常熟悉的研究者（见 3.4 节），或者该刻板印象已广为人知并长期存在。比如，由于我们不知道伊朗受众持有何种先验观念，因此很难分析伊朗新闻报道中构建的"一致性"这一新闻价值。但是，我们可以合理推测英国或澳大利亚受众可能持有的先验观念。另一种研究便是进行受众调研,可以采取问卷调查、采访、查阅数据库或其他文档等方式来判断受众对特定新闻人物、国家或组织可能持有的先验观念。此外,还有一种办法就是只分析"一致性"的外显构建机制(explicit construction)(见第四章)。

58

3.3.2 精英性

其他研究者在表述"精英性"新闻价值时所使用的名称包括:地位(status)、属性(attribution)、权力精英(the power elite)、名人(celebrity)、突显性(prominence)、价值(worth)、权力(power)及精英性(eliteness)。我们采用"精英性"是因为形容词"精英的"(elite)可以用来修饰国家、事件、人类等不同实体。突显性(prominence)在认知语言学领域可以表示感知突显性(perceptual prominence)(如图形-背景理论),因此相较于"精英性"更容易产生歧义。Harcup 和 O'Neill(2001:279)将"权力精英"(有权势的个人、机构或组织)与"名人"(著名人物)划分为不同的新闻价值,而 Bell(1991)又将(新闻人物的)"精英性"和"属性"(新闻消息源的精英性)列为不同的新闻价值。遵循奥卡姆剃刀原理的简约法则,本书倾向于使用统一的命名,但研究者也可以建立子类来进行细致分析(如名人、政客、运动员、学者、官员等)。

此外,我们对"精英性"的界定范围很广,涉及人和非人实体,涵盖了可以通过话语构建的各类"精英":地位(statue)、专长(expertise)、权威(authority)、名气(celebrity)、名望(fame)或明星度(stardom)。下面列出部分可以构建为精英的实体:

- 国家(如美国、德国);
- 各类机构、组织:文化类(如博物馆、图书馆)、政治类(如联合国、各级政府)、学术类(如科研机构、高校)、体育类(如国际足联)、商业类(如跨国公司)、权威类(如警察、军队、特务机关、法院、应急服务);
- 各类事件:文化类(如奥斯卡)、政治类(如总统选举)、学术类(如诺贝尔奖)、体育类(如奥运会、世界杯);
- 各类人物:明星/名人、贵族、豪门、政客、宗教领袖、运动员、权威人物、学者及其他拥有较高社会地位的职业（如律师、首席执行官、经理、公司集团等）。

　　"精英性"是分等级的，并由目标受众决定。比如，知名度（name recognition）可以是地方性的（如地方议员仅在其所在社区拥有地位及知名度）、全国性的（如 Gina Reinhart 和联邦科学与工业研究组织仅在澳大利亚有名，却没有国际知名度）或国际性的（如 Rupert Murdoch、Barack Obama、牛津大学等在国际上都享有很高知名度或影响力）。特定人物的形象、专有名词或角色标签都可能构建"精英性"，但是"精英性"的识别度则可能根据受众情况而发生变化。比如，下面这则人物介绍："受人喜爱的挪威喜剧演员、音乐厅艺术家、演员 Rolf Wesenlund"（发布于《挪威邮报》），其相比其他国家的受众，更可能在挪威受众中构建"精英性"。

　　"精英性"可以产生于职业的文化地位（如律师、拾荒者），也可以产生于同一职业阶级的不同职位（资历差异，如警察局长和普通警官、政治领袖和普通议员）。由于"精英性"可以分为不同级别，因此我们可能难以对其指称进行分类。比如，警察或军人的类指及"普通"警察或军人的图像是否构建了"精英性"呢？一方面，后者是公认的具有社会权力的权威；另一方面，他们在同一阶层中又处于相对较低的地位。因此，Haarman 和 Lombardo（2009：11）在对电视战争新闻报道中出现的说话者进行分类时，区分了法律人士（地位高）、民众声音（普通民众）和军队人员（普通士兵）。本书将涉及普通士兵/老兵及其他有争议的指称都称为"普通精英"（weak Eliteness）（详见 Bednarek 2016b）。

　　重要的是，"精英性"并不意味着正面评价，"精英"既可以是正面的，也可以是负面的。比如，例（2）中既有"精英性"，又有"负面性"。从开头显然可以看出，贝卢斯科尼是精英新闻人物（意大利总理 Silvio Berlusconi），而随后某些人发表不当言论和玩笑及"被卷入性丑闻"则构建了负面性。

　　例（2）

　　意大利总理 Silvio Berlusconi 声称，年轻女性在寻找伴侣时应以金钱为标准，似乎这是在表示他受到了女性的爱慕及"我很有钱"。

Berlusconi 去年卷入了一场性丑闻,他的失态表现也广为人知。他听闻希特勒的追随者力劝他重新掌权的笑话也深感惊讶。

(《环球邮报》纸质版,2010 年 9 月 14 日)

新闻报道过于依赖精英人物及精英消息源一直为人所诟病。比如,在分析《卫报》/《观察家报》有关希腊国家大选报道中的话语表征时,Lampropoulou 说道:

"总之,这些数字印证了前人的研究成果,即报纸更青睐官方报道或'正规来源',这在我们的研究中体现为给予他们更多表达空间。相比之下,普通人的观点常常仅被用作对新闻的反应而不受重视,似乎他们仅可以表达经历却无权发表观点。"(Lampropoulou 2014:473)

Fairclough(1988:131)认为,他提出的"广泛会员制"(extensive membershipping)是"隐性赋予报道话语充分的合理性"。同样,van Leeuwen(2008:106 - 107)表示,社会实践可以通过在话语中指称具有机构地位/角色、专长和楷模作用的人而被"合法化",其中也包括媒体名人(即此处所谈论的"精英")。

3.3.3 影响力

其他研究者在表述"影响力"这一新闻价值时所使用的名称包括:重要性(importance)、相关性(relevance)、兴趣(interest)、社会意义(social significance)、(社会)影响([social] impact)及结果(consequence)。这些名称涵盖了两个彼此关联的概念:

• 相关性(Relevance),即对于受众的重要性或吸引力,如"对受众生活的影响或与受众经历的熟悉度"(Bell 1991:157);

• 结果(Consequence),即影响或效果。

我们将"影响力"定义为构建具有重大影响或后果的事件,这种影响或后果不局限于给目标受众的生活或经历造成的影响,但该定义的前提是受众的接近程度(closeness to audience)已纳入"接近性"的讨论范围。这使得我们在分析一个远离目标受众的国家发生了大地震,造成成千上万人死亡这样的事件时,也能分析事件的"影响力"价值。并非所有产生影响或后果的事件都具备新闻报道价值（即"影响力"并非行为主体或因果关系）[7]。当报道事件的实际或潜在效果/后果对目标受众产生巨大、重大或直接影响时，其才会体现"影响力"这一新闻价值。这意味着，"影响力"的话语构建与"重大性"（Superlativeness）和"接近性"（Proximity）的话语构建是可能共现的。"影响力"可以被构建为正面的、负面的或中立的，但多数情况下是负面的（即"影响力"常与"负面性"共同出现）。例外的情况包括关于医学突破的报道。但由于"重大性""接近性"和"负面性"还涉及效果/后果以外的方面，因此即使它们彼此密切相关，我们还是有必要分别对其进行界定。

3.3.4　负面性（及正面性）

"负面性"被称为"基本新闻价值"（Bell 1991：156），新闻工作者的行话中就有"只要能见血，就能见头版"（if it bleeds, it leads）。其他研究者在表述"负面性"这一新闻价值时所使用的名称包括：效价（valence）、冲突（conflict）、负面性（negativity）及异常性（deviance）。我们使用"负面性"（Negativity）一词是因为相较于其他名称，"负面性"的意义更宽泛、全面。按照奥卡姆剃刀原理简约法则，该新闻价值包括冲突（conflict）、对抗（opposition）、纠纷（controversy）、反常（deviance）等相关概念。"负面性"在事件中构建负面因素，如有必要，研究者还可以对此进一步加以细分，如自然灾害、事故、伤害和损害、犯罪和恐怖主义、人身伤害、疾病和死亡、混乱和骚乱、政治和其他危机、对抗和分裂、战争和冲突及人类的其他苦难（排名不分先后）。

和其他新闻价值一样，"负面性"的体现取决于目标受众。因此，是否将某个特定的报道事件视作负面事件，要因人而异。移民或难民报道就是很好的例子。虽然有许多人支持移民，但是 Bignell（2002：93）认为，"人们普遍对移民抱有偏见，认为他们利用了英国人的善意和慷慨"。某些事件（如婚姻平等、免除大学学费）是属于正面、中立还是负面的事件，取决于人们的宗教和政治立场，而有些事件则被普遍认为是负面的（死亡、饥荒）。研究者在分析文本时，可以选取分歧不大的案例，即选用"倾向"意义（preferred meaning）明确（参看 3.4 节）或目标受众不会在看法上产生分歧（见 Bednarek 2016b）的案例。

重要的一点是，新闻价值的"负面性"并非新闻机构报道中的负面偏向（negative bias）。比如，对抗议活动既可以表示赞赏，也可以表示反对（White 2006：245），但无论评价如何，"负面性"的构建都需要使用表示冲突的词汇。分析"负面性"这一新闻价值，本身与新闻媒体的负面评价或偏向无关，其关键是分析负面因素是如何通过话语被构建为有新闻价值的事件。因此，这虽有别于新闻偏见研究，但可以与之结合。

与"负面性"相对的是"正面性"，后者表示构建具有正面意义的事件。和"负面性"一样，"正面性"也是多维的，可以包括成功、胜利、和平、英雄或无私行为、无犯罪、无人身伤害或财产损失等维度。

3.3.5 平民性

"平民性"是指通过报道普通人及其情感、观点和经历，以体现新闻"人性"的一面，而不是关注抽象的问题和过程。比如，医学发现的报道可以通过描述患者自身的经历来构建"平民性"。比起笼统的概念或过程，平民化的新闻故事更能吸引受众注意力（Bell 1991：158）。

其他研究者在表述"平民性"这一新闻价值时所使用的名称包括：人格化（personification）、个性化（personalities）、熟悉性（familiarity）及平民性（personalization），与之相关的还有人情味（human interest）。上文已经提到，我们不把人情味当作一种新闻价值。此外，本书之所以倾向于使用"平民性"（Personalization），是因为受众未必熟悉"普通"的新闻人物，也不会不假思索地认同他们。

"平民性"的界定有时非常宽泛，涉及人或某具体个体的行为，而非过程或概念（Bell 1991：158；Montgomery 2007：7）；我们有时也将其视作一种基本概念，而非新闻价值（如：Thornborrow & Montgomery 2010；Landert 2014）。我们使用"平民性"（Personalization）这一术语来表示一种特定的新闻价值，指的是涉及"普通人"（目击者、幸存者或其他普通公民）的指称，即涉及对象为非精英个体，他们的行为和话语不带官方背景。[8] 这明确排除了精英新闻人物，除非他们的行为与其精英身份无关，或者他们仅以普通人的身份发表言论。这一界定也排除了罪犯、武装分子或恐怖分子。

作为"平民性"的对立面，"精英性"常遭诟病，虽然"平民性"也未能幸免。小报的哗众取宠和"平民性"长期以来一直是全国范围内讨论和抱怨的对象,这在发达资本主义民主国家尤为突出(Conboy 2006:208)。

3.3.6 接近性

和"平民性"一样,"接近性"的界定也多种多样,且未必与报道事件的新闻价值相关(如 Cap 2008 使用的"接近化",proximization)。Ahva 和 Pantti(2014)梳理了"接近性"在新闻传播领域的各种界定,发现其中都涉及相关关系(记者—事件,受众—事件,新闻机构—受众)及"接近"的维度(地理、文化、社会、情感、道德等方面的接近)。Ungerer(1997)和 Luginbühl(2009)则对广义的"接近性"(包括地理、文化、情感和时间的接近)进行了语言学研究。本书将"接近性"这一新闻价值定义为:将事件构建为接近目标受众地域或文化的新闻事件。某些意义上的"接近"(如时间、情感、道德上的接近)、新闻工作者与事件的接近(如直播或现场报道),以及新闻机构与受众的接近,如通过直接称呼受众称谓(使用祈使语气、称谓"你"、正面镜头)所构建的接近性,这些都不属于本书"接近性"的讨论范围。

其他研究者在表述"接近性"这一新闻价值时所使用的名称包括:认同(identification)、意义性(meaningfulness)和文化关联(cultural relevance)。我们使用"接近性"是因为它同时包括地域和文化上的接近,意义更宽泛。Galtung 和 Ruge(1965:67)则将其称为意义性(meaningfulness)(见第二章)。Cotter(1999:168)认为,"接近性"是"新闻最重要的两个典型特征之一:语言不仅报道新闻,其同时还对目标社会产生影响"。

"接近性"的概念范围应该是渐变的,因为不同地点对目标受众的"接近"程度不同。比如,目标受众阅读布里斯班报纸《邮政快报》(*The Courier Mail*)时,报纸中对布里斯班某个地点的指称比起对亚太地区的指称(图3.3),更能构建"接近性"。因此,新闻工作者可以在报道中引入目标受众所在城市或国家,从而将新闻故事本地化(Zorger 1992:779)。相反,全国性报纸在报道地方事件时,会将其与整个国家联系起来,因为有关整个国家的报道能在更多受众间构建"接近性"。因此,在报道同一事件时,地方和区域报道对地点的构建方式不同(Johnstone & Mando 2015)。

此外,文化和地域的"接近性"也会相互作用。比如,新西兰在地域上接

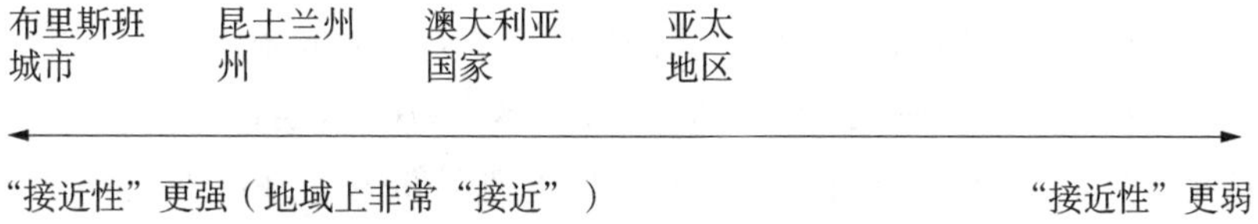

| 布里斯班 | 昆士兰州 | 澳大利亚 | 亚太 |
| 城市 | 州 | 国家 | 地区 |

←————————————————————————————————————→

"接近性"更强（地域上非常"接近"）　　　　　　　　　　　"接近性"更弱

图 3.3　布里斯班目标受众在地域层面的"接近性"

近澳大利亚,且二者在文化上也相近;而巴布亚新几内亚虽然在地域上接近澳大利亚,但是二者的文化却截然不同。相反,英国在地域上远离澳大利亚,但二者在文化上相近。此处可以建立一个象限来说明"接近性"(图3.4)。澳大利亚报纸对英国的报道属于第一象限(右上);对新西兰的报道属于第二象限(左上);对巴布亚新几内亚的报道属于第三象限(左下);对阿富汗的报道则属于第四象限(右下)。

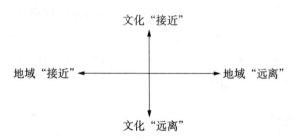

图 3.4　地域和文化的"接近性"——象限图

　　报道中涉及目标受众所在的国家(州、城市)和文化显然可以构建"接近性",但报道若涉及毗邻国家或文化相近的国家,则未必能够构建"接近性"(试想英国报纸涉及德国的报道,或澳大利亚报纸涉及美国的报道)。这在分析"接近性"的话语构建过程中具有研究价值(可见 Bednarek 2016b)。

64

3.3.7　重大性

　　其他研究者在表述"重大性"这一新闻价值时所使用的名称包括:界限值(threshold)、规模(size)、重大性(superlativeness)、量级(magnitude)、程度/范围(scale/scope)和强度(intensity)。我们之所以选用 Bell(1991)提出的"重大性"(Superlativeness),是因为正如本书提出的其他新闻价值一样,"重大性"的意义更宽泛全面。"重大性"指的是在很多方面构建得"更……",包括但不限于强度、量级和规模,如越大、越快、越高、越多……的情况下就越有新闻价值。因此,"重大性"是指把事件构建为激烈/范围大的新闻事件,其中涉及范围、人数、事件的影响、实体的规模、行为、表现力等多个方面。

因为规模和强度是分等级的,所以需要设置分界点(见 Bednarek 2016b)。比如,在分析一张有两名死者的图片或"美国商场枪击案造成两死一伤"这一新闻标题时,我们是否认为其构建了"重大性"? 什么样的事件才能被称为范围广/规模大?"重大性"也取决于目标受众,且与"接近性"相互作用。比如,Rau(2010:13)认为,对澳大利亚目标受众而言,"澳大利亚一人死亡的事件与英国五十人死亡或发展中国家五百人死亡的事件相比,'重大性'程度相同"。正如 Montgomery(2007:6)所说,"规模这个概念随语境而变"。对于澳大利亚受众而言,比起发生在德黑兰的洪水造成十人死亡的报道,发生在圣路易斯的洪水造成十人死亡的报道更具有新闻价值,而对伊朗受众而言,情况则恰恰相反。

3.3.8 时效性

其他研究者在表述"时效性"这一新闻价值时所使用的名称包括:最新(recency)、现时(currency)、时事(topicality)和时效(timeliness)。由于此处探讨的是根据出版或发布日期来判断事件是否"及时"(timely),因此我们选择使用"时效性"(Timeliness)。"最新"(recency)可能为新闻价值的核心,但"时效性"(Timeliness)的意义更宽泛。"时效性"关乎事件在出版/广播时与读者在时间层面的关联:该事件可以是最近发生的(新近性)、新颖的(新颖性)、持续进行的(即时性)或即将发生的(迫近性)。时效性也体现在与趋势、时尚(潮流)有关的事件或圣诞节这类重复发生的季节性事件中。和其他新闻价值一样,研究人员可以在具体案例分析中报告哪些概念("最近""最新"等)能够被识别,从而不需要为这些与时间相关的概念都建立一种新的新闻价值(参看图 3.2)。

在"时效性"的所有子类中,"新颖性"最具争议。在我们先前的框架中,

"新颖性"和"未预料性"都属于新闻价值"新奇性"（Novelty）的讨论范围（现已重新被界定为"未预料性"[9]），而虽然"新颖性"与"未预料性"有相似之处，但是新颖的事件未必无法预料，且"新颖性"有明确的时间意义。"新颖性"意味着"新近发生"，即之前从未发生过。当然，也有研究者认为，"新颖性"与"新近性""现时性"或"即时性"相关，并且将其与"旧"新闻相对（van Dijk 1988a：121；Brighton & Foy 2007：26；Montgomery 2007：5 - 6；Catenaccio *et al.* 2011：1844）。

和其他新闻价值一样，对"时效性"的界定也需要体现其层级性。出版时间越接近于时间上的参照点，报道就越及时，也越具备新闻价值（图3.5）。

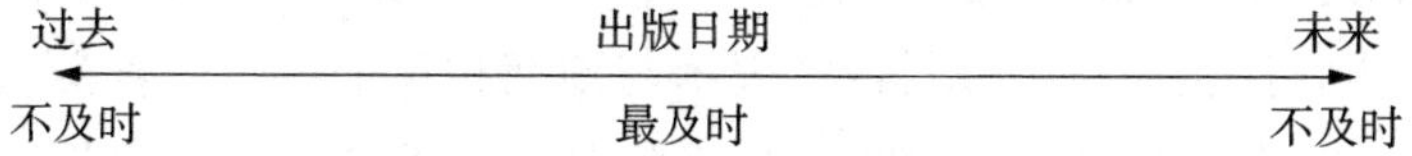

```
过去              出版日期                未来
————————————————————————————————————————
不及时            最及时                 不及时
```

图 3.5　作为连续系统的"时效性"

识别"时效性"的关键就是事件失效的时间节点在哪里。比如，一些人认为几天内发生的事件都属于"新近事件"（van Dijk 1988a：121），而其他人则认为前一日发生的事已不具备新闻价值（Montgomery 2007：5 - 6）。Bell认为，"新近性"是"过去 24 小时内报道的事件"（Bell 1995：320）。Chovanec（2014：164）认为，"两期连续发行的报纸间隔时间内的事件就具备新近性"。"时效性"也取决于技术的进步。当今新闻工作者运用科技手段，可以在广播节目开始前半小时就撰写一则新闻（Lukin 2010：96），这相比过去而言是个巨大的改变：

"新近性"这一概念在 17 世纪早期是重要的新闻价值，但当时"新近性"的含义比现在更宽泛。21 世纪前期，"新近"新闻是指过去 24 小时内发生的事件，甚至在互联网出现后，可能是指过去一小时内发生的事件，而在 17 世纪早期的欧洲社会，"新近"的范围扩大到了读者阅读报道前一个多月内发生的新闻事件。（Brownlees 2012：40）

根据分析数据的类别及其特定的新闻生产过程，我们可能还需为"时效

性"设定一个截止时间点(见 Bednarek 2016b),超出这个节点则表示报道失
去了"时效性"。

66 　　### 3.3.9　未预料性

其他研究者在表述"未预料性"这一新闻价值时所使用的名称包括:新
奇(novelty)、异常(deviance)、惊奇(surprise)、稀少(rarity)、反常(oddity)、
非寻常(unusualness)等。但"异常"显然具有消极含义;"惊奇"指心理反应,
是"未预料事件"产生的结果;而"新奇性"既可以表示"非寻常",也可以表示
"新颖",所以我们更倾向于使用"未预料性"。上文已经解释过,"新颖性"
(newness)是"时效性"(Timeliness)的一个子类,所以使用"新颖性"会产生
歧义。和其他新闻价值一样,"未预料性"和"反常性""非寻常性"等术语相
比,意义更宽泛全面。"未预料性"表示与预期相反的事件。若受众因事件
的一些方面与自身的生活经验不符,而将其认为是非典型、非寻常、稀少且
相异的事件,则会产生这种反差。事件可能被识解为与常规、统计规律、生
物或物理定律、受众对特定新闻人物的行为表现期待等不一致。正如
Masterton(2005:47)所说:"这就像是过去人咬狗的事件一样,无需过
多解释。"

和其他新闻价值一样,由于人们的期望各不相同,因此"未预料性"在某
种程度上也取决于目标受众。所以,有必要了解哪些事件超出受众预期,尤
其是"未预料性"不明显的例子。例如,在分析挪威新闻网站英文版的标题
《放射性绵羊数量创历史新低》(Record low number of radio-active sheep)
时,需要明确放射性绵羊是否超出了挪威读者的预料,或者他们是否熟悉切
尔诺贝利事故后的事件。研究中也可以仅分析外显的假设和预期(见
Bednarek 2016b)。

3.3.10　审美吸引力

Caple(2013a)首先提出了新闻的"审美吸引力"价值(Aesthetic
Appeal)。她在新闻照片的研究中认为,图像通过构图和技术水平来构建审
美吸引力,具有视觉冲击的构图因为能带来审美愉悦,所以在摄影界颇受追
捧(Altengarten 2004;Präkel 2006)。此外,某些文化的群体可能认为,在

新闻描述的自然环境和人造环境中,某些人和地点很"美"。因此,"审美吸引力"这一新闻价值是指新闻视觉中的"美"(beauty),以及如何构建"美丽"或具有审美吸引力的新闻事件,如可以通过一张美丽的多彩新闻照片来描述一次严重的石油泄漏事件(Bednarek & Caple 2010)。

　　由于种种原因,"审美吸引力"这一新闻价值只适用于视觉资源,不适用于语言分析。诗歌和文学中的美学手法又不符合硬新闻的写作风格,"新闻创作手法通常更常规和局限"(Renouf 2007:70)。因此,我们可能会认为,这种美学手法的运用实际上没有价值。Van Leeuwen(2006b:224)在分析越南新闻被翻译成英语时指出,外国编辑修改了"过于'华丽'和'修辞性'的语言",因为这不符合英、澳的新闻观。[10]

　　叙事新闻或软新闻中常出现大量的美学(文学)表达,这类新闻的语言风格更加灵活(Bell 1991:14)。标题的语言(即新闻标题语)也是如此,其中常常出现诸如双关语、谐音、俗语、谚语等修辞手法,这对于英国媒体而言尤其明显。如果这种修辞手法是既定惯例,那么就该被视作一般的新闻写作目标,而非新闻价值(见第二章)。所以,为吸引受众而使用双关语、隐喻等修辞手法来撰写新闻标题,是新闻写作的总体目标。我们认为,这种修辞手法的作用通常不是为了构建美的或有新闻价值的新闻事件,而是为了吸引受众并体现记者和新闻机构的语言素养。正如 Renouf(2007:70)指出,词汇创造性在新闻业中"向读者传达了作者的学识、文化修养、距离感等"。

3.4　语境依存、意义倾向和目标受众

　　在讨论我们如何界定每个新闻价值时可以明显发现,新闻价值与语境密切相关(尤其是发布时间和发布地点),并且新闻价值又取决于受众,这些在前人的研究中都已进行了探讨(如 Palmer 2000:31-33;Montgomery 2007:6;Richardson 2007:91;Guo 2012:30)。

　　在此,我们需要简要探讨解读倾向(preferred reading)和目标受众(target audience)这两个概念。"解读倾向"与意识形态密切相关,主要指如何定位读者。正如 Hartley(1982:63)所述:"事件是由符号组合构成,符号

暗含了特定的解读方式(即事件'意义'),由此实现意识形态的闭合。"这是Hall(1977:344)所谓的"解读倾向"。人们通常认为,文本的对象是顺从文本"解读倾向"的"理想读者"(Fairclough 1989:45)。[11] 比如,本·拉登之死的报道中使用的标题是《干掉他! 终于复仇! 美国拿下了恶棍》(Got him! Vengeance at last! US nails the bastard)(Bednarek & Caple 2012a:48),这样就构建了一类理想读者,他们顺从标题的解读倾向,即本·拉登之死属于正面事件,值得人们庆祝。Martin 和 White(2005:63)主张,"归化"阅读定位的文本具有导向性,其将读者导向文本倾向的解读方式。新闻价值话语分析旨在尽可能根据文本的解读倾向(preferred reading)或归化解读(naturalized reading)来分析文本的意义潜势。

68   Coffin 和 O'Halloran 指出,理解如何定位读者需要"结合语言学分析和目标读者的背景分析"(2005:145),而目标读者或目标受众可以从受众角色视角进行探讨。"目标受众(target audience)是直接说话对象,旁听者(audit)属于预期受众但不属于直接说话对象,非故意偷听的听者(overhearer)不属于预期受众,而窃听者(eavesdropper)则不属于受众。"(Bell 1991:92)新闻机构可以通过市场调研,或者根据对"虚构"读者的假设,以确定目标受众(Bell 1991:90;Bednarek 2006a:14-15)。在数字时代,新闻机构也使用诸如"最大阅读量""最大浏览量""最大转发"等分析性统计数据来确定受众。对于一类目标受众具有新闻价值的事件,并不意味着对另一类目标受众也有同样的新闻价值。开展新闻价值话语分析需要我们合理猜测新闻机构如何定位目标受众,在无法辨别意义倾向时尤为如此。现在,我们看一下从《纽约邮报》中摘录的用词类似的两个句子:

> 一名卡车司机在周四上午遭到枪杀。
> 基地组织领导人奥萨马·本·拉登死亡。

我们可能仅能认为第一句构建了"负面性"这一新闻价值,美国的目标受众不太可能将第二句的信息视作负面信息。在分析中,我们还需要考虑上下文,或者"意义在文本中的整体发展路径"(Martin & White 2005:25),因为语境能够标示事实陈述类表达(如上述两句)该如何解读。

最后一点需要关注的,是新闻价值的程度特征(scalar nature)。不仅事件和新闻人物在"物质"现实中的新闻价值潜力(如名人 A,B,C)各不相同,而且其还会反过来影响这类事件/人物话语表征的新闻价值潜势(如希拉里·克林顿的形象和电视真人秀选手的图片就会建立不同程度的"精英性")。此外,符号资源可以被灵活使用来改变特定新闻价值构建的程度(如拥有全国最著名的姓氏之一和拥有一个著名的姓氏)。正如本书的实证研究所展示的,上述两个方面都将使得标注、量化新闻文本中的新闻价值异常复杂。

3.5　案例分析和结束语

为了进一步阐明上述观点,我们在此展示新闻价值话语分析的一个简短案例。图 3.6 为 2014 年 11 月 2 日《纽约邮报》印刷版的头版(检索网址为 http://www.nypost.com,检索日期为 2015 年 9 月 6 日)。顾名思义,《纽约邮报》是一份面向纽约读者的报纸,其官网上声称"我们为纽约设置议程"(http://nypost.com/advertising/,检索日期为 2015 年 9 月 6 日),并且说明了其受众结构:受过大学及以上教育的受众占 60%,年龄在 25—54 岁之间的受众占 65%,家庭收入超过 7.5 万美元的受众占 50%,受众平均家庭收入为 125,412 美元(http://nypost.com/advertising/print/,检索日期为 2015 年 1 月 29 日)。《纽约邮报》号称"其迎合了世界上最富裕和最具有影响力的城市中最富裕又最有影响力的人"。我们可以将其中的一些数据与《纽约时报》的数据进行对比:后者受众的家庭收入中位数为 173,807 美元,82.2%的受众接受过大学及以上教育,约 30%受众的家庭收入超过 25 万美元,约 25% 受众担任高级管理职位(http://nytmediakit.com/newspaper,检索日期为 2015 年 1 月 29 日)。Bender 等人(2009:133)也指出,《纽约邮报》长期以来都强调关于犯罪、性、体育等方面的报道,并使用大量图片;而《纽约时报》更关注政治、商业和国际新闻,比《纽约邮报》更能吸引富有且受过高等教育的读者。相比《纽约时报》,《纽约邮报》更"通俗",在排版和设计上也有所体现(图 3.6)。

为方便阅读,例(3)再现了图片新闻中的文字

图 3.6 《纽约邮报》2014 年 11 月 2 日头版

例(3)

纽约市警察局的战争[文字框]

"我告诉过你不能相信他!"[使用引语作为主标题]

妻子 Chirlane 因 Bratton 而对市长怒吼[副标题]

纽约市警察局职位最高的非裔美国人 Phillip Banks Ⅲ 于周五辞职,随后 Chirlane McCray 向丈夫市长 de Blasio 抱怨,"不能相信"警察局长 Bill Bratton(左)。消息人士告诉本报,Bratton 和市政厅间的紧张局势已达到临界点。[导言]

例(3)中的文本主要构建了"精英性"和"负面性"两个新闻价值。其中包括纽约目标受众能够识别出的具有很高地位人物的名字(Chirlane MacCray、Bratton),他们通过头衔和描述明显地被标记为精英(市长、市长 de Blasio、警察局长 Bill Bratton、纽约市警察局职位最高的非裔美国人、Phillip Banks Ⅲ)。Chirlane MacCray 因她的丈夫而被构建为精英(市长 ×

××的妻子 McCray,她丈夫、市长 de Blasio),她也因此成为政治"权力夫妇"之一。此处还提及了纽约的精英机构(纽约市警察局、市政厅)。班克斯的辞职("辞职")、冲突及与之相关的精神状态和行为("不能信任、抱怨、紧张局势")则构建了"负面性",而"战争"(负面隐喻)、"怒吼"(语气强烈的负面词汇)及"已达到临界点"则提升了"负面性"的激烈程度(即"消极性"和"重大性")。事件通过以下方式被构建为最新的事件:出版时间为周日,文中明确指明事件发生时间为周五,说明事件于近期发生,而现在完成时态(已达到)也表明事件已于近期终止。最后,文中提到的纽约市警察局也为纽约的目标受众构建了"接近性"。[12]

再来看一下视觉资源,《纽约邮报》在图片中展示了目标受众能够识别的公众人物,由此构建了"精英性"(照片的文字文本也体现了他们的"精英"身份)和"负面性"(人物表情严肃、消极)。纽约市警察局的局徽建立了地方当局的权威,为纽约市民构建了"精英性"和"接近性"。最后,图片的黑色背景加强了"负面性",大号字体和大写字母似乎强化了事态的严重性("重大性"——对比第五章探讨的排版)。表 3.3 总结了本案例所构建的新闻价值。

表3.3　例(3)所构建的新闻价值

符号资源	新闻价值
文本	精英性、负面性、重大性、时效性、接近性
视觉资源	
在照片中	精英性、负面性
在图形中(局徽)	精英性、接近性
通过框架/颜色	负面性
通过排版	重大性

现对例(3)的简要分析进行简要总结。新闻价值的话语分析能够帮助我们识别显著的特定新闻价值(如"精英性""负面性""重大性""接近性"),以及哪些新闻价值存在缺失。本例所报道事件涉及当地的精英,并且具有很强的负面性。新闻价值的话语分析也可以加深我们对新闻包装的了解,

即新闻价值如何以消费性新闻产品的形式组合，以及各组成部分的作用。例(3)中，文字和视觉资源彼此强化，并构建相同的新闻价值，但"时效性"难以通过视觉资源来构建(见第五章)。在此过程中，符号资源使报道事件具备新闻价值，既吸引了特定的目标受众(前文已述)，又向受众阐明该事件如何构成新闻。通过分析作为符号实践的新闻，我们可以观察新闻工作者如何巧妙地运用"新闻价值话语"并通过语言和视觉资源，将事件构建为**新闻**并"售卖"给受众。

本章明确了"话语构建"的含义，解释了相比"突出"(highlight)、"增强"(enhance)、"反映"(reflect)等动词，我们为何更倾向于使用"构建"(construct)、"建立"(establish)或"识解"(construe)。我们的核心观点是希望能够避免臆断新闻只是事件"固有"的价值，或仅仅反映/内嵌在话语中。我们强调话语在构建和加强新闻价值方面发挥着重要作用。随后，本章简要讨论了本书如何界定各个新闻价值。这很有必要，因为通过讨论可以看出，即使是类似的名称，新闻价值的定义也完全不同。在讨论符号资源如何构建新闻价值(见第四章和第五章)之前，有必要首先介绍我们对新闻价值的界定。鉴于现有研究已提出了新闻价值的许多表述方式，我们格外注意避免引入任何新的名称，并对命名过程进行了解释。最后，本章介绍了"解读倾向"和"目标受众"这两个概念，并通过一个简短的案例，分析展示了新闻价值话语分析方法。显然，新闻价值话语分析关注文本中符号资源的意义潜势，以及这些意义潜势如何构建不同的新闻价值。本章的案例分析已经展示了能够建立新闻价值的部分语言和视觉资源(如姓名、头衔、知名公众人物的视觉表征)，但为了对英语新闻进行系统的实证研究(第六章至第八章)，我们仍需系统描述新闻价值的话语构建资源。后续两章将主要完成这一任务，我们将分别介绍适用于语言(第四章)和视觉(第五章)的分析框架。

注释

1. 非语言学研究通常很少探讨语言和新闻价值间的关系，鲜有例外。Conboy(2006)采用批评语言学视角进行新闻传播研究，他提出小报的新闻价值由语言"表达"，特定的语言策略是新闻价值"不可或缺的一部分"(15)，或"适应"(16)新闻价值。特定的词语，如"Brits/Britons(英国人)"，也可以被视作"新闻报道价值强有力的体现"(Conboy 2006：49)，或者"作为筛选人物是否具有新闻价值的条件"(Conboy 2007：15)。新闻语言不仅"契合现存的(新闻价值)架构"(Conboy 2007：30)，还"突显并赋予"新闻故事以价值(Conboy 2007：35)，语言可以"突出"(Conboy 2007：37)新闻价值。相比之下，Hartley(1982：79)探讨了新闻报道如何"发掘"新闻价值。

2. 媒体报道可以被视为由社会决定的现实构建，其中"新闻的客观性取决于记者的社会共识"(Staab 1990：428；也见 Hartley 1982；Price & Tewksbury 1997；Bignell 2002)。

3. 实际上，新闻记者长期以来都极力否定图像的解释作用，也否定拍照过程中涉及任何主体行为。正如 Zelizer(1995：146)在谈及 20 世纪 30 年代和 40 年代的新闻记者时所说：
   "削弱图像权威性的方式之一就是将图片作为记录的主要媒介。使用照片的外延作用，并避免照片中会造成潜在威胁的内涵作用，记者把自己定位于辅助而非主要的记录角色，以此得以快速摄影。"

4. 媒体海量使用这种图片所造成的一个有趣现象是，在明确了男孩的处境并非走丢而仅仅是离家人较远之后，顿时对男孩的困境失去了兴趣。正如约旦"救助儿童会"的区域经理卡尔·斯肯布里所述："一旦可怜的小马尔万的真实处境不再符合媒体叙事，他又变成了万千大众中的普通一员。"(引自 Pollard 2014)

5. Bednarek(2016a)针对不同语言学家提出的新闻价值进行了深入比较。本书排除了将新闻价值界定为新闻写作要求或新闻选择因素。

6. Bell 对"一致性"的定义也涵盖了第二种方式，即符合事件进展的典型模式(与人们的心理预期相一致)。

7. "原因"(cause)通常不被看作新闻价值，第四章和第五章将提到，通过符号机制体现的因果关系有时可以构建"影响力"(如"飓风造成了巨大破坏"的组图或话语)，但也并非一定如此。事实上，新闻中常常缺少对事件原因的分析，这是件遗憾的事情，如环境新闻报道常缺乏对事件原因的科学分析，战争新闻报道常缺乏战争起因的背景介绍。Bender 等人(2009：133)说道，新闻记者报道复杂事件是很困难的，如"报道诸如战争、贫穷、通货膨胀、失业和种族歧视的原因与后果等"。因果关系虽然相关，但是其实非常复杂。"虽然(或也可能是因为)因果关系是人类经验的基础，但是(所以)要对因果关系的类型进行标准的描述或分类是极其困难的。"(Marshman *et al.* 2008：145)我们认为，对因果关系的一般分析已经超出新闻价值分析的范畴，但是因果关系是如何通过符号体现的，以及因果关系是如何/何时出现在新闻中并起到什么作用的，诸如此类的问题显然值得深入研究。

8. 有时，"普通"人由于在新闻中持续出现而变得有名，这种情况会对此类新闻人物的分类造成困扰(参见 Bednarek 2016b)。

9. 实际上，至少有四种处理"新颖性"的方式。第一种方式是将"新颖性"作为一个独立的新闻价值，将其区别于"时效性"和"未预料性"，但这样会使分类复杂化，违背简约法则，所以不可取。第二种方式是将"新颖性"作为"时效性"和"未预料性"的一个方面来讨论,但这使得分类混乱,也不是理想的处理方式。第三种方式是将"新颖性"纳入"未预料性"(即本章先前的界定)的讨论范围,这参照了 Bell 等研究者的表述:"'新奇性'(novelty)与'未预料性'(unexpectedness)密切相关。"(Bell 1995:320)第四种方式是将"新颖性"纳入"时效性"的讨论范围,这是本书认为可取的界定方式,理由也已经阐明。

10. 相反,常规隐喻或"死隐喻"在新闻中非常常见,可以用来构建"消极性""重大性"等新闻价值(见第四章)。

11. 其他名称包括"服从读者"(obliging reader)(Kitis and Milapides 1996:585)和"顺从读者"(compliant reader)(Martin & White 2005:62)。

12. 文字中的"消息人士告诉本报"并未构建任何新闻价值,因为"消息人士"意义模糊,无法体现地位,且自指(本报)已将价值赋予了新闻机构。有必要区分"新闻事件创造价值"(构建具有新闻价值的事件)和"为新闻机构制造价值"(Bednarek & Caple 2015)。

第二部分

分析框架

第四章

语言与新闻价值

4.1 引言

第二章和第三章已经明确了本书的目的是系统分析符号资源如何在文本中构建新闻价值,因此有必要首先确定这些潜在资源。本章讨论构建新闻价值的语言资源,第五章讨论视觉资源。需要强调的是,作者已另文概述新闻话语的独特语言特征(Bednarek & Caple 2012a:84-110),本章在此不再赘述。

如第二章所述,大多数语言研究并未从理论层面深入探讨语言与新闻价值之间的关系,语言学家也并未对构建新闻价值的不同资源进行系统分类,但他们对特定资源的注解对我们非常有益。尤其是 Bell(1991,1995)的研究,他将词汇、评价、最高级、标签/标题、指示语、时间状语等手段与新闻价值联系起来。Bell(1991)的研究启发了其他语言学家,特别是与评价分析相关的研究。Bell 认为,评价的作用是"'让故事听上去尽可能接近 X',X指大的、最近发生的、重要的、不寻常的新鲜事物,简言之有新闻价值。"(Bell 1991:152,引号内为原文)Ben-Aaron(2005:714-715)提出,适当性(传统)、热情和感染力"编码"了国庆庆祝报道的新闻价值。Bednarek(2006a)比较了英国的"大众化报刊"与"主流大报",认为负面评价与"负面性"的新闻价值相关,涉及"重要性"的评价与"精英"或"影响力"相关,涉及"突发性"的评价与"意外性"的新闻价值相关,涉及"预期性"的评价与"一致性"相关。Mahlberg 和 O'Donnell(2008)、Mahlberg(2009)、O'Donnell 等人(2012)在

基于语料库的语言研究中也借鉴了 Bell(1991)的研究,确定了"评价模式",
该模式"能阐释文章主题的新闻价值"(Mahlberg & O'Donnell 2008:15),
以及文本中建立新闻价值的词汇模式(Mahlberg 2009)。总之,现有研究表
明,探寻新闻故事中构建新闻价值的语言资源明显是可行的,这些语言资源
包括但不限于评价资源。4.2 节将系统概述这些语言资源。

4.2 构建新闻价值的语言资源

在列出构建新闻价值话语的语言资源时,我们遵循了三个基本流程。
首先,考查了新闻话语的语言研究,格外关注涉及新闻价值的研究。其次,
查阅了语言研究和参考书,寻找可能构建特定新闻价值的语言手段,如一些
研究关注评价话语策略,这些话语策略能确定如何通过语言来构建新闻价
值。最后,分析了新闻报道,寻找并归纳其中的语言资源。由于我们在
2012 年的著作中对本书列出的一些发生于 2010 年至 2011 年的新闻已经进
行了分析,因此本书增加了 2014 年和 2015 年的新闻报道,这些报道来源于
纸媒、网上新闻或移动端新闻,大多发布于新闻快报或广播中的"新闻"或
"世界新闻"板块。新分析的一组数据包含了 99 个网络新闻报道的标题和
开头段落(请见第八章)。因此,该语言资源列表适用于典型的新闻报道,不
能用于分析商业新闻、体育新闻、读者来信、讣告、时事等。由于时间限制,
本书分析的广播新闻较少,因此可能需要增加相关视频和音频资源。本书
也未探讨重音、重读、语调、韵律等声音特征(请见 van Leeuwen 1984,1992,
1999)。[1] 由于不同类型的新闻之间和不同类型的符号模态之间存在明显的
语言差异,因此需要对该领域进行进一步研究。

根据意义潜势、典型用法和功能,本书将语言资源分配到特定的新闻价
值。例如,将具有强化功能的语言手段归为"重要性",将具有否定含义的词
汇归为"负面性",将现在进行时和现在完成时归为"时效性",因为两种时态
可以表示一项活动正在进行或最近完成。

在继续讨论上述话题之前,有两点不足需要指出。首先,即将要列出的
资源列表并非穷尽的封闭式列表,新闻价值可以通过词汇或语法资源来构
建,如词形、词元、短语、从句、句子等,数量上无法穷尽。虽然本书能给出一

些典型例子,但是无法列出分析时可能遇到的所有语言手段。其次,不能机械使用该语言资源清单,需要格外关注新闻报道中语言资源的意义潜势、目标受众、出版时间和地点。

表 4.1 和表 A4.1(见附录)在作者现有研究的基础上,总结了语言资源,新闻价值话语分析网站(http://www. newsvaluesanalysis. com)上附有额外的示例。一些语言学家可能会关注 Bednarek(2014)的概述,其中使用了系统功能语言学术语。下文将按照字母顺序来讨论这些新闻价值,重要程度不分先后,示例会涵盖多个真实英语新闻报道。为方便阅读,对于较短的例子,我们未标明出处。即使某一个示例中包含多个新闻价值,我们也只关注其中的一个价值。标注示例来源时,本书采用以下缩写词来标明新闻来源:O(线上/网站),P(印刷出版物/报纸),A(应用[Ipad]),PO(广播)。

表 4.1　建立新闻价值的语言资源　79

新闻价值	语言资源与示例
一致性 (刻板的、典型的)	指刻板特征或先入之见;对期待和典型性的评估(典型的、闻名的);与过去相似的(又一次、再一次);明确提及常识或传统的指称等(众所周知的)
精英性(地位或名望高)	各种身份标记,包括角色标签(Roger Stone 教授、专家)、身份指示形容词(享有盛誉的布克奖、顶级外交官)、知名人士(Hillary Clinton)、对成就或名气的描述(每年售出数百万张唱片)、新闻个体或来源使用的专业词汇或术语、上流社会口音或方言(常见于广播新闻)
影响力(有重大影响或产生重大后果)	对重要性的评价(重大的、历史性的、至关重要的),描述实际或者非实际的重大或相关后果,包括抽象、物质或精神后果(这将震惊世界,澳大利亚可能没有其他政策可选,造成毁灭性场景)
负面性/正面性(负面的/正面的)	负面或正面情绪和态度(沮丧、谴责、喜悦、庆祝),负面/正面评价性语言(糟糕的、绝妙的),负面或正面评价词汇(冲突、破坏、死亡、成功、胜利、帮助),描述负面(如违反规范)或正面行为(他违背了承诺,组建男女人数持平的内阁)
平民性(有个性)	提到"普通"人,描述他们的情感和经历(Charissa Benjamin 和她塞尔维亚籍丈夫,"这太可怕了",但一名受害者抽泣着,Deborah 随后表示:"我的判决才刚开始"),新闻人物使用的"日常"口语、口音和方言(常见于广播新闻)

80

新闻价值	语言资源与示例
接近性(地理位置或文化相近)	明确提及目标社区附近的地点或国家(澳大利亚、一名堪培拉女性),通过指示词、通用地点、形容词(这里、国家的首都、本土的)来指明国家或社区,包含性第一人称复数代词(我国领导人),新闻人物的(地域)口音或方言(常见于广播新闻)文化指涉(哈卡舞、毕业舞会)
重大性(强度高/范围大)	强化词(严重的、剧烈地),量词(数千个,巨大的),强化词汇(恐慌、粉碎),隐喻和明喻(海啸般的犯罪,一场堪比第二次世界大战的战斗),比较词(底特律历史上最大的贩毒团伙),重复(一座又一座建筑被夷平),增长词汇(不断扩大、加紧努力),仅/只有/只/已经 + 时间/距离相关词汇(仅数小时后)
时效性(最近发生、正在进行、即将发生、新的、当前的、季节性的)	时间参照(今天、昨天、几天内、现在),现在时和完成时(我们的应急资源正受到考验),含有时间信息的词语(持续、进行中、已经开始),提及当前趋势、季节性、变化或新颖性(2015 年的"年度最佳词汇",确保今年冬天的房屋供暖,非异性恋者缩写从 GLBT 变为 LGTB,最新调查显示,首次,新角色)
意外性(意外的)	对"意外"的评价(不同的、震惊的、奇怪的),提及意外或期望(North Cottesloe 智力竞赛之夜的震惊事件,人们实在无法相信),突出罕见性的对比(1958 年以来首次),罕见事件(英国一男子从 15 层跌落,幸免于难)

4.2.1 一致性

> 通过话语将新闻事件构建为刻板或典型事件(仅限于新闻人物、社会团体、组织或国家/民族)

81   构建刻板印象的潜在资源非常广泛,此处无法列出详尽清单。[2] 我们正在寻找涉及正面或负面刻板印象的研究(Baker *et al*. 2008:282)。例如,一些学者认为,"难民营成为犯罪团伙"等表达方式"证实了对移民的普遍偏见,这些移民滥用了英国的善意和慷慨"(Bignell 2002:93)。搭配分析也能起到一定作用。Goatly(2002:15)指出,"霍乱"一词的搭配(搭配词为爆发、流行病、拉丁美洲)构建了刻板印象。Bednarek 和 Caple(2012a)指出,词语组合(如英国与雨水、上唇紧绷)能构建国家或民族与普遍认同的刻板印象之间的潜在联系。

以上示例和类似刻板印象并未明确指出"该行为是这些国家或人民所特有的"。明确提及刻板印象的方式如下:

• 评价新闻个体行为与过去一致的词汇,即典型或预期行为:一个人;(意大利前总理 Berlusconi)对奢侈品和豪华派对的喜爱**众所周知**;他四处游走的目光**臭名昭著**;……迪亚兹(澳大利亚政治候选人)糟糕的竞选运动以**典型**的风格结束;

• 与过去情况进行比较,说明当前情况在预料之中:美国发生了**另一起**大规模枪击案……;美国**再次**因种族和警察权力的冲突而四分五裂;国际足联(FIFA)并非**第一次**被指控受贿;

• 明确提及常识、假设、习俗、传统、期望或刻板印象:德国人因喜欢喝啤酒而**闻名**;东京是一个以职业道德**著称**的城市。

尽管新闻中确实会出现上述语言资源,但是多数新闻都是意外或非典型事件(Bednarek 2006a:98),因此构造的是"意外性",而非"一致性"。此外,出现明确刻板印象时,新闻通常会同时构建"负面性"和"一致性"(如另一起大规模枪击案)。可以认为,例(1)中对于英国的典型期望(曾多次出现恋童癖事件)是通过**加粗**短语的字体构建的。新闻将"一致性"和事件规模的区别进行对比,构建了"意外性"和"重要性"(下划线部分)。"负面性"贯穿全文。

例(1)

本周,英国南约克郡罗瑟勒姆镇的虐童事件的全部<u>涉案内容</u>被公之于众,人们**一声叹息后**,很快又发出惊恐的叹息。

在英国又一起仍未平息的恋童癖梦魇事件中,新闻中带有"不要再来了"的情绪。但这次却与以往不同。此次事件规模范围巨大,此案件持续时间长,涉案范围广。犯案人员罪大恶极,相关负责人无动于衷,任由事件发酵,消极处理,毫无道德可言。(《悉尼先驱晨报》[P],2014 年 8 月 30 日至 31 日)

4.2.2 精英性

> 通过话语将新闻事件(包括所提及人物、国家或机构)构建为地位或名望高的事件

许多语言学家指出,描述、头衔或称谓可以指明已提及和未提及的新闻人物与消息源的身份(Bell 1991,Jucker 1996,Ungerer 1997,Bednarek 2006a,Stenvall 2008a)。Jucker(1996:376)指出,"新闻工作者面临双重任务,列出新闻人物的名字……并通过描述或称呼来证明其具有新闻价值"。

此前著作中,我们将此类描述称为"角色标签"(role label)(Bednarek & Caple 2012a:52),本书会沿用该术语。只有地位高的角色标签才能构成"精英",其常常通过头衔或准头衔(描述性同位名词短语)来构建,包括能指明新闻个体的专有名词,如美国地方法院法官 Scott Skavdahl、Roger Stone 教授、斯诺霍米什县(Snohomish County)21 区消防队长、明星厨师 Jamie Oliver、阿巴乐队传奇 Björn Ulvaeus。Bell(2011)认为,缺少限定词的同位名词短语(财长 Bill English)"使名字与描述地位相同。描述性话语成为准头衔,相当于'总统'或'教授'……因此体现了人物的新闻价值(Bell 2011:181)"。如下角色标签示例更加复杂,并且存在限定词:负责中东的外交部长西蒙女男爵 Montgomery(2007:149)将这类标签称作标识符(labels identifiers)。角色标签也会出现在述谓中,如 Matthew Atha 是独立药物监测部门的主管(Montgomery 2007:171)。当消息来源匿名(Stenvall 2008a)或名字出现在文本其他地方时,标签并不会总随名字一同出现,如社区领导人、专家、企业集团、超市巨头、美国研究人员、当局、官员、美国军方、斯堪的纳维亚超级巨星。

指示身份的前置修饰语也能构建"精英",使用最高级形容词可以起到加强作用。例如,该市**顶级**警察、一名**重要**联邦政府部长、**长期**行业观察员、**消息灵通的**政府人士、**享有盛誉的**布克奖、**引人注目的**逮捕行动、VIP 活动、坏男孩**明星**、日本**著名**作家三岛由纪夫、瑞典**超级**乐队阿巴乐队、**最资深的**黑人军官……该国**最出名的**家族之一、**最知名的**艺术家之一、美国电视台的**一些大人物**、该国**最高**职务。

当新闻提及的个体地位高,并且为目标受众所知时,单独使用专有名词
也能构建"精英",如阿巴乐队、巴拉克·奥巴马、奥运会、奥斯卡、哈佛大学、
世界卫生组织。因此,对特定群体而言,一些名字具有权威、名望或声望。[3]
此外,可以通过名声、成就或专长,对新闻人物的地位、权威或专业进行简单
概述,如《两个罗尼》中的罗尼·贝克;在美国**建立全球媒体帝国**的罗马天主
教修女;两人**每年售出数百万张唱片**;**非常了解伊拉克**;这位挪威艺人**在邻
国也很受欢迎**,在 20 世纪 70 年代一度**主宰**了迪斯科圈。

最后,可以通过新闻消息源所说的话来确定其地位。例如,使用专业
词汇或术语来表明说话人是专家。这不仅限于特定术语,上流社会口音
和方言能将说话者身份构建为"精英"。Fairclough(1998:159)提供了有
关英国新闻和时事节目的例子。他认为"权威性……有个基础……即明
显的中上阶级口音和表达时自带的权威"。该语言资源尤其适用于广播
新闻。

构建"精英"的不同资源可以同时使用。在例(2)中,身份标签(世界领
导人)、专有名词(纳尔逊·曼德拉)和前置修饰形容词(权贵)同时出现,以
构建新闻报道事件中新闻人物的"精英性"。

例(2)

昨晚,世界各国领导人准备在南非聚首,参加 Nelson Mandela(纳尔逊·曼德
拉)的葬礼。参与此次葬礼的领导人数目空前,可能是现代历史上最大规模的全球
权贵人士聚首活动之一。(《卫报》[P],2013 年 12 月 7 日)

4.2.3 影响力

> 通过话语将新闻事件构建为具有重大影响或后果的事件(不仅限于
> 对目标受众的影响)

"影响力"可以通过评价事件重要性的语言资源来构建(Bednarek
2006a:104),如里程碑式的、重大的、历史性的或关键的。此类评价将新闻
事件构建为影响力大的事件(如开创先例),这类词汇构成了典型的新闻文

体(van Dijk 1988a：81)。因此,新闻报道将 2014 年苏格兰公投称为历史性公投或历史性机遇。

因果关系也有可能构建"影响力",但前提是必须描述新闻事件的重大影响或后果。Kemmer 和 Verhagen(2002：451)指出,"因果结构可能是现代语言学中被研究最多的领域之一"。虽然本章无法进行全面概述,但是因果关系包括因果连接词、因果动词和因果连贯关系。动词可以表明因果关系,如产生、引起、引发、导致、增加、变为、成为、移开、破坏(Haupt 2014：252)或造成、影响、触发(Goatly 2002：17)。其他词类也能表示因果关系,如结果、作用、效果。Cotter(1999：173)指出,诸如"决定未来电信工作的因素"等短语可以增强新闻价值,并"将新闻价值最大化"。

84

最后,语法结构可以成为构建"影响力"的一种资源。事实上,许多研究者已经表明,不同的语法结构以不同的方式构建事件的影响力,尽管这类研究的重点通常是在行为主体和责任方面(如 Lukin *et al.* 2004,Hart 2011,2014a,2014b)。一个例外是 Goatly(2002)的研究,他将影响力与及物性(transitivity)联系起来。

重要的是,新闻描述的后果可能是非实际或假设的。[4]Jaworski 等(2004：184)指出,"预测、推测和讨论过去与当前事件的未来影响"可以增加新闻价值。在例(3)中,澳洲电信公司(Telstra)的非实际(建议)价格上涨被建构为可能对国家有巨大影响。在例(4)中,假设的军事事件(威胁)会对"西方"产生重大后果;而在例(5)中,非实际军事事件(如果)可能会给当地人带来极大痛苦。

例(3)

澳洲电信(Telstra)称,全国宽带网络敦促其提价,建议价格可能会导致**数百万澳大利亚家庭和企业的电话与互联网费用增加**。(《悉尼先驱晨报》[P],2014 年 10 月 11 日至 12 日)

例(4)

伊斯兰国武装分子威胁要占领伊拉克西部一个重要省份,**这将是圣战分子的重**

大胜利,也是美国领导的反伊斯兰国武装分子联盟的一次尴尬挫败。(《悉尼先驱晨报》[P],2014 年 10 月 11 日至 12 日)

例(5)

联合国特使说,如果伊斯兰恐怖组织占领库巴尼,那么可能将有**数千人遭到屠杀**。(美国全国广播公司[A],2014 年 10 月 18 日)

上述例子同时具有"影响力"与"负面性",这是新闻的总趋势。例如,提到大自然时,新闻通常描述负面影响(Goatly 2002, Bednarek & Caple 2010)。由于此类表述将自然与人类对立(Goatly 2002:19),因此带有意识形态色彩。例(6)描述了莫桑比克洪水对人类和基础设施的直接负面影响,从而构建了事件的新闻价值。

例(6)

灾害管理办公室发言人丽塔·阿尔梅达(Rita Almeida)周三表示,**近两万人因洪水流离失所……洪水还破坏了连通该国南北的主要道路之一**。(福克斯新闻[O]/美联社,2015 年 1 月 14 日)

但如例(7)所示,实际影响或非实际影响也可以是正面的。

例(7)

这是 LinkedIn 和 Tinder 的交叉业务,它**将让商务旅行不那么寂寞**。(《悉尼先驱晨报》[P],2014 年 10 月 11 日至 12 日)

最后,"影响力"可能相对中性,如事件在新闻和社交媒体上广为流传(阿拉巴马州警察为入店偷东西的老奶奶购买了一打鸡蛋,视频**爆火**)。

有时,构建"影响力"也有其他方式,如因果连接词和修辞结构,但本章不作进一步阐述。建议研究者在分析时,利用实际/非实际的重大/相关后果的一般分类,包括抽象、物质或心理影响。解释文本时,研究者需要确定是否将隐性和显性结构都归为"影响力",以及什么是"重大"后果(详见Bednarek 2016b)。

4.2.4 负面性(与正面性)

> 通过话语将新闻事件构建为负面事件(或正面事件)

一个新闻事件通过参考文化上被认为是负面的情绪而被构建为负面的(Bednarek 2006a:179:Bednarek 2008:194)。这方面的例子包括:极小可能感染埃博拉病毒引发的**担忧**;小学校长学期内休假一周飞往加勒比激起**愤怒**;此举**激怒**了当地政界人士;出现了**恐慌**的迹象。与此密切相关的,是对消极态度的提及(如谴责、批评)。提及新闻人物情感的方式有很多(Ungerer 1997,Martin & White 2005,Bednarek 2006a,2008,Stenvall 2008b),但有两个关键手段,包括给情绪贴标签和描述明显的情绪行为。

- 情感标记词,包括固定的比喻表达,如心烦意乱、担心、震惊、失望、愤怒、恐惧、仇恨、沮丧、疏远、对抗、冒犯、伤透心;
- 描述情绪化的行为:黛博拉向陪审团啜泣,**她尖叫着**:"里面还有其他人!"

广播新闻能传达非言语的负面影响,无需借助文字。听众能听到新闻人物的大声喊叫、哭泣、抽泣,看到他们悲痛沮丧的模样(Pounds 2012)。

"负面性"可以通过负面评价的语言来进一步得到构建,我们在此将其定义为表达作者负面意见的语言。[5] 例如,犯案人员**罪大恶极**,相关负责人**无动于衷,消极处理,任由事件发酵,毫无道德可言**。新闻人物的负面类型标签也属于这一类别(怪人、头脑简单的人、激进的动物权利组织海洋守护者协会、极端主义组织"博科圣地"),Davis 和 Walton (1983:40)称之为"价值观念浓厚的标签"。负面看法可能直接援引自机构(新闻机构)或是其他消息来源,援引后者往往是"主流"媒体的行业规范(White 1997:107)。

- 新闻机构:(英国工党领袖)Corbyn 混乱的改组……(《每日邮报》[O],2016 年 1 月 6 日)。
- 消息来源:Robin Clarke 补充说:"本周,(澳大利亚总理)Tony

Abbott 才刚提到煤炭对人类多么重要。白痴。"(《悉尼先驱晨报》[P],2014
年 10 月 18 日至 19 日)

"负面性"也可以通过所谓的负面词汇来构建,包括"灾难"(Ungerer
1997:315)、"犯罪"(Davis & Walton 1983:40)或"冲突"类词汇(Bell
1991:177,Baker *et al.* 2013b:261)。描述负面事件或新闻人物,但并未
明确告知受众新闻工作者是否持有负面态度,我们倾向于将此类表达统称
为"负面词汇"。这包括对社会定义的负面行为的标签之使用,如违法行为
或犯罪,此类标签可以被认为是源于"制度化的法律程序"(White 1998:
131)。比如,下文将引用第三章所介绍的"负面性"之不同方面或种类,如环
境灾害词汇(洪水、森林大火)、事故(致命的酒后驾驶事故)、破坏和损害(镇
上的洪水、与大脑异常有关)、犯罪和恐怖主义(乱伦和虐童、恐怖袭击)、伤
害、疾病和死亡(尸体、受伤送往医院)、混乱(动荡、紊乱)、政治危机(腐败调
查)、反对与分裂(支持/反对、有争议)[6]、战争与冲突(乌克兰冲突、暴力冲
突)和其他人类苦难(营养不良、折磨)。新闻中也经常使用威胁、警告等动
词来描述冲突或危险(Bednarek 2006a:137)。

此外,负面性也包括对负面事态或行为的描述,如违背承诺(例[8])、尸
体处理不当(例[9])或逃避接受不快的事实(例[10])。使用"显性否定"或
"隐性否定"(Hermerén 1986:66)可能表示缺失或失败(例[11]至例[13])。

例(8)

(澳大利亚)财政部长 Joe Hockey 承诺在 2019 年之前实现平衡开支,他**违背了
承诺**。(《悉尼先驱先驱晨报》[P],2014 年 12 月 13 日至 14 日)

例(9)

为按时按成工作,护理人员**将一具尸体扔在垃圾箱旁**。(《每日邮报》[O],2014
年 10 月 18 日)

例(10)

经过两周的否认,汉堡王终于在**今晚承认**销售的汉堡和特大汉堡中含有马肉。(《每日邮报》[O],2013 年 2 月 1 日)

例(11)

据抵达索契(2014 年冬季奥运会主办国)的记者描述,那里住宿条件恶劣,九家媒体酒店中,**只有六家**可以入住。(《华盛顿邮报》[O],2014 年 2 月 4 日)

例(12)

海洋守护者协会活动人士**未能**阻止屠杀海豚的行为,反被关押。(澳大利亚[O]/法新社,2014 年 9 月 1 日)

例(13)

医院**没有**足够的床位,也**没有**足够的救护车。(《今日美国》[O],2014 年 9 月 3 日)

负面评价语言和负面词汇之间没有明确界线,同一词语有时可用于不同结构中,一种结构评价性较高,另一种较低。比如,未能(fail)和失败(failure)(Bednarek 2006b:142),以及由 terror 构成、含义相差很大的复合词(Montgomery 2009),还有混乱、危机、丑闻、挑战、问题、灾难、灾害、危险、悲剧等有争议的词。许多研究人员讨论了"记者措辞体现的新闻中立或偏见程度"(Carter 1988:8),但评价含义是非常复杂的语言范畴,它包含多个渐变的连续体(Bednarek 2006a:46-48)。

有学者建议使用不同名称、标准与测试来区分评价性语言和非评价语言、显性和隐形评价语言(如 Gruber 1993,White 2004,Martin & White 2005,Bednarek 2006a,2009,Hunston 2011),但这不在本章的讨论范畴内。无论采用哪种标准,都需要明确规范,并保证在应用中的一致性。例

88

(14)展示了如何构建非实际(未来)事件的"负面性",其中多次提及了矛盾、观点冲突(回应、面对、争议、争执、批评)和负面情绪(不安),但并未出现评价性语言(以作者评价标准为准)。

例(14)

英国下议院议长推荐澳大利亚 Carol Mills 担任下议院秘书引起**争议**,议长将就此事**回应**议员。在**批评人士**日益增长的**焦虑情绪**中,英国下议院议长 John Bercow 周一将首次**面对**议员。此前他推荐澳大利亚 Carol Mills 担任下议院秘书一职,此举引发了**争执**。《时代报》[O],2014 年 9 月 1 日)

与"负面性"相对的是"正面性",正面性的构建采用了相似的语言手段和相反的评价:正面情绪或态度(如喜悦、庆祝)、正面评价语言和标签(如天才天体物理学家、天生的知识分子)、正面词汇(如成功、胜利、帮助)和积极行为描述(如组建男女人数持平的内阁)。在一些语境中,诸如死亡等"负面"事件能被构建为积极事件,如关于 Osama bin Laden 死亡的新闻报道(Bednarek & Caple 2012a:48 - 49)。语境也能改变"杀死"等负面词汇的价值,如研究新闻"在抗击癌症的战争中,研究人员可能找到了必胜武器———一种能杀死所接触癌症肿瘤的神奇药物"。

4.2.5　平民性

> 通过话语将新闻事件构建为个人或有普通人面孔的事件(新闻人物为普通人,包括事件目击者)

Fowler(1991:92)和 Bignell(2002:91)提出,平民策略包括使用姓名、年龄、工作描述、住所、个人外貌和性别角色,这增加了"个人的具体性"(Fowler 1991:92)。其他学者提出,名字、回指人称代词(Ledin 1996)、引述普通人话语(Ben-Aaron 2005:715)创造了"平民性"。在此研究的基础上,作者发现了以下关键资源。[7]

提及普通人的名字(如 Jean Baxter)或非精英角色标签(如五个孩子的母亲)。与角色标签相比,用名字称呼新闻个体,"个性化"程度更高。仅提到一个人(如一位 31 岁的水管工)也比提到一群人(如亲戚、粉丝)更具有个性化。构建弱"平民性"或消除"平民性"时,通常使用通用称呼或群体称呼,以进行功能化和概括化(van Leeuwen 2008)。

当新闻人物是普通人时,描述他们的负面或正面情绪体验也可以构建"平民性"。情绪体验包括情感标签和描述,上文有所提及。

- 情感标记:Gilles Boulanger……接受法国电视频道 Itele 采访时表示:"……这真的很让人**难过**……",迈克的主人**非常伤心**;
- 描述情绪行为:Reeva Steenkamp 的表亲**抽泣**着作证……,她**尖叫**着要他停下来。

上述例子表明,表达机构或普通人意见时(即间接引语),新闻会描述其情感。如果间接引述可以反映普通新闻主体的观点、经历或想法,那么该手段也能更普遍地构建"平民性"。由于受众能直接了解主体的观点,作者认为直接引语的"个性化"程度更高,但示例中包括了直接引语、间接引语和间接引述想法。在报道普通人的贡献时,新闻话语通常会交替使用直接和间接引述,如例(15)所示(划线部分为间接引语)。

例(15)

住在办公室附近的另一个人刚开始误将枪声当作庆祝春节的响声。<u>但他说</u>,当看到"警察与罪犯捉迷藏"时,<u>很快意识到了问题的严重性</u>。(英国广播公司[O],2015 年 1 月 7 日)

直接和间接引述都描述了普通人的思想、感情或经历,因此能将事件"个性化"。在广播新闻中,听众能听到新闻人物说话。他们的口音、方言等不属于精英阶层时,这些特征有助于构建"平民性"。使用口语化的词汇和语法也会进一步增强"平民性",以向受众表明话语来源是普通民众,而非精英。第三章指出,"平民性排除了精英人物。但有时精英也的确站在普通公民立场上,或谈论普通公民经历"。比如,新西兰总理 John Key 评论 2011 年克赖斯特彻奇地震时说:"人们坐在路边,以手掩面,整个社区经受了极大

90

的痛苦。"由于提到了社区的情绪反应,可以认为 John Key 所说的话在一定程度上构建了"平民性"。此外,精英人物和记者有时可能会以目击者的身份发言,而非专业身份,请见例(16)。

例(16)

Wandrille Lanos 是一名在马路对面工作的电视记者,也是袭击发生后首批进入《查理周刊》办公室的人之一。"进入办公室后,我们发现死伤人数众多。地板上有许多尸体,到处都是血迹。"他对英国广播公司说道。另外一名与他共事的记者在接受 Itele 采访时说:"地上有许多尸体,血流成河,许多人受了重伤。"(英国广播公司[O],2015 年 1 月 7 日)

与所有新闻价值话语分析一样,通过间接引述来确定"平民性"时,语境很重要。不能简单地将所有间接引述都当作构建"平民性"的手段。

"平民性"示例包含不同类别,其中一些全篇讲述个人经历。例(17)是 2014 年一个被广泛分享的新闻故事,新闻讲述了一对夫妇,但是没有使用"平民性"将抽象问题具体化。

例(17)

一名已婚 72 年的女性在丈夫死后 6 小时去世

结婚 72 年,Harry Norman 和 Anna Norman 在外人眼中并不是一对浪漫的夫妻,但他们却手牵手度过了生前最后一晚。

据阿灵顿护理中心的养老院员工说,现年 97 岁的 Anna Norman 是一名坚强独立的女性,从不抱怨,也没有生重病。10 月 2 日,她丈夫去世。6 小时后,Anna 也去世了。(《鼓吹者》/《今日美国》[A],2014 年 10 月 17 日)

但提及普通人通常能让抽象问题或过程"个性化",请见例(18)。这是英国有关卧室税报道的第一段。

例(18)

Jean Baxter 的三居室充满幸福和悲伤的回忆。房屋大小适中、装修简洁,

Baxter 已经在此处生活了 35 年。墙上挂着珍贵的照片,照片中的她和儿子、孙子面带笑容。透过窗户能看到一座墓碑,下面埋的是她女儿。在搬进此处不久后,女婴便夭折了。(《卫报》[P],2013 年 9 月 21 日)

这种策略旨在"以个人的角度来描述一个更大的问题,从而把故事与读者相连"(Cotter 2011:1894)。"平民性"还有其他类型,如通过引述普通人话语来表述受影响个体的经历、思想和观点。

4.2.6 接近性

> 通过话语将新闻事件构建为地理位置或文化上相近的事件(邻近出版地和目标观众)

构建"接近性"最显而易见的方法,是提及目标受众附近地点。例如,对 Baltimore 或美国马里兰州的受众而言,"**一名巴尔的摩县民主党人**"构建了"接近性"。在语法上,可以通过名词词组(昆士兰州的居民、惠灵顿研究人员、澳大利亚)或介词短语(在阿灵顿国家公墓)来构建"接近性"。

提及目标受众所在社区或国家的人和(文化上)相近的人也能构建"接近性"。众所周知,"遥远"国家出现负面事件时,本国报道会提到本国或其他"西方国家"的伤亡人士,即"我们"的伤亡人数,而非"他们"。这种指称并未将事件报道为地理上接近目标受众的事件,而是表明受众所在社区有人受到牵连。Montgomery(2007:9)提到了印度洋海啸报道中的一个例子,英国新闻媒体首先报道了西方人的伤亡情况,随后才提到当地人。该示例说明,新闻价值具有意识形态偏向。以下是四个最新的例子:

- 埃博拉恐慌中的**澳大利亚护士**(《悉尼先驱晨报》[A],2014 年 10 月 9 日)
- 一名 33 岁的**美国人**在利比里亚感染埃博拉,他是 NCB 新闻的自由摄影师。(《悉尼先驱报》[A],2014 年 10 月 3 日)
- 官方于周三称,尼泊尔北部山脉发生雪崩和暴风雪,造成至少 12 人死亡,包括 8 名**外国徒步旅行者**。(福克斯新闻[O]/美联社,2014 年 10 月

15 日)

- 他是被伊斯兰国极端组织视频斩首的第五位**西方人**。(《每日镜报》　　92
[O],2014 年 11 月 17 日)

　　提及受众国家能将"接近性"最大化(在澳大利亚出版物中提及澳大利亚人),而提及其他"西方"国家(在澳大利亚出版物中提及美国人)和概括标签(外国徒步旅行者、西方受害者)能为"西方"受众构建"接近性",效果好于文化不同或地理位置较远的国家。

　　"接近性"也可以通过如下方式构建:指示词(Bell 1991:219,Ungerer 1997:315)、县、地区等通用地名(Bednarek & Caple 2012a:52,Johnstone & Mando 2015)、诸如"本地的""本土的"等与目标受众明显相关的形容词。例如,**本地**埃博拉病毒病例、可能袭击**国家**首都和**本国**最高领导人、**当地**退伍军人向我们讲述了他们的故事、**本土**恐怖威胁。

　　Ungerer(1997:315)指出,人称代词或限定词可以构建"接近性",如"我们的男孩赢了"。更准确地说,当指示物包括目标受众的社区时,包含性的第一人称复数代词和限定词构建了"接近性",而排他性的第一人称复数代词无法构建"接近性"。例如,"**我们**被告知,她的预后诊断并不乐观……",Ansalone 先生对本报说。(《每日邮报》,2014 年 11 月 19 日)在该例中,可能是新闻媒体使用了包含性代词,也可能是新闻信息来源(通常是政治人物)使用了该代词。

- 红色预警,有人图谋袭击**我国**领导人(《每日电讯报》[O],澳大利亚,2014 年 9 月 19 日)
- 周三,美国总统巴拉克·奥巴马将关注点转向美国人的财务状况,该问题一直是美国人最大的顾虑。他认为……不断扩大的收入差距是"**我们**时代的关键挑战"。(《赫芬顿邮报》[O]/美联社,2013 年 5 月 12 日更新)

　　在广播新闻中,新闻人物的口音或方言与目标观众的口音或方言相似(地理位置相近)时,也能构建"接近性"。因为新闻使用直接引语时,观众可以听到新闻人物讲话。

由于"接近性"包括了文化相似,因此我们也可以将文化参照看作构建这一新闻价值的资源。这包括文化遗产及特定文化中著名或相关的人、机构和组织、产品、事件等(如诺曼底登陆日、毕业舞会、哈卡舞、奥巴马医改、持枪权、扑热息痛)。这些词汇为读者创造了文化熟悉感,但可能难以编码(参见 Bednarek 2016b)。例(19)是一篇英国的新闻报道,讲述了法国学者在一次法国会议上的发言。该示例提到了国家(英国)和英国文化中重要的历史人物与事件(莎士比亚、阿金库尔战役、亨利五世国王),构建了"接近性"新闻价值。

93

例(19)

英国阿金库尔战役英雄? 他们不过是战犯而已(法国人说道)

在**莎士比亚**笔下,这是无能年轻人变成伟大国王的时刻。年轻人带领军队克服重重困难,取得了胜利。

但是法国学者对**阿金库尔战役**的看法完全不同,他们声称**英国**士兵行为如同"战犯"。

他们还批评**国王亨利五世**下令烧死俘虏,命令侍卫处决一名投降的贵族。(《每日邮报》[O],2008 年 10 月 25 日)

构建"接近性"的一种具体策略,是将遥远事件转移至附近地点,如描述目标受众面对的潜在危险(Ungerer 1997:321)。例(20)使用了该策略,用了三种不同的手段为澳大利亚受众构建"接近性":形容词"本国的"、指示词"此处"和国籍指称"澳大利亚人"。

例(20)

本国恐怖分子 Mohamed Elomar 发誓要把恐怖带到**此处**。他说,**澳大利亚人**应该为此感到担忧。(《每日电讯报》[O],澳大利亚,2014 年 7 月 31 日)

如前文所述,上述语言手段并不能在话语中自动构建"接近性"。例如,在电视新闻报道中,使用指示语和指示照应词通常是为了描述当地所见状况与新闻工作者的现场位置(Montgomery 2005,Luginbühl 2009,Lukin

2010），两者可能与受众距离遥远。方位词的使用并非总与"接近性"相关（Potts *et al*. 2015）。

4.2.7　重大性

> 通过话语将新闻事件构造为强度高或范围/规模大的事件

强化词和量化词这两种语言手段能构建事件的大范围或高强度，数目、数量、数额、大小、程度和强度表达都与夸张（McCarthy & Carter 2004）和层级性（Martin & White 2005）[8] 相关。新闻话语研究者讨论了强化和量化的修辞功能，如戏剧化和夸张（van Dijk 1988b：278 - 280，Duguid 2010）的修辞，但并不会总是明确提及新闻价值。在新闻价值方面，Bell（1991：169）认为，施压、反抗、夺取等强力词汇与"重大性"有关。White（1997：128）指出，强化词汇或对比强化是硬新闻故事的主要特征，经常出现在新闻标题和导语中，表明"为读者选取的事件或文字本身具有新闻价值"。最后，Cotter（1999：73）指出，"（这是）自贝尔系统的历史性解除后出现的最大规模罢工"等表达强化了新闻价值，并"让新闻的'重要性'最大化"。

4.2.7.1　语法或词汇加强词

强化词，其功能是向上扩展，用于强化，强调行动、属性、事件等的高度、力度、强度等，有助于构建重大性。下面的示例包括了程度形容词和副词（非常愤怒、完全毁灭），以及轰动性或夸大性新闻文体，后者似乎只是为了增加事件强度。

- **一场轰动一时的**腐败调查已经结束

新闻报道中的其他强化形容词和副词包括：完全的、强烈的、极端的、剧烈的、严重的、完全地、非常地、急剧地、严重地、深入地和真正地。[9]

如果语言资源与力量、程度或强度有关，与数量或大小无关，那么就将其划分为强化词，而非量词，但一些情况可能位于两者之间。因此，本书将"极端影响"划分为强化词，因为它涉及影响程度，而非影响的数量或大小。"超级选区"是定量词，因为"超级"描述实体的大小。在强化词示例中，一些例子用时间来表述现象所带来的影响（"快速上升""持续降雨"）。需要注意的是，Martin 和 White（2005）将此类表述归为量词。

4.2.7.2 量词

Ungerer(1997：315)认为，数字和其他量词表达与"容量/额度"(volume)这一新闻价值有关。在包含量词的例子中，有强调数量(如相距数千公里、许多伊拉克人、各个级别)或大小(如巨浪、巨大尘云、史诗级的悲剧)的不同词类，精确数字(3.56亿美元巨额损失)和模糊数字(与被感染护士一同飞行的有数百人)也包含在内。模糊数字的前置修饰词通常为至少、高达、超过、多达，这些词表明新闻工作者对准确数字缺乏了解，但似乎也让其后的数字听上去更大，如"超过200名被绑架女孩"。值得注意的是，量词不仅仅包括语法量词，还包括直接或间接说明数量大或规模大的词汇表达。比如，营养不良在"这里非常普遍"这一表达，强调了营养不良人数众多；而"全国搜捕"则突出搜捕范围大。此类"量化"还发生在词汇构形层面，如fest和-athon等后缀"能表明或暗指大规模公共活动，因此非常适合在新闻报道中使用"(Renouf 2007：65)。

4.2.7.3 强化词汇

表达强化的另一种方法是利用高强度词汇，这与 Martin 和 White (2005)所说的"非核心"词汇一致。"规模只是单一术语含义的一个方面而已(Martin & White 2005：143)，与语义相似的其他词语形成强度对比(如焦虑、惊吓、害怕、恐惧，144)"。非核心词汇是否源于 Carter(1988)对于"未标记"(9)核心和"非核心评价词汇"(13)的区分，目前尚不清楚，因为文献并未引用 Carter。Carter 和 McCarthy(2006：443)认为，"表达某属性程度极高或最高"的形容词是隐性最高级。Duguid(2010)提供了一些新闻语篇示例。在此研究基础上，我们将"隐性最高级"形容词视为强化词汇，强化词汇还包括动词(震惊、破坏、粉碎、横扫、猛击、毁坏、吞噬、故意损坏)、名词(惊恐、流行病、猛冲、恐惧、烈火、愤怒)、副词(绝望地)和形容词(恐慌的、绝望的)。其中一些隐性最高级还有非字面含义，也可以归为隐喻。因此，在"火焰**吞噬**了大部分的干旱土地"这一表达中，"吞噬"不论在比喻意义层面还是非比喻意义层面都是强化动词，但其却是比喻用法。

4.2.7.4 隐喻和明喻

隐喻吸引了许多新闻话语学者的注意，他们通常关注在报告移民或难民的新闻中使用的"潮""水"或"灾难"隐喻(van Dijk 1988b, Charteris-

Black 2006，Baker *et al.* 2008），以及恐怖主义（Montgomery 2009）或抗议活动报道中的"战争"隐喻（Hart 2014a，b）。研究人员并未将隐喻与新闻价值联系起来，但他们确实认为隐喻与强化（Ungerer 1997：318）或戏剧化含义（Semino 2008：100）相关。Bednarek 认为，隐喻"对解释具有'新闻价值'的事件格外重要"（Bednarek 2005：24），隐喻并不包含明显的对比手法（如像、仿佛），而明喻则包含对比，但两者都是修辞语言构建"重大性"的示例。

96

- 持续四年的航空公司价格**战**（隐喻）
- ……新南威尔士州北部的乡村小镇正与**海啸般的**犯罪作**斗争**（隐喻）
- **吞噬**悉尼的新冰川流行病（隐喻）
- **堪比二战**的战斗（明喻）
- 6 月森林大火肆虐，**土地如同浇上了一层汽油**（明喻）

4.2.7.5　对比

在讨论"新闻的常见最高级"（Bell 1995：306）时，Bell（1995）提到了形容词最高级，如"最大的"。但是，在英语新闻话语中，有许多手段都能传达事件"更激烈"或"更重大"的特征，或描述其规模远超其他事件。其中，包括语法手段，如比较级（更糟糕的）和最高级（最令人震惊的）形容词、加强语气的比较从句（如此强大……以至于）、比较词（更多的）。明确的比较标准往往能强化对比，如比较时间（创……以来新高，记忆中）和地点（该国最……）。与其他事件的比较也可以通过超越、达到最高、绝无仅有的等词来构建。以下是不同比较结构的示例：

- Foxtons 的股价涨速**高于** Mayfair 顶层豪华公寓的价格涨速；
- Brad Pitt 和 Angelina Jolie 的婚礼**如此秘密**，连 Jolie 的父亲 Jon Voight 都不知情；
- 在欧洲和北美，自杀人数**超过** 5,000 人；
- **底特律历史上最大的**贩毒集团；
- **世界上杀人最多的**连环杀手之一；

- 2014 年**超过** 2010 年,成为最热的一年。

4.2.7.6 重复和其他资源

使用重复词语报道相关事件时,能起到强化作用,并构建"重大性"。新闻报道中,该手段似乎并不常用,但偶尔也会出现。请见以下示例:

- **他们吓坏了,真的吓坏了**;
- **一座又一座**建筑被炮弹夷平或击穿。

新闻中还能找到另外两种构建"重要性"的手段。其一,所谓的增长词汇。一些词汇本身能表示增长,或者强度、规模或范围的增加:

97

- 加密的电子邮件数量正在**增加**(cloaked);
- 西非流行病中殉职的医护人员不断**增加**(growing),名单上又多了一人;
- 在英国将官方威胁级别**提高到**(raised to)"严重"后;
- 此次事件**规模范围**(sheer scale)巨大,案件**持续时间**长(length),**涉案范围广**(breadth);
- 大幅**加大**(dramatically scaling up)工作力度;
- 气候变化的**日益**(mounting)严重的影响。

其二,将"仅""只""仅仅""已经"与时间、距离或相关词汇连用。这些表达能起到夸大事件的作用,并增加事件强度,从而构建"重大性"(Bednarek 2006a:94)。[10]

- **仅**在几小时后;
- 距离**仅** 10 英里;
- 近 100 名外国人······**仅在一次突袭**中被逮捕;
- **仅在今年就已经**破获并捣毁了 64 个地下制毒场所

例(21)说明了如何结合不同手段来构建"重大性"。

例(21)

世界卫生组织说,尽管美国研究人员宣布下周开始人体安全试验,并**争分夺秒**开发有效疫苗,但是**席卷**整个西非的埃博拉疫情将**显著恶化**,感染人数将**高达2万人**,此后才会有所减轻。(《悉尼先驱晨报》[P]/《华盛顿邮报》,2014年8月29日)

该新闻中包含强化词(席卷)、加强词(显著)、比较形容词(恶化)、模糊的大数字(高达2万人)和隐喻(席卷、争分夺秒)。类似本例的表达在新闻中十分常见,其中的负面影响被最大化,"重大性"与"负面性"和"影响力"相结合。

4.2.8　时效性

通过话语将新闻事件构建为接近发布日期的时事,即最近发生的、正在进行的、即将发生的、新的、当前的或季节性的事件。

之前的新闻话语研究者指出,由于"时效性"与时间性有关,因此构建该新闻价值的重要资源包括时间(如时间状语)、时态和动词体。Bell(1995)总结了纸媒和广播新闻表述时间的不同方法,并提到了能加强"时效新闻价值"的手段(Bell 1995：322)。他指出,新闻工作者"使事件听起来尽可能即时,即最近发生或即将发生"(Bell 1995：320)。例如,通过"今天(晚些时候)"等时间指示词来省略时间框架,让未来事件更加接近(Bell 1995：321)。Bell称,没有明确时间时,读者会假定事件在近期发生。其他研究人员认为,现在时态(Montgomery 2005，Lams 2011，Chovanec 2014)、近期事件(Facchinetti 2012)、未来事件、时间顺序型结构(Jaworski *et al.* 2003，2004)在不同类型的新闻话语中能传达"时效性",如纸媒、网络新闻、广播新闻、电视新闻等。Luginbühl(2009：129)对美国哥伦比亚广播公司晚间新闻的分析虽然并未提及新闻价值,但是却表明记者会通过一般现在时、现在进行时和时间指示语(现在、今天)来"强调报道事件在时间上的重要性"。

因此,时间、时态和动词体是构建"时效性"比较保险的方法,但只有在事件接近发布时间时(如今天、当前、本周、昨晚最近、昨天)才成立。当提及遥远过去或未来事件时,时间性则具有其他作用,并不能构建"时效性"。因此,需要注意时间上的参考点,而且必须设定一个分界点(请见 Bednarek 2016b)。同时,选择时态需要遵循惯例。比如,新闻标题的常规时态是一般现在时,即使事件发生在过去或未来。但也可以认为,标题使用一般现在时正是为了构建新闻价值,让报道事件看上去很"及时"。这是标题为吸引读者而采用的几种手段之一。

作者进一步提出,即使在不清楚准确时间的情况下,一般现在时、现在进行时和现在完成时也可以构建"时效性"。Montgomery(2005:242)区分了现在时态的三种不同用法,但他认为现在时态常用于:

将新闻报道为最新消息,讨论"现在",同时让读者感到新闻描述的是当下的现实。频繁使用现在时能拉近事件和叙述之间的距离,从而打破了时间顺序。(Montgomery 2005:243)

虽然现在进行时表明事件发生在说话时(这**正在检验**我们的应急资源),但是 Bell(1995:320)谈到了"现在完成时也有即时性"。现在完成时有不同的用法(Ritz & Engel 2008),但普遍认为该时态所描述的过去事件"与当前事态紧密相关"(Ritz 2010:3414),一种用法是表述"最近过去完成"或"热点新闻"(Ritz 2010:3402)。

此外,"时效性"可以通过已经开始、最近、正在进行、仍在发展等词汇来构建。[10] 无论使用何种手段,时间与发布时间越近,构建的事件就越及时(见第三章)。因此,"今天"等状语与"本周早些时候"相比,构建的时效性更强。需要强调的一点是,时间有时用于阐明事件之间的发生时间顺序,并不构建新闻价值。

到目前为止,本章仅从使事件接近发布时间(接近性、及时性、临近性)的角度讨论了"时效性",而这也是大多数语言学研究的关注点。但是,"时效性"还包括通用性、季节性和新颖性,可以通过提及当前趋势、季节性事件和新鲜事件来构建。

- 当前趋势:自拍是 2013 年的年度词汇,指用智能手机前置镜头拍摄的个人照片。

　　• 季节性事件：……英国公共卫生部门敦促居民，要确保今年冬天的房屋供暖(冬季开始时发布)；人们涌向海滩(夏天发布)；蓝山肉店的新老板下定决心，圣诞节前夕要避免第二波火腿抢劫导致的损失(12 月中旬发布)。

　　• 新鲜事件，包括变化和新发现：事情**发展**出乎意料；鲍泽说，非异性恋者缩写从 GLBT 变为 LGTB"与主流词汇保持一致"；40 年后，1969 年福特野马 Shelby GT500 **重见天日**；欧盟领导人选出**新的**高级外交官。

　　在第三种分类中，有观点认为，揭示、释放、发现、揭发、揭露等动词也能构成新鲜性，因为它们能表明报道信息是新信息(Bednarek 2006a：149)，但变化、发现等词的使用方法多种多样，这些方法在构建"新鲜性"和"时效性"方面的程度各有不同(Bednarek 2016b)。形容词"新的""新鲜的"和序数词"第一"也常用于表达"新鲜性"的不同方面，如一系列事件中的最新进展(如**新**调查后)、变动或替换(如欧盟领导人选出**新的**高级外交官)、职责变化(如将担任**新角色**)或"成为**第一**"(科学家**首次、首个**确凿证据)。由于第一次做某事的人能"创造历史"，因此"第一性"有时与"影响力"有关。在 2014 年美国中期选举的报道中，一些新闻以"第一性"来突出新闻价值。例如，《今日美国》[A]刊登了一篇标题为"政治**第一**：昨晚谁创造了历史"的报道，首段如下："11 月 4 日的中期选举具有**开创意义**，有多个原因。本次中期选举在五个方面**创造了历史**。"这将事件构建为影响力大(历史性的、史无前例)、新鲜度高(以前从未发生)的事件。4.2.9 节将提到，当描述罕见的、长时间未发生的事件时，"第一性"与"未预料性"相关，与"时效性"无关(如**自 1958 年以来首次**)。需要再次强调，不能机械地进行分析。比如，在文中搜索"第一"，不考虑意义和用法的情况下，认为所有"第一"都构建了"新鲜性"，这种做法不可取。

100

4.2.9　未预料性

> 通过话语将新闻事件构造为意外事件，如异常、奇怪或罕见的事件

　　"未预料性"可以通过对意外性的评价语言来构建(Bednarek 2006a：

79),如前置修饰词(**令人震惊的** 3.56 亿美元亏损、这是**最奇怪的丑闻之一**),还可以使用形容词(惊人的、前所未有的、不同的、少见的、稀有的、好奇的)和副词(异常地、意外地或出乎意料地、格外地)来构建。此处使用的语言是评价性语言,以描述事件各方面都出乎意料、奇怪或罕见。

例(22)是一篇有关警察暴力新闻的导语段,新闻用形容词将事件构造为意外事件。

例(22)

检察官在周三说,两名纽约警察被指控在布鲁克林拘捕一名十几岁的男孩时,对其进行殴打。在该市起诉警察暴力实属**罕见**,此案是特殊案例。(《赫芬顿邮报》[A]/路透社,2014 年 5 月 11 日)

本例中,定语形容词"特殊"和表语形容词"罕见"构建了事件的新闻价值,因为此事很少在纽约发生。

此外,描述人们的预期或惊讶之情(见例[23])同样能表明事件的罕见性,如没人能想到、人们实在无法相信、令人震惊的录像。[11]

例(23)

北科茨洛智力竞赛之夜发生了一起**震惊**事件,司仪发表了"性别歧视、种族主义、恐同言论"。这名司仪是西澳大利亚的一名大律师。(今日西澳大利亚[O],2014 年 9 月 1 日)

此外,"未预料性"可以通过与其他事件的对比来构建。与发生在过去的事件作对比,能反映当前事件的不同寻常之处(如很久未曾出现)。这些比较可以通过形容词最高级来构建,也可以用历史的标尺来构建,如××历史上"首次"(**16 年来悉尼最潮湿的** 8 月、自 **1958 年以来的第一次**)或其他比较结构(我在图文巴住了 20 年,从未见过这种事情)。对比可能会同时提升事件的规模,构建"重大性"。只有当序数词"第一"能证实事件的罕见性时,该词才能构建"未预料性"。如 4.2.8 节所示,"第一"更有可能构建"时效性(新颖性)"。

101

除了上述显性的资源外,大多数人都认为,罕见的事实也能构建"未预料性",如事实不符合既定的社会期望、物理定律、统计概率或生物趋势(请见第三章)。请见以下示例:

- 流浪汉将落入乞讨碗中的钻石订婚戒指归还女主人;
- 一女子凭借公交车站秘密拍摄的舞蹈获得了剧院的表演角色;
- 为反间谍侦查,德国议员正考虑重新使用打字机;
- 昆士兰一女子用背包抵御袋鼠袭击;
- 已故州议员即将连任;
- 瑞典南部的警察对自己进行了一次报警。

情景讽刺也属于上述讨论范围(例如,一位参加训蛇真人秀的肯塔基牧师被毒蛇咬伤身亡)。最后,对比、让步和否定与"未预料性"有关(Bednarek 2006a:48-49,White 2006:235)。例(24)同时使用否定和评价性形容词,构建了未发现尸体的"意外性"。

例(24)

事情的发展出乎意料,克赖斯特彻奇被地震摧毁的大教堂内未发现尸体(新西兰电台[PO],2011 年 3 月 5 日)

尽管需要关注词汇、语法和语用否定、对比、对立等资源(Jeffries 2010,M. Davies 2013),但是确定语言手段是否构建"未预料性"时,需要考虑语境。例(25)使用"尽管"(even though)一词进行对比,将主要新闻事件构建为意外事件,但例(26)中的"尽管"却没有该作用。

例(25)

结果显示,**尽管**华盛顿现任民主党州议员已于上周去世,但是他即将在周三连任选举中取得决定性胜利。(NBC 新闻[A]/路透社,2014 年 11 月 6 日)

例(26)   102

尽管本周北京亚洲峰会上奥巴马与普京短暂会晤,但是事态发展反映了美国和俄罗斯之间日益紧张的关系。(福克斯新闻[O],2014 年 11 月 13 日)

讽刺的是,对比和否定(**加粗**)塑造不符合预期的新闻人物时,也产生了刻板印象(下划线)。请见例(27)至例(29)。

例(27)

他的家族是该国最著名的家族之一,**但由于没有**超级名模、辉煌的赌场、好莱坞派对朋友、超级游艇或私人飞机,无人知晓他的家族血统。唯一能看出现年 52 岁的 Francis Packer 优越家境的迹象是……(《悉尼先驱晨报》[A],2014 年 8 月 29 日)

例(28)

记者:东京是一个因职业道德而闻名的城市。**但**有一天,公司老板却让一些员工留在家中,以节约用电。(美国国家公共广播电台[PO],2011 年 3 月 18 日)

例(29)

现年 30 岁的 Nate Duivenvoorden 看上去和其他橄榄球运动员别无二致。他是个矮墩的前卫,在球场上像其他球员一样踏步、铲球、传球。但是,Duivenvoorden 先生又和其他橄榄球员完全不同。2000 年代初之前,他是一位女性。(《悉尼先驱晨报》[P],2014 年 8 月 30 日至 31 日)

以上三个例子分别提到了对澳洲知名的 Packer 家族(例[27])、东京上班族的职业道德(例[28])、橄榄球运动员(例[29])的刻板印象,目的只是通过否定来构建"未预料性"。但新闻的刻板预设反而加强了刻板印象,从而构建了所谓"正常"或"典型"的意识形态。

4.3 新闻价值与案例分析

为了方便阅读,4.2节在说明语言资源时,每个示例大多只讨论了一个新闻价值,忽略了其中的其他新闻价值。然而,一则新闻的新闻价值通常不止一个。

例(30) 103

苏格兰人民即将面对历史性机遇,在明年大选前规划本国联邦政府的未来。周六晚,最新民意调查结果出人意料,首次让苏格兰独立运动拥有了微弱优势。

统一派内部成员处在恐惧和谴责之中,他们担心9月18日公投反对派将获胜。《观察家报》获悉,几天之内,反独立阵营将宣布权力下放公告,以阻止国家主义思潮。(《卫报》[A],2014年9月7日)

在例(30)中,事件通过"接近性"(苏格兰、本国)、"时效性"(周六晚、新民意调查、首次、几天之内)、"影响力"(历史性)、"未预料性"(出人意料)、"负面性"(恐惧、谴责、反独立阵营)、"重大性"(恐慌)和"精英性"(统一派内部成员),为英国观众构造了新闻价值。本例并非例外,一则新闻报道通常会使用多种新闻价值(请见第八章)。

不同新闻机构在报道同一事件时,可能会强调相似或不同的新闻价值,并且可能会采用相似或不同的语言资源。这也会受到共享输入材料(如来自新闻通讯社的报道)的影响。表4.2简要比较了2014年11月19日澳大利亚、英国和美国在线新闻网站对同一事件报道的导语段,以对此进行说明。

表4.2 三个导语段的示范分析

澳大利亚	英国	美国
耶路撒冷已经因紧张的宗教关系而四分五裂。四名犹太教徒在正统犹太教堂中被残忍杀害,此事进一步将耶路撒冷推向动乱边缘,很多人担心动乱会升级为另一次巴勒斯坦起义。一名以色列警察也在事故中丧生。(《悉尼先驱晨报》)	在周二早上的耶路撒冷犹太教堂袭击案中,四名犹太教徒丧生,其中包括三名美国人和一名英国人。(《卫报》)	周二早上,五名以色列人在犹太教堂惨遭杀害。许多居民忧心忡忡,担心会出现最糟糕的局面。耶路撒冷将不再是宗教胜地,而是陷入恐怖袭击和暴力抗议的恶性循环。(《华盛顿邮报》)

104　澳大利亚和美国新闻网站主要通过负面影响("负面性""影响力""重大性")来构建该事件的"负面性",它们不仅使用了负面词汇(紧张、恐怖袭击、暴力抗议),而且还提及许多人的负面情绪(很多人担心,许多……忧心忡忡),使用了强化评价性语言(残忍杀害,惨遭杀害、最坏的)。两者都强调了事件可能带来的巨大负面影响(推向动乱边缘,会升级为另一次巴勒斯坦起义,会出现最糟糕的局面,许多居民忧心忡忡,耶路撒冷陷入……循环中)。两篇报道的主要区别在于,《悉尼先驱晨报》还构建了"弱精英性"(警察)。《华盛顿时报》明确构建了"时效性"(周二早上),而《悉尼先驱晨报》用现在完成时(已……推向)等手段来间接指明时间。两段导语都将事件构造为具有较高新闻价值的事件。相比之下,《卫报》则强调"接近性"(三名美国人和一名英国人)和"时效性"(周二早上),其仅使用负面词汇(丧生、袭击案)来构造"负面性"。英国的报道在构建新闻价值时,语言更加谨慎。虽无法在此提供完整的分析,但例(30)表明,本章介绍的分析框架可用于研究新闻价值在微观层面的语言构建,探究如何将事件包装为新闻,哪些新闻价值应强化,哪些是稀缺或缺失价值,新闻价值如何在一则报道中被结合使用(请见本例),以及不同新闻机构的同一报道存在何种相似或不同。因此,该框架能为研究作为语言实践的新闻提供重要视角。

4.4　结束语

Cotter 认为,"为了履行职能(并生存),媒体必须持续吸引读者的兴趣和注意力"(Cotter 1999:167)。她的观点十分正确。本章概述的新闻价值就是吸引读者的一种方法,但并非唯一的方法。此外,构建新闻价值的资源可能具有其他作用,如构成新闻六要素,即谁、何时、何地、事关什么、什么方式、为什么(who, when, where, what, how, why)(Bell 1991:175),或增强真实性、可信度和客观性(van Dijk 1988a:84-85,93,1988b:114,243)。

更重要的是,语言和新闻价值之间不存在一对一关系。一方面,可以用同一语言手段来解释不同的新闻价值,如准头衔既可以构建"精英性"(顶级科学家克里斯托夫·加博尔),也可以构建"平民性"(两个孩子的母亲阿德金斯女士)。另一方面,同一语言手段可以同时构建多个新闻价值,如用负面强化词汇来描述事件影响（黑色星期六的森林大火肆虐多个城镇）。

　　但本章的目的是介绍语言资源，并将其用作分析框架来系统分析新闻话语。第六章和第八章将通过个案研究来说明其应用方法。研究者也可以选择性使用该分析框架。例如，研究人员可能对多个新闻中"一致性"的构建十分感兴趣，那么就只需关注这一个新闻价值。但需要再次强调，上下文和语境非常重要。本章的资源清单不能机械地、不假思索地用在 DNVA 中。例如，将每个时间参照都视为构建"时效性"，将每个第一人称复数和地点都看作构建"接近性"，或者将每个机构或因果关系都视为构建"影响力"，这些做法并不合适。语言是多功能的，上下文和语境不同，词义也会变化。至少需要考虑新闻媒体的目标受众、发布时间及地点。条件允许的话，研究者还需要仔细考虑文本中每种资源的潜势（如其首选含义）。例如，该资源是否将事件构建为负面、意外、最近或近期事件？语言分析并非严谨精确的科学，对文本会有不同解读。为了使分析更可靠，可能需要研究新闻媒体及其目标受众，最好对目标受众的文化有一定程度的了解。分析时，应关注含义明确或明显且无争议的新闻价值，如众所周知的刻板印象（"一致性"），或灾难、犯罪等社会认同的负面行为（"负面性"）。这种做法会增强分析的可复制性。

　　除了应用 DNVA 时需要格外注意的事项外，该方法的独特优势之处在于，它建立了符号资源和新闻价值之间的明确联系。研究人员能基于语言框架，以合理方式进行新闻话语分析，而非单凭直觉判断。DNVA 可以梳理新闻价值的识解方式，从而使研究人员关注语言结构的微观层面，而非内容或文本的宏观层面。本章介绍了语言分析资源，其他学者可以在随后的研究中进行应用或调整。若分析对象包含语言外的符号资源，则 DNVA 也提供了视觉资源框架，下一章将详述此点。

注释

1. Van Leeuwen(1984,1992)认为，新闻广播员的语调与事实性、公正性、公信力和权威性相关，但这不属于本书定义的新闻价值。Van Leeuwen(1984,1992)也认为，广播员的重音词往往会构建"重要性"。他认为，广播员的快节奏和突然断音与紧急性、时效性和夸大性相关(1999：64)。他还提出，"语音上的紧迫感可以……表明新闻的即时性和时效性"(Van Leeuwen，1984：95)。Bednarek(2016a)指出，强调某个单词是为了强调语法和词汇资源构建的新闻价值。

106

2. 此前，我们将隐喻和新闻结构归为"一致性"。由于"一致性"的概念发生变化(请见第三章)，此处不再将两者包含其中。

3. 引用新闻机构不能构建"精英性"，因为我们通常不将机构视为新闻个体。如下示例有关"他人传闻"(Geis 1987：86)或"嵌套引用"(Garretson & Ädel 2008：178)：据福克斯新闻报道，**国土安全部联邦保护局**确认车辆为本局车辆。(《每日邮报》[O]，2014 年 11 月 19 日)我们仅将加粗的角色标签视为"精英"，新闻机构的名称(下划线)不算在内。引用新闻机构作为消息源具有其他功能，但并非构建新闻价值。

4. Almeida(1992：249)将假设情景定义为"不被认为是现实的情境"，包括未来情境和非现实的现在或过去的情境。

5. 此定义与其他定义不同。其他定义不考虑上下文(White 2004：231)，将带有明显否定或肯定含义的表达都视为负面评价性语言。毫无疑问，在没有语境时，"危机"一词也有负面意义。White(2004)将其归为"态度类"词语。但"危机中的佐治亚联盟"等短语并未指明说话人/作家的态度，以及他们是否赞同/不赞同、庆祝/哀叹这场危机的发生。本书倾向于将类似例子视为负面词汇，而非评价性语言。

6. 此处只限于新闻人物之间的不同意见，以此排除采访风格的影响。采访风格可能会在新闻工作者、采访者与新闻个体、受访者之间形成对立 (Clayman 1990，Greatbatch 1998，Garces-Conejos Blitvitch 2009，Clayman 2010)。

7. 根据作者定义，"平民性"并不包括对观众的直接称呼。

8. Martin 和 White(2005：140 - 152)提出，所谓"级差"(GRADUATION)的相关语言资源包括：语法强化或加强词，描述数量、质量、范围的语法或词汇(较少见)修饰词，利用词汇、隐喻和明喻，比较级、最高级和重复进行强化。尽管本书没有采用此框架，但是我们以该分类为基础，讨论 4.2.7.1 节及其后的"重大性"语言资源。需要指出的是，并非所有级差手段和示例都能构建"重大性"。级差体系仅包括互动意义(如排除精确数字)，它还包括了一些通常不用于构建"重大性"新闻价值的资源，如模糊限制语(某种程度上)和降低程度的资源(略微、有点)。

9. Martin 和 White(2005：151)没有讨论具体表达方式，而是将时间范围视为一种级差资源。但时间范围中包括"最近抵达"等表达，它们构建了"时效性"，而非"重要性"。

10. 新闻机构将特定新闻报道称为"即时新闻"，或使用说明等其他方法来突出"即时性"，这些是对新闻报道、时间、记者位置的元评论。元评论将"报道"包装为全新新闻，将记者包装为身处现场。虽然元评论可能会影响观众认识，使观众将其当作新事件，但是由于讨论范围不同，本书不考虑相关示例。

11. 震惊/震惊的、惊讶/惊讶的、冲击带来的损失、大吃一惊、令人震惊的视频等表达是否属于意外性评价语言，能够表达惊奇，这一问题仍有争议(Bednarek 2009：119 - 124)。

第五章

视觉资源和新闻价值

5.1 引言

前一章介绍了构建新闻价值的语言资源,本章则侧重视觉资源。开发视觉资源的过程中,我们借鉴了社会符号学的开创性著作(van Leeuwen 2005,2006a,2008,2011;Kress & van Leeuwen 2006),以及 Caple(2013a)关于构图平衡的论著。此外,我们还参考了语言和图像之间的相似性。例如,句子中词语的重复(如车堆车)与类似图像中描绘元素的重复(如汽车堆积在一起),都构建"重大性"这一新闻价值。因此,我们借鉴了语言和视觉资源的可比之处。但原则上,视觉资源主要是使用归纳法来分析新闻报道得以确定。

虽然新闻中的视觉资源不仅仅包括图像(还包括漫画、插图、图形),但是本章重点关注新闻图片。新闻图片在新闻叙事中发挥重要作用,共同传递新闻内容,因此理应得到重视(Caple,2013a,待出)。新闻图片长期以来被认为是事件的视觉背书(Dondis,1973;Zelizer,1998;Barnhurst & Nerone,2001;Bignell,2002)。图片可以用来吸引读者去关注新闻故事,引导读者深入关注报道议题,甚至它们本身也可以单独成为新闻故事(Bednarek & Caple 2012a)。图片还能够构建新闻价值。新闻图片通常伴有文字(说明、标题、段落)。读者(和研究者)通常同时阅读报道的语言和视觉资源。然而,由于本章的主要目的是介绍构建新闻价值的视觉资源,因此分析仅限于新闻图片,不依赖附带的文字来阐述新闻图片意义。第八章的多模态分析会讨论文字和图像的关系。囿于研究内容,本章将简述构建新闻价值的其他符号资源,如排版、布局、框架、色彩等,但不提供完整的列表。

5.2 新闻图片与新闻价值的关系

如第二章所述,现有研究很少关注图片与新闻价值之间的关系,讨论常限于图片的可及性和质量(Harcup & O'Neill,2001:274),而且也未解释何为"好"图片,以及选取新闻图片的标准。考虑到电视新闻"几乎总是依赖于图片"(Montgomery,2005:251),以及大多数在线新闻应用程序中的视觉资源已经占据中心位置,这些讨论的说服力便骤降。也就是说,"好"新闻图片的可及/普遍对于探讨新闻价值如何构建毫无贡献。

因此,有必要探寻其他方法来评估视觉资源对构建新闻价值的贡献。第二章提到,Hall(1973)认为,有新闻价值的图片应该描绘涉及意外、戏剧性和最近事件的精英人物。研究新闻图片的内容,即图片描绘了什么,这种思路与我们的话语分析视角一致(既关注图片内容,又关注描述方式)。因此,我们认为,构成新闻图片的视觉资源具有构建新闻价值的潜势。

第一章介绍了识别这些视觉资源的概念和技术,在此略作回顾。我们可以从两方面来分析新闻图片:实际图片**内容**(图片框架中的内容);以及图片**捕捉/拍摄**方式(信息在图片框架内的排列方式[构图]和相机设置如何影响图片内容[技术能力])。如前所述,第一章介绍的部分术语借鉴自Kress 和 van Leeuwen(2006),但使用方式稍有不同,且始终以新闻价值为重点。再次强调,我们并未使用 Kress 和 van Leeuwen(2006)的图像元功能分析框架,而是使用了他们提出的选择系统。[1] 后续会以相机角度概念为例,对此作进一步解释。

从 Kress 和 van Leeuwen(2006:140)的观点来看,垂直的镜头角度和图像观看者之间的意义关系为"权力"关系。高相机角度意味着"从高权力的角度来审视被表征参与者[被拍摄者]"(140),也就是说,观看者处于更有权力的位置。低相机角度将权力转移给图像表征者,并赋予他们"凌驾于观看者之上的象征性权力"(140)。这就是 Kress 和 van Leeuwen(2006)所说的互动意义。新闻价值话语分析框架(DNVA)研究镜头角度在新闻价值构

建中的潜在作用,而非表征参与者和观看者之间的互动意义。因此,我们研 109
究了镜头角度如何增强图片内容所构建的新闻价值。例如,从低角度拍摄
美国前任总统奥巴马会**强化**他的精英地位,而拍摄普通公民则无此效果。
仅向观看者展示具有象征权力的角度,公民不会变成"精英新闻人物"(即地
位较高的新闻人物)。也就是说,"精英"的新闻价值不同于表征参与者或观
看者所获得的象征性"权力"。

　　该示例也提醒我们注意图片内容和图片拍摄之间的互动方式。再举一
个与动态图片有关的例子:相机晃动/移动会导致图片质量低、画面模糊不
清,这表明图片拍摄于某种极端条件之下。这些极端情况可能由多种因素
造成:图片内容显示,摄像师被聚会上的狂欢者包围(如新年前夜的庆祝活
动)。她在人群中捕捉庆祝活动和派对的热闹气氛,容易造成镜头晃动。此
外,极端条件可能涉及爆炸、枪击,或者当局与抗议者之间的冲突。面临危
险,摄像师需要躲避或后退,从而造成相机移动。这意味着,我们不能假定
模糊的图片(相机晃动造成)会自动构建"负面"。同样,也不能说相机晃动
或模糊的图片在这些场景中构建了"正面"和"负面";相反,其只是**强化**了内
容中已经构建的"正面"和"负面"。然而,当动作幅度极大或时间很长时,会
导致图片过度模糊(尤其是在动态图片中),它很可能构建"重大性"。

　　同样,静态图片中的噪点(颗粒感)可以产生多种效果。它可以提高图
片艺术感,增强图片的"美学吸引力",或者通过降低图像亮度、对比度和色
彩差异来突出内容,从而加强图片中已经构建的"负面"。本章末尾 5.5 节
的头版分析实例进一步讨论了噪点在强化新闻价值构建方面所起到的
作用。

　　总而言之,研究者不应把这些分析线索(内容、构图和技术能力)视为独
立个体,因为它们相互依存、相互影响。本节的讨论也强化了第四章提出的
观点:这个框架不应被当作某种自动核查表或规则手册,它对语境高度敏
感。该框架也不是封闭的资源列表。

　　本章后续将在之前研究的基础上,系统地介绍构建新闻价值的视觉资 110
源(Bednarek & Caple 2012a;Caple 2013a)。与第四章一样,下文将按字母
顺序来介绍新闻价值,顺序不代表优先级别。即使每个例子中包含其他新
闻价值,我们也将主要关注其中之一。表 A5.1(附录)汇总了所有资源。

5.3 图像中的视觉资源

5.3.1 美学吸引力

> 该事件通过话语被构建出具有美感的一面

可以从图片内容和图片拍摄两方面找到构建"美学吸引力"的潜在资源。就图片内容而言,人物、地点和环境现象因其自然之美而具有文化意义,我们仅仅通过拍摄其自然美就可以构建"美学吸引力"。然而,这一观点颇具争议,研究者需要逐一论证什么造就了美丽的人、地点和环境现象。

比如,许多资料都证实了北极光是种美丽的自然现象。旅游媒体将其描述为令人"叹为观止"的事件(英国《卫报》),而前往北极观看和体验极光被描述为"一生必去的旅行"(英国《每日电讯报》)。[2] 大批旅游公司组织游客去看极光并从中获利,亦可证明极光之美。图 5.1 的报道中使用了极光图片。这张图片通过拍摄具有文化意义之美的自然现象,构建了"美学吸引力"。然而,还有其他因素增强了这幅图片的"美学吸引力",尤其是构图。

图 5.1 新闻图片所构建的"美学吸引力"(加拿大广播公司新闻:格雷格·约翰逊供图)

画面右下角的暗色固体物（小屋）与广阔的天空和彩色光线形成一种平衡，光线从小屋沿着对角线轴向左上方扩散。这样的构图极具张力，可以使眼睛消解框架中不同权重元素之间潜在的不平衡，而由此产生的动态不对称则构建了"美学吸引力"。[3]

图片拍摄的其他技术因素也可以增强"美学吸引力"（见 Caple 2013a：115）。这些技术包括操控速度、感光度和光圈来控制光线、对比度、锐度和噪点。如 5.2 节所述，增加图片中的噪点可以提高图片的艺术感，而利用不同的语境，可以增强图片的"美学吸引力"。

5.3.2　一致性

111

> 　该事件通过话语被构建为（刻板的）典型事件（这里仅限于新闻人物、社会团体、组织或国家/民族）

经典服装、动作和属性可以广泛代表特定民族或群体，从而被视觉表征为持久的刻板印象。例如，报道慕尼黑啤酒节时对啤酒、女性乳房和传统服饰的描述（Bednarek & Caple 2012a：69），以及对朝鲜阅兵的视觉表征（Caple & Bednarek 2016：446）。举个不同的例子，大型体育赛事通常会吸引大批用衣服和配饰来表达忠诚度的球迷。他们的"粉丝"（fans）身份（即对支持的球队充满激情和赤诚，不仅仅是支持者）进一步体现在他们的表现与行动中：欢快地唱着队歌或赞歌，甚至呈现许多永久的身体艺术（图 5.2 例 C）。因此，图 5.2 中的三张图片利用视觉表征了足球迷持续的刻板印象，这些视觉表征为媒体的新闻受众构建了"一致性"这一新闻价值。

图 5.2 中的图片还隐含着关于澳大利亚和英国足球迷的其他刻板印象：融合（例 A 和例 B）与分离（例 C）。众所周知，在澳大利亚，澳式足球迷会在比赛中与对方的支持者混在一起，性别均衡，且以家庭为导向。事实上，同一个家庭的成员往往会支持不同的球队。因此，在图 5.3 中，对于阿德莱德的目标受众来说（《广告报》是阿德莱德的主要报纸），例 A 所描述的对抗非常典型，从而构建了"一致性"。另一方面，人们对英国球迷也有刻板印象，他们大多为男性，爱酗酒、有攻击性，有时会殴打对方球迷。因此，图 5.3 中的例 B 描绘了一个全球皆知的刻板印象，尽管这则新闻的目标受众是英国人。

112

113

图 5.2　与"足球"相关的典型行为、服装和装饰(例 A:《澳大利亚人报》:盖帝图库;例 B:澳大利亚广播公司新闻:斯科特·巴伯/盖帝图库　供图;例 C:英国《每日电讯报》:盖帝图库　供图)

图 5.3　澳英球迷的(刻板)典型形象(例 A:澳大利亚《广告报》:特里西娅·沃特金森　供图;例 B:英国《每日星报》:路透社　供图)

5.3.3　精英性

事件(包括但不限于所涉及的人物、国家或机构)通过话语被构建为具有较高的知名度

视觉资源通过内容和拍摄两种方式来构建"精英性"。正如第三章所指出的,我们视"精英"为标量(scalar,渐变体——译者注),就精英人物和地点的视觉描述而言,有些人更加知名。因此,展示广为人知且容易辨识的关键人物图片(如安格拉·默克尔这样的政治领袖),可以在广泛的受众中构建"精英性"(图 5.4 中的例 A)。其他鲜为人知的精英形象——例如,在特定群体拥有较高地位或特定领域具有专长的个人——仅描述他们难以构建"精英性"。图片中也可以包含场景的其他特征或方面,从而使人物置身于精英环境中(如在实验室)。因此,图像表征者所处场景的可识别性、属性、官方配饰、活动顺序和环境,都有助于构建人物地位。

例A　　　　　　　　例B　　　　　　　　例C

图 5.4　构建"精英性"(例 A: 加拿大广播公司新闻: 凯·普法芬巴赫/路透社　供图;例 B: 美国《赫芬顿邮报》: 维基共享　供图;例 C:《悉尼先驱晨报》: 美联社　供图)

例如,图 5.4 中的例 B 是从斜角拍摄的一张女性图片,她正注视着图片 114 框架外的一点。图片中没有任何迹象表明她地位很高:她身着一件羊毛开衫/夹克,看起来像是任何人在任何普通场合都可以穿的衣服,并非在文化上能够代表精英人士的商务装。因此,对大多数受众来说,图片内容本身并不能构建"精英性",除非受众了解生物伦理学研究或者诺贝尔奖获得者,因为此人是 2009 年诺贝尔生理学或医学奖获得者伊丽莎白·布莱克本教授

(Elizabeth Blackburn)。然而,在图 5.4 的例 C 中,布莱克本教授置身于医学实验室这一精英场景中,使用着高端技术设备。尽管大多数读者不认为布莱克本教授是具有较高地位的人士,但是她所处场景的属性、活动顺序及环境都有助于将她塑造为精英专业人士。

要说明的是,穿西装并不会自动地使人具有较高地位。例如,普通公民在出席庭审时也会穿着西装。再次申明,分析时应格外关注语境。然而,有些视觉属性,如精美服装和相关配饰,可以清楚地构建人物的较高地位。这些属性是语言"角色标签"在视觉上的等同体现,包括长袍(以及垂巾和帽子,如图 5.5 所示)、某些制服,以及衣服上的装饰物(如勋章、饰品或星章/杠),这些可能代表职级。人物携带或伴随他的其他标志(讲坛/标牌、旗帜)也可以彰显地位。例如,图 5.5 中有手持权杖者,表明(在英国和澳大利亚)紧随其后的人地位很高。

图 5.5　通过与表征参与者相关的属性来识解"精英性"(英国广播公司新闻图片:塔里克·乔杜里　供图)

例A　　　　　　　　　　　　　　例B

图5.6　通过人造建筑来构建"精英性"（例A：今日俄罗斯：斯坦·鸿达/法新社　供图；例B：《纽约时报》：桂·贝桑娜　供图）

某些事件会吸引大量媒体，当记者和摄像人员拿着麦克风与摄像机围绕着一个人的时候，就构建了"精英性"。一个人被官方人员（军人、警察或保镖）密切保护起来躲避狂热的粉丝也属于类似情况。我们还可以寻找到其他等同于语言角色标签的视觉标记，这些标记也可以在图片中以语言形式呈现，如"警察总部"标志或美国总统印章。

可识别概念是一个连续体，这也适用于构建人造建筑的"精英性"。许多出版物的目标受众，不仅是身处纽约的读者，都认识纽约联合国总部这类建筑。《今日俄罗斯》（成立于2015年）在英美国际新闻舞台上初来乍到，但它的英语受众也会熟悉纽约的标志性联合国建筑，如图5.6中的例A。对于不熟悉该建筑的受众来说，可以通过图片标题和新闻标题文字（联合国"总部"）来确定其地位。图5.6的例B中，大楼外聚集和排队进入大楼的人也有助于将此地描绘成重要的地方。

最后，图片拍摄的其他方面，尤其是构图/角度，可能有助于构建"精英性"。如5.2节所述，相机角度有助于强化图片内容所构建的新闻价值，而使用低角度本身并不能构建"精英性"。回看图5.6，例A使用低角度拍摄联合国总部，通过建筑物的可识别性（名声/地位）来加强已经构建的"精英性"。从图5.7中可以看出，自动将低相机角度与构建"精英性"联系起来是无意义

116

的。这张图片拍摄角度低,图中三位女性参与者在一场公共集会上手举标牌,与尼日利亚北部被博科圣地(Boko Haram)绑架的 Chibok 的女学生有关。这些女性都是"普通人物"(标牌上写有"我们的",说明她们可能是某些失踪女孩的亲属),我们分析这幅图片所构建的新闻价值为"平民性"和"负面性"。画面中的女性并没有因为低角度构图而变成精英或高地位的新闻人物。相反,低角度强化了图片中已经构建的"负面性",其引导观看者重点关注标牌上的文字("归还我们的女孩")。

117

图 5.7　低相机角度强化"负面"(《今日美国》:托尼·卡伦巴/法新社/盖帝图库　供图)

5.3.4　影响力

> 该事件通过话语被构建为具有重大影响或后果的事件(不一定局限于对目标受众的影响)

几个世纪以来,新闻媒体默认使用的硬新闻图片都是产生"后果"的(aftermath)图片,其展现事件严重的负面影响,如遭破坏场景、受害者的形象及其情绪。图片描述的这类内容构建了"影响力"这一新闻价值。事件的起因历来难以被摄影师捕捉到,除非他们在机缘巧合下,赶上了正在发生的事件,或者能够预测到事件的发生(尤其像飓风这样的自然灾害),并且不顾自身安危,从头到尾拍摄该事件。然而,数字革命彻底改变了这一点。如今,大多数人的手机都装有内置摄像头,而且现在可用的图片类型也发生了重大变化,往往先通过社交媒体,然后再由新闻媒体重新使用。目击者甚至受害者自己也开始拍摄和发布重大灾难的发生过程(如 2004 年南亚海啸、2005 年伦敦爆炸案:Liu *et al*,2009;Allan 2013)。[4]

　　图片生产和可及性方面出现的这种变化,导致构建因果关系(constructions of causality)的可能性不断加大。这说明图片能同时展示事件的因和果。我们可以通过电视新闻快报或新闻网站图片库中的图片序列或者并排放置两张图片来构建因果关系。但是,这样的图片序列有可能增加分析新闻价值"影响力"的难度。

　　比如,报道飓风事件时,可以使用下述任何情况的图片:飓风引起巨浪和风暴潮,会造成严重的洪水、财产损失和海岸线侵蚀,进而破坏动植物栖息地,导致人类和动物丧生。图片中描绘的此类因果链,尤其是当图片序列中存在间隔时,可能会导致研究者诉诸图片描述之外的内容来探讨"影响力"的构建。我们认为,飓风接近澳大利亚海岸的卫星图像并未构建"影响力"这一新闻价值(图 5.8 中的例 A)。相反,根据描绘的飓风大小(相对于

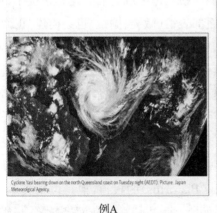

例A　　　　　　　　　　　　　　例B

图 5.8　澳大利亚新闻媒体对热带飓风的报道(例 A:澳大利亚《每日电讯报》:日本气象厅　供图;例 B:澳大利亚广播公司新闻:丽莎·克拉克/澳大利亚广播公司卡布里卡　供图)

澳大利亚地图)和密度,它构建了"负面性"和"重大性"。在此,我们可以看
到倒下的树木、堵塞的道路及损坏的电线。这些内容描绘了灾后场面。

5.3.5　负面性(和正面性)

> 事件通过话语被构建为负面(正面)的事件

"负面性"可以通过图片内容被构建,并通过摄影技术得到加强。描绘
负面事件后果影响的图片,除了构建"影响力"之外,还构建了"负面性"。表
现社会中负面事件的图片也会构建"负面性"。例如,描绘打破常规的行为
或冲突的活动序列,如群体之间的暴力冲突——可以是普通公民,也可以是
权威人物。表现人们经历负面情绪的图片构建了"负面性"(图5.10中的例
A),如有人被逮捕或戴上手铐及身陷囹圄(即涉嫌犯罪活动的视觉描述)。
4.2.4节已经指出,当我们看到新闻人物尖叫、哭泣或心烦意乱时,动态图
片可以表现出非言语的负面情绪。

5.3.3节指出,描述一个人被官方人员(军人、警察或保镖)簇拥着,或
者被媒体围堵,构建了"精英性"这一新闻价值。然而,这种描述有时可能会
诠释"负面性"。知名演员或体育明星在公开场合可能需要保镖,以免被狂
热的粉丝和媒体围堵。这类图片通常会显示为:名人面带微笑,与粉丝直
接眼神交流,或者直面镜头,且可能与粉丝握手或签名。这种情况下的元素
组合将会构建"精英性"。积极的面部表情(微笑、愉悦)也会构建"正面性"。

然而,明星有时会因为犯罪、丑闻、流言或讥讽他人而名声扫地。此时,
他们公开露面的话,仍然会被保镖、警察、律师和媒体包围着,但尽可能避免
与任何人目光接触,尤其会避开镜头,且面带严肃或消极的神情,或者试图
遮挡自己的脸。这类图片诠释了"负面性"这一新闻价值(见 Caple &
Bednarek 2016：450 - 451)。

图5.9中的两张图说明了环境如何影响新闻价值的构建。两则新闻都
是关于奥斯卡·皮斯托留斯(Oscar Pistorius)的报道,他是位精英运动员,
受媒体追捧和困扰。第一张图片(例A)中,皮斯托留斯面带微笑,与媒体保
持直接眼神交流。他身着学术服装,站在一栋大砂岩建筑入口处的台阶上,
像是一所著名大学的建筑。该图片构建了"精英性"和"正面性"。第二张图

片（例 B）中，皮斯托留斯面对媒体低着头，表情严肃。他身着西装，站在法庭的被告席上。该图片构建了"负面性"和"精英性"。

如上所述，摄像技术也可以被用于强化"负面性"的构建。动图中的相机移动、影像模糊，以及在聚焦和噪点方面较差的低质量图片，都暗示图片是在极其困难或不稳定的情境下拍摄而成，这可能会加强图片内容已经构建的"负面性"。

例A   例B

图 5.9 媒体混战与"精英性""正面性"和"负面性"的构建（例 A：英国《卫报》：杰夫·J. 米切尔/盖帝图库 供图；例 B：英国《每日先驱报》：美联社 供图）

"负面性"的对应面是"正面性"。新闻人物的消极感受可以由消极的面部表情和手势或姿势来表征，而正面感受则可以通过积极的面部表情和手势或姿势来直观地描述，以代表积极的行动、感觉或反应，从而构建"正面性"（如图 5.9 中的例 A）。对事件积极影响的描述，或者社会中被积极评价的事件图片（如颁奖典礼），也能构建"正面性"。在某些情况下，图片所构建的"正面性"可能会被语言中的"负面性"抵消。第七、第八两章的案例研究都以新闻人物的死亡报道为例说明了这一点。在此类报道中，图片通常是该人物"生前"（面带微笑）的图片，而文字却报道了他们的死亡。

5.3.6 平民性

> 事件通过话语被构建为具有个人或"人"的面孔（涉及非精英人物，包括目击者）

如果"平民性"这一新闻价值的作用在于赋予新闻以"人"的面孔,那么是否任何描绘人的图片都可以构建"平民性"呢? 答案是否定的。如第三章所述,该新闻价值仅指"普通人"(如目击者、幸存者或其他公民),而非精英新闻人物。我们还排除了图片库中常见的对人的泛泛描述(对此类图片的进一步讨论,详见第七章)。

新闻摄影中,与群体照片相比,个体照片更能构建"平民性"。如同"精英性"这一新闻价值一样,衣着、标志(非精英人士在照片中通常会手上拿着包)、活动顺序、环境等方面都可以用来评估被描绘之人是否"普通"。普通人之所以被媒体报道,通常是因为他们身上发生了什么事情。因此,普通人的反应,尤其是情感反应,也构建了"平民性"(如图 5.10 中的例 A)。[5] 在系列动图/电视新闻报道中,加入一系列普通人对着麦克风讲话的街头采访图片,也可以构建"平民性"。拍照或拍摄的场景也可以表明人物的"平凡",如图 5.10 的例 B 中站在街边公交站台前的一位女性。

图片拍摄的各方面都可以加强"平民性"的构建。就构图而言,特写镜头有助于聚焦人的情绪反应(图 5.10 中的例 A 和例 B)。相对于图像框架中的其他人,将一个人放在更突出的位置(如前景化)会增强对"平民性"的构建,因为此人代表了处于相同境况下的其他人。图 5.10 中的例 C 正是如此,一位母亲和她的孩子被极度前景化,从而使他们比背景中的数百人更加突出。两人都直接注视镜头。从众人中挑出这两个人,并借助构图,就构建了"平民性"。

| 例A | 例B | 例C |

图 5.10 新闻图片所构建的"平民性"(例 A:《悉尼先驱晨报》:图片未注明出处;例 B:《悉尼先驱晨报》:新西兰马尔滕·霍尔/费尔法克斯 供图;例 C:澳大利亚《每日电讯报》:林登·迈克尔逊 供图)

5.3.7 接近性

> 事件通过话语被构建为在地域或文化上接近出版地点或目标受众

"接近性"这一新闻价值可以通过在图片内容中加入目标受众熟知或了解的地标、自然特征或者文化符号来构建。因此,描述熟知的地点,可以说明事件发生在目标受众附近。旗帜是文化符号的一种示例,可以被用来构建"接近性"。在图 5.11 的例 A 中,教皇弗朗西斯向人们挥手致意。虽然图片中的旗帜代表了不同国家,但是有一面旗帜占主导地位——澳大利亚国旗。澳洲新闻网(news. com. au)刊登了这张图片,图片中的国旗为澳大利亚读者构建了文化上的"接近性"。

图 5.11 中的例 B 也发表在澳大利亚《每日电讯报》上,图中大量碎片覆盖在建筑物外的人行道上,因此构建了"负面性"和"影响力"。虽然不清楚这张图片的确切位置,但是电话亭上的澳洲电信标志为澳大利亚受众构建了"接近性",这表明所描绘的地方在澳大利亚某地。图片中对地点的文字指称(如标志牌中的文字)也构建了"接近性"。

例A   例B

图 5.11 新闻图片所构建的"接近性"(例 A:澳洲新闻网:路透社 供图;例 B:澳大利亚《每日电讯报》:瑞克·里克罗夫/美联社 供图)

5.3.8 重大性

122

> 事件通过话语被构建为高强度或大范围/大规模事件

　　事件的大范围/规模或高强度可以通过一系列视觉资源来建立,其中的许多资源本章已介绍过,包括对极端情绪的描述,如图 5.10 的例 A 中女性参与者表达的情绪;以及对比规模/大小的图片,如图 5.8 的例 A 中飓风规模与澳大利亚大陆的比较。图像框架内的元素重复也能构建"重大性"。图 5.12 中的例 A 显示,卡特里娜飓风之后,不单是一两栋房屋被淹没,整个郊区都浸泡在洪水中。图 5.12 中的例 B 不仅显示了 10 只蚊子同时聚集在皮肤上(从而也构建了"意外性"),而且将它们的细节和大小放大至我们平时无法看到的程度(比实际大得多)。

123

　　就摄影技术而言,相机移动,尤其是极度或长时间的移动,可能会构建"重大性",如通过强调危险的等级或庆祝活动的强烈程度(参见 5.2 节的讨论)。使用广角镜头,或者图 5.12 的例 B 中的微距镜头,通过夸大所描绘元素的大小或范围也可以构建"重大性"。

例A　　　　　　　　　　　　　　　　　例B

图 5.12　新闻图片所构建的"重大性"(例 A: 英国广播公司新闻: 美联社　供图;例 B:《悉尼先驱晨报》: 尼克·莫伊尔　供图)

5.3.9　时效性

　　根据出版日期,某事件通过话语被构建为具有"时效性"的事件,即新的、最近的、正在进行的、即将发生的、当前的或季节性的事件

　　与"接近性"一样,图片很难识解"时效性",除非它描述了易辨识的文化和环境条件——例如,圣诞树代表圣诞节,十字面包代表复活节,樱花或蓝

花楹代表春季——或者图片中有文字表示与出版日期相关的时间。图 5.13
中的例 A 是后者的一个示例，图中有当地报纸的布告板，板上写着横幅标题。
该布告板不仅说明了日期，还暗示飓风即将来临（标题中使用了现在时态）。
商店橱窗前放置的沙袋进一步说明了为即将到来的飓风所做的准备。

　　　　　例A　　　　　　　　　　　　例B　　　　　　　　　　　　例C

图 5.13　新闻图片所构建的"时效性"（例 A：澳大利亚《每日电讯报》：伊恩·希契科克/
盖帝图库　供图；例 B：《汽车研究》：图片来源未注明出处；例 C：英国《卫报》：
贾斯汀·沙利文/盖帝图库　供图）

　　初次经历某事件时，可以通过"揭开"等动作，在图片中描绘"新颖性"。
新车或科技产品发布之时，人们可能会期待遮挡布或幕布被掀起（如图
5.13 中的例 B），或者盒子被打开。发布会上，新产品显示在屏幕上，创造者
则在现场向众多记者和摄影人员解释新技术（图 5.13 中的例 C）。

5.3.10　未预料性

> 事件通过话语被构建为意外事件，如不寻常、奇怪、罕见的事件

　　如果构建"意外性"涉及不寻常、奇怪、罕见或怪异的事件，那么描述这
些事件的图片显然构建了"未预料性"这一新闻价值。大多数新闻网站都有
展现奇异事件的图片库。《华盛顿邮报》题为"年度最奇特图片"的图库首页
描绘了一只正在滑翔伞上的狗（图 5.14 中的例 A），这正是构建"意外性"的
例子。表现震惊/惊讶表情的图片也可以构建"未预料性"。在图 5.14 的例
B 中，澳大利亚跨栏选手萨利·佩尔森（当时叫麦克莱伦）意识到自己在北
京奥运会上获得银牌时，明显感到震惊。此外，还可以通过"对比"

124

（comparison）来构建"未预料性"，特别是描绘差异很大的内容时，如图 5.14 中的例 C 所示，世界上最小的狗奇普和它高大主人的合影。

例A   例B   例C

图 5.14   新闻图片所构建的"未预料性"（例 A：《华盛顿邮报》：吉姆·厄克特/路透社 供图；例 B：澳大利亚《时代报》：图片未注明出处；例 C：英国《每日镜报》：西南 新闻社 供图）

5.4   构建新闻价值的其他符号资源

如前所述，本书无法全面阐述其他符号资源对新闻价值构建的贡献。我们鼓励其他研究者继续探讨这一领域（增加跨文化视角可能会有助于揭示这一有趣的差异，详见第九章）。在此，我们将简单讨论排版、框架、色彩和布局。

5.4.1   排版

有一些文字排版技巧可以用来增强新闻价值。例如，大写可以吸引注意力，特别是在一连串的小写词语中，如英国《每日邮报》的下列标题：

例（1）*British man becomes first person to visit all 201 countries ... WITHOUT using a plane*（英国男子成为首个**不乘坐**飞机游遍 *201* 个国家的人）

例（2）*Tears of a mother who lost her FOUR children to Chicago's gun crime epidemic*（一位母亲的眼泪：由于芝加哥枪支犯罪流行，她痛失了四个孩子）

例(1)使用大写字母,加强了通过词汇语法所构建的"未预料性"。在大写单词前使用省略号(...),也让人容易注意到后面的内容,从而加强了该事件的不寻常性。例(2)描述了一位母亲的四个孩子死于枪支犯罪中,大写单词 FOUR 强调了"重大性"和"未预料性"。总的来说,不同排版方式吸引人们注意到并强化了通过文字所构建的新闻价值。

大众报刊(通俗报业)在头版使用醒目的标题(全部为大写字母)是非常传统的做法,这从 2011 年公布本·拉登死亡信息的报纸头版中可以略知一二(图 5.15)。可以说,这种标题表达正是为了突出和强化发生的事件。大字号、下划线和感叹号一起使用,可能增强了"重大性"的构建(另见Bednarek & Caple 2014)。

图 5.15　大众报刊的头版标题全部使用了大写字母

5.4.2　框架、色彩和布局

我们之前的研究表明(Bednarek & Caple 2014),将黑色背景框架置于文字和/或图片下层,可能会强化新闻价值。在图 5.16 中,2014 年 11 月 14日《纽约邮报》(美国)的封面完全使用了黑色背景,这似乎强化了页面文字所构建的"负面性"。颜色具有特殊的文化关联和"象征性特质"——黑色代表死亡、悲伤、恐惧、邪恶等负面内容(van Leeuwen 2011:2)。

需要再次提醒的是,探讨框架和色彩在新闻价值构建中的作用时应格外谨慎。许多新闻机构编辑的在线新闻图库中,默认模板通常是黑色框架。在这种情况下,框架不一定有助于构建新闻价值。正是通过打破排版、色彩和布局的常规与有标记的选择(marked choice)来吸引了人们的注意力,我们才注意到构建新闻价值资源的更大潜势。

图 5.16 头版新闻:"巴黎恐怖事件"(原文 PARIS TERROR 大写,译者注),
《纽约邮报》,2014 年 11 月 14 日,第 1 页

加强新闻价值构建的其他版面选项包括:一张图片占据报纸的整个头
版,通常有报头、标题和其他文字叠加在图片上。新闻以这种方式占据头版
时,表明报纸给予了该事件(和读者)全部的关注,因此可能说明这是个高度
负面的事件。图 5.17 中的头版就是这种情况。这里的布局通过强化负面
名词"恐惧"和视觉上对极端负面情绪的刻画,最大限度地通过文字和图片
构建了"负面性"和"重大性"。同样需要再次声明的是,评价布局时,需要注
意语境和惯例/标记性。大众报刊往往只在头版刊登一则新闻,这和横贯全
页的大标题一样,都是传统做法。优质传媒(特别是对开大报)很少在整个
头版仅刊登一则新闻。

在充实排版、框架、色彩和布局对新闻价值构建的贡献方面还需更多研究，尤其是在数字新闻环境中，新闻包装正不断创新。此外，在多模态的新闻报道中，将视觉资源和语言资源结合起来一同审视也很重要。下一节简要展示了一则头版新闻的案例分析。第八章的案例分析更为详细地讨论了多模态分析，且重点关注了语言和图像两种符号模式。

5.5 头版新闻：案例分析

本章已经介绍了视觉资源构建新闻价值的多种方式，第四章介绍了语言资源构建新闻价值的不同方式。针对新闻价值话语分析框架（DNVA）对视觉资源和语言符号资源及二者如何结合的解释力，我们可以通过下面一个简单的实例分析来一探究竟。后续章节的三个实证案例研究将就此提供更详细的展示。研究头版新闻可以很好地展示在构建新闻价值时可用的（视觉和语言）资源。

头版被称为"优等媒体空间，明确反映了新闻选择和等级"（López-Rabadán & Casero-Ripollés 2012：470），或者像业内专业人士所说，其是"新闻业最有价值的不动产"（Mnookin 2004：101）。整个二十世纪，头版是报纸销售业绩的主要战场，因此其设计也在不断地调整（Utt & Pasternack 2016）。一些新闻机构甚至雇用了"头版影响力团队"，负责寻找"推广新闻和分析单份报纸销售趋势"的方法（Shaw 2006：27）。设计方面的重要变化包括使用通栏大标题、使用更大的图片（通常为彩色）、插图、不同的栏宽、眉题（页面顶部的标题）及软文宣传（Shaw 2006；Utt & Pasternack 2016）。 128
报纸也减少了头版报道的数量（Tiffen 2010），而且随着许多报纸从对开大报转为（比大报小一半版面，译者注）小报，一篇报道就可能占据整个头版，如5.4.2节所述。对头版新闻组合的研究表明，本地新闻仍占主导地位（Shaw 2006），但是 Bridges 和 Bridges（1997：828）发现，1986 年和 1993 年，美国报纸头版呈现的主要新闻价值是"时效性"、"显著性"（Prominence）和"接近性"。

本章研究的报纸头版如图 5.17 所示，选自《西澳人报》，该报是澳大利亚西部帕斯的日报，政治立场偏右。它是澳大利亚唯一一家既不属于（鲁伯特默多克的，译者注）新闻集团（News Corp），也不属于费尔法克斯（Fairfax）的都市报(Tiffen 2010),这两大机构主导了澳大利亚的纸媒出版业。2011 年,《西澳人报》收购了七传媒集团(Seven Media Group),组成"七西传媒"(Seven West Media),成为澳大利亚最大的多元化媒体企业,出版业务涉及广播电视、电台、报纸、杂志和网站(雅虎第七频道)。"西部传媒"(在当地改名广为人知)宣称,每月跨平台读者达 180 万,男女占比分别为 52% 和48%,家庭平均收入为 10.5 万美元,80% 以上的人被认为是"专业人士""财务自由人士"和"社会上层人士"。[6]

图 5.17 中的头版发布于 2014 年 12 月 16 日,内容涉及 2014 年 12 月 15 日在澳大利亚发生的一起袭击事件。事件背景简介如下:2014 年 12 月

图 5.17　头版新闻:"恐怖直击我们的内心",《西澳人报》,2014 年 12 月 16 日,第 1 页(《西澳人报》:罗伯·格里菲思/美联社　供图)

15 日上午 9 时 45 分左右，一名持枪歹徒闯进悉尼中央商务区的一家咖啡馆，挟持了店员和顾客。歹徒与当局对峙持续了长达 16 个小时，事件于 2014 年 12 月 16 日凌晨 2 点在枪战中结束，歹徒和两名人质当场死亡。图 5.17 拍摄的画面是 2014 年 12 月 15 日下午 5 点，即事件发生 7 小时后，当时两名人质设法从咖啡馆逃离到安全地带。如图 5.17 所示，《西澳人报》对该事件进行了大篇幅报道（另有 14 页的"特刊"报道）。

先看头版的布局，版面被一张图片占据，语言文字（标题、副标题和图片标题）叠加在图片上。通过弱化框架，视觉和语言符号得以结合起来，以最大限度地强化它们之间的联系（Kress & van Leeuwen 2006：203 - 204），从而创造了单一信息元，也说明它们应该被一起阅读。"恐怖直击我们的内心，人质事件和歹徒占领"等语言文字构建了"负面性"。可以说，"恐怖"和"事件"是具有强化含义的词，因此也构建了"重大性"。澳大利亚的地点（悉尼市中心）等词语，以及包含性的第一人称复数所有格限定词"我们的"等词语，构建了"接近性"。还可以对此作进一步阐释，即"恐怖直击我们的内心"等短语的使用使得该事件不仅对悉尼居民，而且对整个澳大利亚人口都有情感冲击，包括了西澳大利亚的目标受众，他们可能正在 3,000 多公里外的帕斯阅读这一标题。也就是说，该事件被构建为对所有澳大利亚人都有影响的事件（构建了"影响力"这一新闻价值）。

从排版印刷来看，两个标题都是大写排版，主标题使用了非常大的字号。此外，图片的尺寸也尤其大，占据了这篇新闻的头版，底部是黑色框架。这似乎是有标记性的选择——2006 年《西澳人报》头版的平均新闻数量为 2.2 篇（Tiffen 2010：355）。这些视觉资源的组合，似乎强化了通过语言资源所构建的"重大性""负面性"和"影响力"。

现在来看图片分析，首先可以看到图片中有两个参与者：成年女性和穿制服的人，我们可以根据图片中的其他信息来更准确地辨识两人身份。通过女士穿着的棕色围裙可以看出，她从事服务行业（熟悉澳大利亚林特咖啡馆的读者会进一步意识到，她是该咖啡馆的员工，因为该店员工穿着独特的黑色和棕色工服）。图片中的权威人物是一名特警，这可以通过制服袖子上的徽章加以识别，通过全套防暴装备、头盔和防弹背心也可以判断出他是特警。活动顺序（图片拍摄那一时刻的动作）可以描述成奔向安全范围（并远离危险）：女性参与者的头发和右腿位置表明她在奔跑，两位参与者之间的抓握姿势表明这是一种保护而非攻击。该活动的环境未知，因为两位参与者占据了整个画面，从而抹掉了任何可识别的背景，这避免了把参与者固定在某个特定地点。我们还可以简要讨论一下该女士的情绪。在图片中，该女士的脸正面向读者，我们可以直接看到她的极端情绪反应。警察面部无法辨别，这更加深了该女士的情绪反应，因为警察背对镜头，这位女士和头盔完全遮住了他的脸。从面部表情来看，该女士眉头紧锁、双眼紧闭、嘴角朝下，可以认为她正在经历非常消极的情绪。至此，图片内容中的视觉资源组合构建了以下新闻价值：

- "平民性"：画面描绘的主角（面对镜头）是普通人；
- "精英性"：画面描绘了一名特警奉命保护他人；
- "负面性"：画面描述了危险场景（奔向安全地带；穿着防暴装备的警察）；
- "负面性"和"重大性"：画面描绘了女士面向镜头，情绪极为消极。

131
我们可以在图片内容分析的基础上，再加一层对图片拍摄的分析（即图片的构图和技术特质）。我们已经说明了这幅图片的构图特征，图中女性参与者的构图采取了正面（frontal）和水平镜头（eye-level angle），图片为中距镜头（mid-shot）并填满了整个画面。[7] 这些构图结构使这位女士及其情绪反应成为关注的焦点，从而增强了"平民性"。正面角度使观众可以直观看到女性参与者的负面情绪，因此增强了"负面性"。从技术上讲，该图片使用了高快门速度，通过长焦镜头，用低于平均灯光的条件来拍摄。高快门速度冻结了动作，长焦镜头简缩了动作并消除了背景（通过模糊/最小化景深），从而使焦点聚集在参与者身上。高快门速度和高感光度在图片上产生了粗糙的效果，从而进一步突出了画面中的动作。本例中，构图和技术增强了"平民性""负面性"和"重大性"。

综合来看（表 5.1），《西澳人报》头版使用的资源将这一事件构建为对普通民众，以及包括西澳大利亚目标受众在内的整个国家，都具有最大负面效应的事件。语言文字建立了"负面性""重大性""接近性"和"影响力"。"负面性""重大性"和"影响力"又在布局、框架及排版中得到加强。图片还额外构建了"精英性"和"平民性"，这些新闻价值与"重大性"和"负面性"相结合,确立了该事件对图片中的女性产生的极大负面影响。因此,视觉资源和语言资源相辅相成,共同阐述了该事件在个人和国家层面产生的极大负面影响。值得注意的是,"负面性"和"重大性"的构建与强化,既使用了语言资源,又使用了视觉资源,而正是图片中展示的普通人的困境("平民"),引起了受众的情感共鸣。这个案例分析说明,本章和前文介绍的框架可以用于研究事件如何通过多模态资源被包装成新闻,强调了哪些新闻价值,以及这些新闻价值以何种方式组合。这也可以被用来研究不同(语言/视觉)成分所起到的作用,以及它们是否相互加强、补充或冲突,从而为新闻作为多模态而非纯粹的语言实践提供了很好的视角。第八章会进一步讨论不同符号模式的贡献,第九章会继续讨论该事件的报道。

132

表 5.1　图 5.17 所构建的新闻价值

符号资源	新闻价值
语言	负面性、重大性、接近性、影响力
视觉	负面性、重大性、影响力
通过新闻图片中的排版、布局、框架等资源	平民性、负面性、重大性、精英性

5.6　结束语

本章介绍了可用于构建或强化新闻价值的视觉资源列表。我们一再强调的一点是,该列表不是用来进行分析的字典或法则。相反,我们把它看作一个可用于指导分析新闻话语中视觉资源的框架,如可以参考附录中的表A5.1。需要提醒的是,要高度重视新闻报道中所使用符号资源的意义潜式(meaning potential),以及目标受众和出版时间/地点。

本章主要关注的是新闻图片,而非布局、排版等,后者可以成为后期研究的话题。本章和第四章都为后续新闻价值话语分析提供了框架,也就是说,它们可以作为未来新闻话语研究的分析工具。我们会在本书后续部分提供案例分析,示范如何应用这些框架,并进一步说明新闻价值话语分析框架(DNVA)为当代新闻话语所能提供的启示……

注释

1. 提示：元功能方法假设符号模态具有三大功能："概念"或"表征"功能（表征我们周围和内心的世界）；"人际"或"交际"功能（展现社会关系）；以及"语篇"或"展示"功能（呈现连贯的整体）。

2. http://www. theguardian. com/travel/2015/oct/31/northern-lights-guide-aurora-borealis，检索日期为 2016 年 1 月 28 日；http://www. telegraph. co. uk/travel/activityandadventure/9496404/The-northern-lights-Trip-of-a-Lifetime. html，检索日期为 2016 年 1 月 28 日。

3. 通过构图和拍摄技术来构建"美学价值"的案例分析是基于 Caple(2013a)的研究，她研究了澳大利亚都市报《悉尼先驱晨报》某特定报道类别中发表的 1,000 张新闻图片。该研究中，Caple 使用"平衡系统"(Balance System)研究了图片的构图配置(Caple 2013a：97)，发现这上千张图片的构图都很平衡。虽然"平衡系统"是在分析这些图片的构图之基础上采用归纳法得来的，但是它与专业摄影师对对称性和动态不对称性的构图配置及审美享受之间的关系探讨密切相关。例如，在构图中使用对角线轴被认为是以更具挑战性和动态的方式来排列画面中的信息（Altengarten 2004；Präkel 2006），因为它产生的张力使眼睛消解了潜在的不平衡。由此产生的不对称性成为一种美观的构图形式，在摄影界备受推崇（Altengarten 2004；Präkel 2006）。对称性也可以产生平衡的图像，图像中的图案也具有美学愉悦感（Romano 2015）。然而，观看对称图片时的审美愉悦感可以通过打破对称性来增强（Caple 2013a；Romano 2015）。同样，对眼睛和大脑的额外刺激可以消解任何潜在的不平衡，从而提高图片的美感（Caple 2013a：116；更多的图片示例，请见 Caple 2013a：117 中的图 4.8）。

4. 尽管此类图片能够提供事件发生时更完整的画面，但是其同时也带来了重大伦理和道德问题，如图片内容可能侵犯隐私等。此类问题通常受到严格的学术审查，关于新闻图片伦理的主要研究，请见 Chouliaraki 和 Blaagaard(2013)，以及《视觉传播》(*Visual Communication*)2013 年特刊 12 期第 3 卷中的相关文章。

5. 普通人更有可能在图片中被描绘成"被施动者"(patient)，当然这仍需大规模分析来证实。

6. http://ratecard. thewest. com. au/circulation-a-readership，检索日期为 2015 年 10 月 6 日。

7. 术语"构图特征/配置"和"构成"在此指的是其在摄影技术上的意义，而非 Kress 和 van Leeuwen(2006)使用的元功能意义。

第三部分

实证分析

第六章

骑行者的新闻价值？

6.1 引言

本书共有应用新闻价值话语分析的三个案例研究,本章将介绍第一个案例研究。本研究关注语言分析,应用了语料库技术和工具(请见第一章),旨在说明新闻价值话语分析可以用来考察新闻主题或主体是否与特定新闻价值相关,可能带有意识形态倾向。本案例研究的主题是骑行,重点关注骑行者。研究分析了 2004 年至 2014 年间,美国、英国、澳大利亚新闻媒体有关骑行的报道。根据第一章介绍的拓扑结构(请见图 6.1),本案例研究位于区域 2,是单模态分析(仅限语言分析),主要聚焦于文本模态。

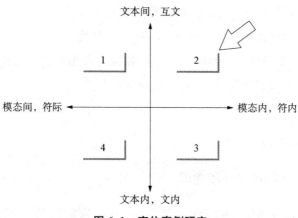

图 6.1　定位案例研究

选择骑行作为研究主题的原因诸多。一方面,灵感来源于个人经历。两位作者都骑车上下班,都在不同的地方居住过,各个国家和城市对骑车的态度差异很大。此外,骑车容易引起纷争,骑行者经常和其他道路使用者发生冲突,遭受身体和言语暴力与攻击(见 Walker 2015)。

另一方面,骑车和骑行者值得更多关注。在本章讨论的国家中,他们是"少数用户群体"(Davies 2015)。新闻话语语料库研究倾向于关注弱势群体,如寻求避难者或难民(如 Baker *et al.* 2008, Khosravinik 2009)、非通常意义上的双性恋群体(LGBTQI,女同性恋、男同性恋、双性恋、变性者等)(Baker 2005)、穆斯林群体(Baker *et al.* 2013a)。在环境问题方面,新闻话语的语言学研究涵盖气候变化(Grundmann & Krishnamurthy 2010)、可持续发展(Mahlberg 2007)、环境报道(Bednarek & Caple 2010,2012b),但几乎没有关于骑行报道的研究。唯一的例外是 Davies(2013,2015)有关英国公路法规的研究,该研究讨论了自行车道的使用规则和对不同的道路使用者的表征。

正如 Rissel 等人(2010:2)所述,非语言学研究很少涉及骑行。因此,研究骑行和骑行者的新闻报道十分必要,这也是进行本案例研究的主要原因。我们需要加深对此类新闻报道的理解,因为这"可能会影响公众对骑行者和骑行的认知,这对骑行的推广和公共政策支持都具有重要意义"(Rissel *et al.* 2010:2)。本章的分析基于以下两个重要假设:

1. 骑自行车在经济、环境、健康等方面益处多[1];
2. 因此,我们应该支持骑自行车,推动其普及。

本章的主要研究问题是确定与骑行和骑行者相关的典型新闻价值。此外,本章还会涉及其他问题,如责任划分。

6.2 语料库

6.2.1 语料库设计和建库

按照特定主题的新闻话语语料库研究既定的规则(Baker *et al.* 2013a),我们从 Factiva 数据库中获取新闻报道并建立了语料库。语料库中的文章均含有与"骑行"（cycling）相关的词汇,选自 2004 年、2005 年、2009 年、2013 年和 2014 年美国、英国和澳大利亚的报刊。我们参考了 Rissel 等（2010）的研究,决定使用 5 个年份来代表 10 年,其中包括一个中间年份。

　　我们希望能够涵盖不同的报刊,包括对骑行包容程度低和包容程度高的报刊、大众化报刊（POP）与主流大报（Q）。当然,这也受到数据库（Factiva）可选报刊的限制。 139

　　表 6.1 列出了语料库中的报刊和出版城市。这些城市的自行车文化环境不同,骑行的普及程度不同。例如,在布里斯托尔,骑行十分普遍（Davies 2015）。2001 年至 2006 年间,墨尔本的骑车人数增幅超过了悉尼（Rissel *et al.* 2010：6）。包容程度高低的划分依据是来源于网络的不同数据,有的区分了骑行友好城市和危险城市（如网站 bicycling.com、新闻报道、博客）。划分标准仍有待商榷,因为骑行文化可能会随时间发生变化。例如,2014 年,bicycling.com 将纽约评为适合骑自行车的城市（位列第一）；但 2012 年,纽约的排名降至第七。孟菲斯在 2008 年和 2010 年的排名很低,但 2012 年被评为"改善最大的城市"[2]。此外,即使骑行在某城市十分危险,该市的政治家也可能是骑行的坚定支持者,如曾任伦敦市长的鲍里斯·约翰逊。在支持或反对骑行方面,报刊有各自的立场。例如,《伦敦晚报》提倡安全骑行,而《每日电讯报》因反对骑行而备受批评[3]。换言之,每个城市、每个报刊都可能代表不同的骑行文化环境。然而,由于很难准确衡量报刊的骑行文化,因此表 6.1 仅对城市进行了分类。表格中包括了大众化报刊和主流大报,但值得一提的是,某一国家的大众化报刊可能在另一个国家并不"大众化"。此外,很难对地方报纸、区域报纸和免费报纸进行完全分类。 140

表 6.1　语料库中的报刊

国家	骑行文化	城市	新闻媒体
澳大利亚	对骑行包容度低	悉尼	《悉尼先驱晨报》（Q） 《每日电讯报》（POP）
	对骑行包容度高	墨尔本	《时代报》（Q） 《先驱太阳报》（POP）

续　表

国家	骑行文化	城市	新闻媒体
英国	对骑行包容度低	伦敦	《伦敦标准晚报》(POP)
		布拉德福德	《阿格斯报》(POP)
		格拉斯哥	《先驱报》(Q)
	对骑行包容度高	牛津	《牛津时报》(Q)
		布里斯托尔	《布里斯托尔邮报》(POP)
美国	对骑行包容度低	孟菲斯	《商业诉求报》(Q)
	对骑行包容度高	纽约	《纽约时报》(Q)《纽约邮报》(POP)

如下为在数据库 12 家报刊中检索文章时使用的索引语法:

> cycling OR cycled OR cyclist* OR bicycl* OR biking* OR bike* OR "to cycle" OR cycleway OR cycle path* OR cycle rac* OR cycle rack* OR cycle route* OR cycle shop* OR cycle lane* OR cycle helmet* OR cycle horn* OR cycle batter* OR cycle clip* OR cycle shorts OR cycle track* OR racing cycle* OR cycle highway* OR cycle superhighway* OR cycle super highway*

＊代表任意字符数,""代表精确短语。各术语的出现频率请参见附录表 A6.1。

该检索语法涉及的术语比 Rissel 等(2010)的研究更多,经多次反复试验才得以确定。例如,不同报刊使用了不同的英语变体,因此需要包括动词"骑自行车"(bike)和"骑行"(cycle)。但是,我们也不能单独搜索"骑行"(cycle),否则最后会检索出许多不相关的结果(如暴力循环[cycle of violence]、恶性循环[vicious cycle])。研究不想完全排除该词,因此在检索中用了它的动词变体(如 cycling, cycled, and to cycle),以及牛津英文字典中列出的该词的常见复合词。为了将结果相关性最大化,我们利用 Factiva 的搜索选项,仅搜索标题和导语段落,自动排除了反复出现的定价、市场数据、讣告、体育新闻、日历和重复内容。

虽然搜索时限制了搜索项,但是我们要确保语料库中只包含关于骑行的相关新闻。因此,负责汇编数据的研究助理浏览了每个搜索结果,排除了与骑行无关的新闻、简略提及自行车或骑行的新闻、体育新闻(关于体育赛事/比

146

赛)[4]、有关其他类型自行车的新闻(摩托车、健身脚踏车)、观点文章、社论、读者来信、"仅有照片"的新闻和其他非新闻文章。此外,一位作者快速浏览了研究助理提供的全部文本,又删除了一些文本。[5] 本研究采用 Rissel 等(2010)的做法,排除了一些新闻报道,这与其他新闻话语语料库研究有所区别,其他研究很少对文本进行人工检查,如文本对意见文章和新闻不作区分。

　　快速浏览时,我们还对文件进行了粗略编辑,修改了明显的错别字或错误。例如,一篇新闻开头讲述了骑行故事,其后内容和骑行毫不相干。由于并非所有文件都有图片说明,因此我们在编辑时删除了全部图片说明。然而,由于要速读 2,000 个文件,因此我们无法保证能找出所有错误。语料库文件可能存在细微差异,如一些文件可能有撰稿人署名(某记者写到)、地名(孟菲斯)、提及相关内容的指示词(社论评述请见第 21 页)、评价性元注释(独家)、栏目标题(我的小生意),而其他文件却没有此类内容。极少数文本不完整(如缺少标题或句子结尾),但仍出现在语料库中。这些是次要问题,不太可能对结果产生重大影响。

6.2.2　语料库构成

　　最终语料库由三个子语料库构成,其中的 386 篇新闻报道来自澳大利亚报刊,906 篇新闻报道来自英国报刊,395 篇新闻报道来自美国报刊。语料库共含有 1,687 篇新闻报道,总词数 506,324(数据基于 Wordsmith 的文本形符统计)。下文将称该语料库为"骑行语料库"(CyCo)。表 6.2、表 6.3 和表 6.4 提供了更详细的信息。表格显示,虽然澳大利亚语料库最小,但是其却是最均衡的语料库,不同报刊的新闻报道占比相似。相比之下,英国子语料库最大,但《牛津时报》的报道很少,《布里斯托尔邮报》和《伦敦晚报》的报道占多数。此外,英国子语料库中没有《牛津时报》和《阿格斯报》在 2004 年与 2005 年的报道。最后,在美国子语料库中,纽约的新闻报道多于孟菲斯的新闻报道,这是因为 Factiva 上没有合适的孟菲斯"大众化"报刊,也无法找到另外一个"对骑行包容度低"的美国城市。还需要强调,三个子语料库不能代表各个国家或地区的骑行或者骑行者新闻。美国的三家报刊显然无法代表美国的新闻报道,英国的地区或区域报刊只构成了该国全部新闻报道的一部分。

141

142

表 6.2 英国子语料库

英国	《牛津时报》		《先驱报》		《阿格斯报》		《布里斯托尔邮报》		《伦敦晚报》		总计	
	文章数	单词	文章数	单词	文章数	单词	文章数	单词	文章数	单词	文章数	单词
2004 年	0	0	6	752	0	0	51	12,208	13	3,857	70	16,817
2005 年	0	0	10	1,364	0	0	49	11,164	13	3,012	72	15,540
2009 年	22	4,558	18	4,381	28	5,326	77	21,846	50	16,422	195	52,534
2013 年	0	0	59	13,556	58	10,868	78	25,489	109	35,708	304	85,621
2014 年	0	0	47	9,294	67	13,481	67	16,845	84	25,513	265	65,133
总计	22	4,558	140	29,347	153	29,675	322	87,553	269	84,512	906	235,654

表 6.3 澳大利亚子语料库

澳大利亚	《每日电讯报》		《悉尼先驱晨报》		《先驱太阳报》		《时代报》		总计	
	文章数	单词	文章数	单词	文章数	单词	文章数	单词	文章数	单词
2004 年	26	5,388	7	3,494	18	3,497	11	3,394	62	15,773
2005 年	21	3,424	8	4,574	21	4,600	10	3,563	60	16,161
2009 年	17	2,912	16	7,876	14	3,371	21	9,030	68	23,189
2013 年	25	7,735	18	7,640	30	6,296	29	9,804	102	31,475
2014 年	28	6,983	19	6,403	30	7,139	17	6,569	94	27,094
总计	117	26,442	68	29,987	113	24,903	88	32,360	386	113,692

为了让读者初步了解语料库内容，图 6.2 通过词汇云，展示了语料库中的最常见单词[6]，词汇云中的词语能反映新闻话语的基本特征（Bednarek & Caple 2012a），如使用中立的引语动词"称"，还能反映新闻主题、检索词（骑行者、自行车等）、所代表的不同国家或城市（伦敦、布鲁克林、澳大利亚等）。词汇云能让我们初步了解语料库可能构建的新闻价值（如"被杀""受苦""危险的"构建了"负面性"，"数百万"构建了"重大性"，"伦敦""布鲁克林"构建了"接近性"，"发言人""政府"构建了"精英性"）。但是，由于此前的大部分语料库新闻价值话语分析都使用了频率分析，因此本章将采用不同方法。与先前研究一样，本章不会区分间接引语/引述和其他引语，因为它们都能构建新闻价值。

表 6.4　美国子语料库

143

美国	《纽约邮报》		《纽约时报》		《商业诉求报》		总计	
	文章数	单词	文章数	单词	文章数	单词	文章数	单词
2004 年	26	4,771	21	8,777	22	8,151	69	21,699
2005 年	27	5,248	24	11,952	9	3,319	60	20,519
2009 年	18	4,384	22	13,724	18	7,844	58	25,952
2013 年	70	18,973	24	19,865	26	10,719	120	49,557
2014 年	48	15,615	24	16,688	16	6,957	88	39,260
总计	189	48,991	115	71,006	91	36,990	395	156,987

6.3　"典型"新闻价值分析

144

首先，我们使用 ProtAnt（Anthony & Baker 2015a）来找出骑行语料库构建的"典型"新闻价值。由于语料库中包含不同英语变体（英国英语、美国英语、澳洲英语），因此我们必须将各个子语料库与合适的参考语料库进行对比。研究采用了 BE06 和 AmE06 语料库（Baker 2009；Potts & Baker 2012）作为英美参考语料库，词数均为 100 万。两个语料库各有 500 个文件，每个文件含有 2,000 个单词样本，涵盖 2006 年的 15 种体裁，分别为英式英语和美式英语。语料库设计与著名的 20 世纪 60 年代布朗语料库和 20

145

世纪 90 年代兰卡斯特-奥斯陆-卑尔根语料库相符。虽然澳大利亚英语语料库建于 1986 年,但是我们用该语料库的未标记版本作为澳大利亚参考语料库,因为两者设计相同(可访问 https://www.ausnc.org.au/corpora/ace,最后检索日期为 2016 年 3 月 22 日)。[7]

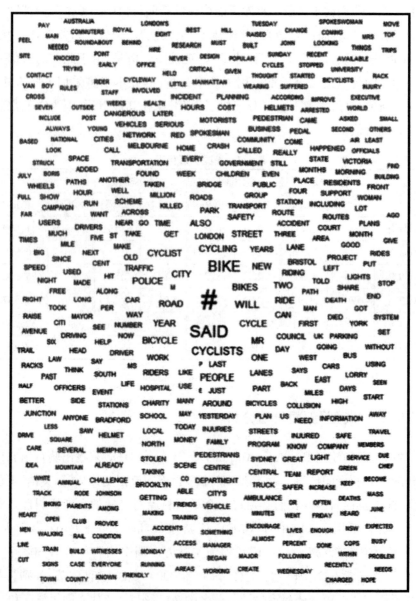

图 6.2　Wordsmith 词云(默认设置,使用停用词表)

对语料库最典型文件的 ProtAnt 排名（请见表6.5）表明，"负面性"是语料库构建的最典型新闻价值，新闻价值的构建与事件相关。新闻标题的"负面性"主要通过所谓的"负面词汇"来构建（请见第四章），如"受伤""死""致死""压""攻击""伤害"等动词，以及"冲突""车祸""事故""肇事逃逸""死亡""伤亡"等名词。在新闻标题中，受伤或丧生的人被称为"骑行者（们）""男性""骑自行车的姑娘""骑单车的女孩"，"个性化"程度较低。虽然标题是新闻报道的总结或摘要（Bell 1991：186），但是报道的余下部分可能构建了其他的新闻价值，因此需要分析完整文本。请见例（1）《牛津时报》的新闻报道，题目为《一名骑车女性在牛津车祸中受伤》。该报道构建了"接近性"（牛津、西牛津、亨利路与博特利路的交叉口）、"时效性"（正在接受治疗、今天）、"精英性"（中南部救护车服务的发言人），结尾部分还构建了"正面性"（伤情并不严重）。

表6.5 最"典型"的骑行新闻报道（ProtAnt）   146

	英国	美国	澳大利亚
前25个关键字（按重要性排列）	自行车，骑行者们，骑，骑车，骑行者，单车，道路，布里斯托尔，我，说，骑行，警察，伦敦，慈善机构，布拉德福德，撞车，你，货车，路，路线，先生，司机，那，事故，城市……	自行车，单车，说，脚踏车，城市，骑行者，骑行，车道，城，骑车的人，脚踏车，警察，街道，孟菲斯，公园，骑行，交通，车辆，骑自行车，自行车道，骑自行车的人，大道，分享，先生，布鲁克林……	自行车，骑行者，脚踏车，说，骑车，骑行者们，道路，骑行，城市，车道，骑车的人，骑，小时（通常和数字连用，构成千米/小时），墨尔本，注意，路，车辆，路，街道，车道，议会，交通，自行车道……
标题（当标题无法概括新闻内容时，本表格补充了额外的信息）	一名骑行者在牛津车祸中受伤（《牛津时报》，2009年） 布里斯托尔发生一起交通事故，骑行者抢救无效身亡（《布里斯托尔邮报》，2009年）	一名骑行者死于车祸（《纽约时报》，2004年） 男子肇事逃逸致人死亡，被当场抓获（《纽约邮报》，2004年）	骑行者大获全胜（《先驱太阳报》，2014年）（纳普辛政府将考虑在中央商业区修建高架自行车道） 骑车进城（《悉尼先驱晨报》，2014年）（悉尼地方政府区域的每日骑车出行次数有所增加）

	英国	美国	澳大利亚
	伦敦死亡的第六个骑行者（《先驱报》，2013年）	肇事逃逸事件中，一男子伤势严重（《纽约时报》，2014年）	自行车道的未来（《悉尼先驱晨报》，2013年）
	城市骑行者身亡（《伦敦晚报》，2013年）	骑自行车的人在肇事逃逸事件中死亡（《纽约时报》，2004年）	忙忙碌碌的头盔（《先驱太阳报》，2013年）（墨尔本自行车共享计划将推出免费头盔）
	一名骑行者死亡（《伦敦晚报》，2013年）	Bikes Plus扩大了在日耳曼敦的门店（《商业诉求报》，2013年）	一名骑行者身亡，复活节死亡人数上升为三人（《时代报》，2013年）
	骑行者仍未脱离危险（《布里斯托尔邮报》，2014年）	一名警官被骑行者撞伤（《纽约邮报》，2014年）	东西环线拟建自行车高速公路（《时代报》，2014年）
	骑行者死亡，另两人受伤（《伦敦晚报》，2013年）	一骑车女孩被公交碾压（《纽约邮报》，2014年）	城市车道扩建（《时代报》，2013年）
	骑行者在货车事故中受伤（《伦敦晚报》，2013年）	多名骑车女孩被车撞伤（《纽约时报》2005年）	一名骑行者死于车祸（《先驱太阳报》，2005年）
	重型货车发生车祸，一名骑行者死亡（《伦敦晚报》，2014年）	司机的暴力"周期"（《纽约邮报》，2013年）（昨天，一名头脑发热的市政工作人员被逮捕，因为他用车撞了一名骑自行车的人，然后在他的脸上打了一拳）	汽车撞伤三名骑行者（《每日电讯报》，2004年）
	骑行者在卡车事故中受重伤（《阿格斯报》，2014年）	一名骑行者死于卡车事故（《纽约时报》，2005年）	城市骑行者遭受阻力（《先驱太阳报》，2014年）（警方和市议会斥资22万美元发起运动，试图减少骑车超速的情况）

例（1）

一名骑车女性在牛津车祸中受伤

今天，西牛津发生了一起车祸，一名骑车女性正在接受医护人员的治疗。

该事故发生于上午 8 点 20 分，发生地是亨利路与博特利路的交叉口。

中南部救护车服务的发言人说："自行车与骑车相撞后，我们的医护人员提供了医疗救助。"

该女子仍在现场接受治疗，但伤情并不严重。（《牛津时报》，2009 年 12 月 3 日）

但由于其他新闻报道也包含许多关键字，因此它们的排名也很高。在美国子语料库中，一篇排名很高的短新闻涉及自行车业务的扩展（《Bikes Plus 在日耳曼敦增开了更多的商店》），新闻包含了"多辆自行车""自行车""孟菲斯""骑""自行车道"等关键词。美国子语料库中的另一则新闻讲述了官员被骑行者撞伤的事故，题目为《一名官员被骑自行车的人撞伤》。该报道含有许多关键词（骑自行车的人、撞、撞击、疼痛、医院、受伤、警方），从而也被归为骑行者受伤的新闻。这表明 ProtAnt 分析无法区分谁撞伤了谁。因此，我们不应认为骑行者撞伤他人是"典型"新闻。在我们的假设中，新闻报道中的骑行者通常是受伤的一方。

在澳大利亚子语料库中，排名最高的新闻包括：墨尔本自行车共享计划中的免费头盔试验[8]、针对超速骑行者的警方行动、悉尼骑车出行者攀升，以及关于自行车基础设施的几篇新闻[9]。要确定上述新闻构建的新闻价值，有必要进行深入研究。被构建的新闻价值可能包括"接近性"（墨尔本自行车共享计划、地方政府区域、东西环线、中央商业区）、"正面性"或"负面性"（可以认为自行车道构建了"正面性"或"负面性"，骑车超速构建了"负面性"）、"重大性"（每日骑车出行次数有所增加、斥资 22 万美元发起运动）、"意外性"（高架自行车道）。几篇新闻提到了自行车基础设施，这可能表明自行车道是澳大利亚骑行典型新闻的一个子类，也可能表明此类新闻近几年有所增加。Rissel 等（2010）研究了同一份报纸 1998 年至 2008 年的新闻，"自行车道改善"这类新闻的占比不足 5%。的确，如果对比 2004 年、2005 年、2009 年、2013 年和 2014 年的"单车道""轨道""路""车道""小道"

"路线"的出现次数,可以发现这些词在时间较早的新闻中很少出现(LL = 65.58, p<0.0001),分布(range)也较低(分别为 45% 和 61%)。此外,我们无法确定上述词语是否每次出现都指自行车道。这似乎能表明,近年来在自行车基础设施上的投资有所增加,从而反映了事件实质性新闻报道所面临的制约因素和机遇(请见第三章)。

表 6.6 是最不典型的骑行新闻,包括健康、时尚、商业新闻、学习骑车新方法的新闻、发明、电动自行车、自行车支持者或对政客的描述、不同寻常的骑行旅途(如骑车前往廷巴克图)。此外,表 6.6 中的新闻还涉及自行车团伙、运动员骑车去练习、一名骑车的人起诉广播电视台、司机拍摄不守交规的骑车者、100 年前的澳大利亚骑行者、自行车展、部长骑车、广告宣传等。与传统的硬新闻相比,其中的一些新闻显然在内容和风格上不那么"新颖"。此外,一些研究人员可能在骑行新闻语料库中排除了上述新闻(请见 6.2.1 节)。对于大多数非典型文件而言,ProtAnt 的分类是合理的。

149

表 6.6 最不"典型"的骑行新闻报道(ProtAnt)

	英国	美国	澳大利亚
标题(当标题无法概括新闻内容时,本表补充了额外信息)	车轮转动 自行车连锁店始于此处(《布里斯托尔邮报》,2014 年)	女孩让母亲重新开始骑车(《纽约时报》,2014 年)	火车上一直骑着单车? 一名学生用针对乘火车通勤者的新设计对此回击(《时代报》,2009 年)
	为何罗本打算再次骑车通勤(《伦敦晚报》,2004 年)	骑行活动人士得到支持(《纽约时报》,2009 年)	骑行者为一名丧生同伴暂停旅程(《先驱太阳报》,2005 年)
	哈福德将推出自行车商店(《阿格斯报》,2014 年)	SHIFT 牌单车可以消除学习骑车的恐惧(《商业诉求报》,2005 年)	撞死骑行者,醉酒司机获刑 13 年(《时代报》,2009 年)
	找到平衡──单车辅助轮时代已经过去,儿童学骑无踏板自行车(《布里斯托尔邮报》,2013 年)	自行车势力之争(帮派暴力,《纽约时报》,2005 年)	骑行者起诉喜剧电台(《每日电讯报》,2005 年)

	英国	美国	澳大利亚
	愤怒的司机拍下不守交通规则的骑车人士（《布里斯托尔邮报》,2014 年）	骑行者的夜间发光服装（《纽约时报》,2014 年）	一名女性骑车去往廷巴克图等地（《时代报》,2014 年）
	热衷骑行的迈克牢记县里的交通议程（《布里斯托尔邮报》,2009 年）	骑行者传递了上帝的旨意（《商业诉求报》,2013 年）	生命周期：一名不走寻常路的男子（《时代报》,2004 年）（受到一位女孩的精神鼓舞,约翰·劳埃德骑行环绕澳大利亚五次）
	自行车之美：布里斯托尔本周精选,手工自行车展（《布里斯托尔邮报》,2013 年）	据称自行车座椅可能导致男性性无能（《纽约时报》,2004 年）	两名骑行者不断变化的生命周期（《时代报》,2009 年）（莉娜和安德烈亚斯·基拉特 4 年骑行 3.1 万公里,终点几乎近在眼前;她们从德国经陆路来到墨尔本）
	双重目标：让女性骑行者高速行驶并保持时尚（《布里斯托尔邮报》,2013 年）	踏板的力量（电动自行车,《纽约时报》,2014 年）	通过互联网实现销售梦想（《时代报》,2013 年）（两年前,企业家詹姆斯·范·鲁恩和乔纳森·阿利亚拉凭借自行车出租公司赚取了微薄收入）
	风格革命（《伦敦晚报》,2009 年）	看到光明,找到平衡（夜光自行车,《纽约时报》,2014 年）	咖啡公司将工作与社会风味相结合（《时代报》,2009 年）（公司改装了自行车,专门销售批发袋装咖啡）
	未来自行车车展（《先驱报》,2013 年）（带超声波传感器的自行车）	骑行者需注意,自行车座椅可能会影响感情生活（《纽约时报》,2005 年）	这个骑手不简单（《悉尼先驱晨报》,2005 年）（一百年前,弗兰西斯·布里特斯骑穿越澳大利亚七次,当时还没有骑行道路）

更出人意料的是,表6.6中的两个文本与"最典型"新闻相似,即澳大利亚子语料库中骑行者死亡的两个文本("骑行者为一名丧生同伴暂停旅程""撞死骑行者,醉酒司机获刑13年")[10]。但第一则新闻的写作风格十分奇特,有时颇具诗意(一阵疾风吹向她,这阵风又急又猛,时机准得吓人;骑行者在休整的地方支起一顶顶帐篷,拥挤人群中出现一张面容),有时类似旅行新闻(大约在科胡纳和伊丘卡之间,默里山谷高速公路十分笔直,能见度极佳,可以看到山谷沿途光秃秃的小牧场和远处的树胶)。并且,新闻重点不在于事故本身,而在于纪念仪式。第二篇报道是法院报告,简要描述了一年前发生的事故和影响,还提到了相关人员背景,重点讲述了犯罪者信息。这解释了为何 ProtAnt 将这两个文本归为非典型文本。

151

ProtAnt 是新兴软件工具,虽然在一系列实验中表现得十分出色,但是尚未在所有情况下进行全面测试(Anthony & Baker 2015b)。开发人员认为,ProtAnt"总体比较有用,但也应注意到它的表现并不完美"(288)。由于语料库有1,687个文件,因此要单独找出最典型的和最不典型的文件,并测试 ProtAnt 的结果是否可靠,并非易事。但是,快速阅读所有文本之后,我们可以肯定,商业新闻并非美国子语料库的典型新闻,虽然 ProtAnt 的前十名中有一篇商业新闻。影响 ProtAnt 结果的因素之一,可能是语料库文件大小差异很大,也可能是骑行这一主题范围过于广泛,词汇差别太大。骑行新闻可能有关骑行者的伤害或死亡、支持或反对骑行或者修建骑行设施、名人骑自行车、骑行旅游和事件、骑行者行为不端或导致行人受伤或者死亡、自行车盗窃、骑行设施(Rissel *et al.* 2010)等。但 ProtAnt 能正确排列一般话题的文本,如涉及伊斯兰教的文本(Anthony & Baker 2015b)。[11]

总而言之,ProtAnt 的结果似乎是可靠的,但是还需要更多证据才能证明其确实可靠。除了将语料库中一些非典型的新闻排在前面外,我们还发现文本排名与词汇构成的语法结构无关(例如,骑行者撞他人或骑行者被他人撞)。最后,研究仅分析了排名"异常"的案例,即十个最典型和最不典型新闻,并且主要关注这些新闻的标题。因此,有必要进一步分析骑行语料库,证实"负面性"是否为最典型的新闻价值,以及通常如何构建"负面性"。下文将通过搭配分析和语料库检索来回答上述问题,并且还将说明如何结合一般新闻价值的分析("负面性")与构建该价值不同方法或种类的精准分析(请见第三章)。

6.4　骑行者的新闻价值分析

6.4.1　搭配分析简介

搭配分析有助于了解特定主题或实体所构建的新闻价值(Potts *et al.* 2015)。由于骑行新闻的主体是骑行者,因此我们在本研究中对"骑行者"(cyclist,cyclists)进行了搭配分析。"骑行者"的词根(cyclist*)是三个子语料库中出现最频繁的四个词汇之一(请见附录中的表 A 6.1)。除两例外(cyclista/cyclistist),检索结果中都是"骑行者"的名词用法(CYCLIST)。Wordsmith 的结果表明,"骑行者"的英文单数形式(cyclist)出现在 599 个骑行语料库文本中,原始频率为 1,300 次(35.5%)。"骑行者"的英文复数形式(cyclists)出现在 759 个文本中,原始频率为 2,307 次(45%)。两个单词共出现在 1,063 个文本中,占骑行语料库的 63%。[12] 图 6.3 是两个单词的 Wordsmith 分布图,左侧代表文本文件的开头,右侧代表结尾,垂直线代表检索项出现的位置。图 6.4 显示了在同一位置上"骑行者"的频率分布(软件设置为默认设置)。图中,横轴是由 Sketch Engine 计算的检索位置(100列代表 100 个语料库片段),竖轴是检索片段内的相对频率。两张图和散布值(0.751)都表明,频率和分布有一定变化,但没有造成异常。

152

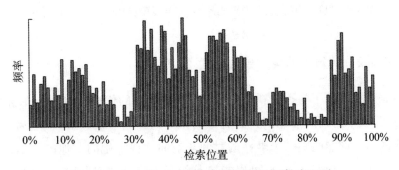

图 6.3　"骑行者"cyclist/cyclists 的 Wordsmith 散布图(散布率 0.751)

图 6.4　Sketch Engine 检索位置频率分布(粒度 100)

Wordsmith 显示,"骑行者"的英文单数形式有 306 种搭配,"骑行者"的英文复数形式有 534 种搭配,MI3 数值至少为 9。图 6.5 使用 GraphColl 将"骑行者"的英文单数形式的大量搭配词以可视化方式呈现。[13] 可视化呈现结果显示,有必要进一步缩小需要呈现的结果。为此,我们考察了三个指标(MI3、T 分数和对数似然性)排名最靠前的 50 个搭配,以及分布最靠前的 50 个搭配(见附录中的表 A 6.2 和 A 6.3)。我们研究的重点是共现值高(association score)、分布合理的搭配。下文将先讨论"骑行者"的英文单数形式,之后再讨论其英文复数形式。

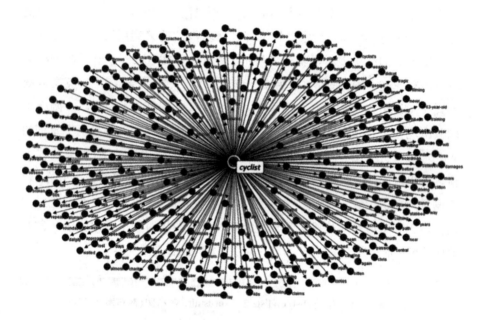

153　　图 6.5　"骑行者"英文单数形式的 5L‐5R 搭配(MI3≥9,最小频次＝2)

154　　6.4.2　骑行者的英文单数形式

表 6.7 列出了骑行语料库中与"骑行者"相关的代表性单词。在新闻价值方面,表中的语法搭配词并没有指向特定的新闻价值。虽然"之后""在"等连词和介词能明确一个事件的时间与空间,"他""她的""他的"等代词和限定词既可以指普通人,也可以指精英新闻人物,而"有"(has)等动词标志

158

着现在时态或现在完成时，但是如果不做进一步研究，就无法确定这些词语在语料库中构建了特定的新闻价值。这些词语的功能十分多样，此处暂不讨论。

表 6.7　"骑行者"英文单数形式的前 50 个高频搭配（MI3、T 值、对数似然性和分布） 155

	"骑行者"的搭配
语法词和做（do）、是（be）、有（have）的变形	a, after, an, and, at, for, has, he, her, his, in, is, of, on, the, to, was, who, with
实义词	accident, car, collision, crash, death, died, dies, driver, hit, injured, injuries, killed, knocked, left, lorry, old, road

　　相比之下，大多数实义词搭配可能指骑行者出现的事故（事故、碰撞、撞车、死亡、去世、死去、撞、受伤、伤口、致死、撞倒），因此构建了"负面性"。[14]根据分布排列，这些单词都排在前 50 位。可以得知，它们并非仅出现在少数文本中，而是遍布整个语料库。然而，无论报刊的骑行文化如何，语料库中的所有报刊是否都有上述词汇尚不明确。为回答该问题，我们将每个报刊当作独立语料库，并检查这 11 个单词是否在各报刊中都与"骑行者"搭配。针对美国报刊，我们还包括了"骑单车的人"的英文单数形式 bicyclist 的搭配，因为在美国子语料库中，该词是"骑行者"的英文单数形式 cyclist 的常见变体（请见附录表 A 6.4）。表 6.8 表明，这些搭配的确在语料库报刊中分布得相当广泛。"致死"（killed）与"骑行者"的搭配出现在全部 12 个报刊中，"撞"（hit）和"车祸"（crash）出现在 10 个报刊中，8 个报刊有"死亡"（death），7 个报刊有"受伤"（injured）和"事故"（accident），6 个报刊有"碰撞"（collision）和"去世"（died）（占骑行语料库的 50%）。余下的单词分别出现在 5 个（伤口［injuries］）和 4 个（死去［dies］、撞倒［knocked］）报刊中。这一发现证实了 ProtAnt 的结果，表明语料库中的新闻报道通过事故来构建"负面性"，与出版机构无关。

表 6.8　骑行语料库报刊搭配词分布(MI3)

	《伦敦晚报》	《牛津时报》	《先驱报》	《阿格斯报》	《布里斯托尔邮报》	《每日电讯报》	《悉尼先驱晨报》	《先驱太阳报》	《时代报》	《纽约邮报》	《纽约时报》	《商业诉求报》
致死	×	×	×	×	×	×	×	×	×	×	×	×
攻击	×	×	×					×	×	×	×	×
去世	×		×	×	×	×		×				
车祸	×	×	×	×	×			×		×	×	×
碰撞	×	×	×	×	×	×						
受伤	×	×	×	×	×						×	
死亡	×	×	×	×	×		×	×	×			
死	×		×	×								
事故	×	×	×	×	×	×	×					
伤口	×		×	×	×			×				
击倒	×		×	×			×					

上文讨论了"骑行者"英文单数形式的搭配,我们可以认为"负面性"和"平民性"相结合。正如第四章所述,使用骑行者(类别标签)来称呼这些个体,"平民性"程度低于使用姓名或其他社会信息(如年龄、性别、血缘关系)。但是,临近文本(immediate co-text)或更大范围的上下文(wider co-text)能提供此类信息,我们可以通过考察"岁"(old)来找到临近文本中的"平民性"信息(请见表 6.7)。使用 Wordsmith 的高级搜索功能,我们找到了 32 个案例,其中的"岁"(old)出现在"骑行者"的英文单数形式(cyclist)左右各 5 个单词范围以内(L5：R5),且位于同一句话中。如表 6.9 所示,绝大多数情况下,"岁"用于构成名词短语,修饰"骑行者"。共有 27 例用了该结构,大多没有性别或地点信息。另外两个示例来自两家英国报刊,其中使用同位语说明了年龄、地理位置和性别(例如,骑行者,一名 44 岁的布里斯托尔男性)。换言之,临近文本中通常仅有"骑行者"与年龄信息,没有其他个人信息,而其他信息可能会出现在距离较远的上下文中(超越此处讨论的左右各 5 个词汇跨距)。

表 6.9　包含"岁"(old)的名词性短语

不定冠词(a)/ 定冠词(the)	年岁	性别或地点信息	"骑行者"的英文单数形式
一名(a)	15 岁的		"骑行者"的英文单数形式
这名(the)	35 岁的	女性	"骑行者"的英文单数形式
一名(a)	92 岁的	布鲁克林	"骑行者"的英文单数形式

此外,32 个检索项大多涉及骑行者受伤或丧生(n＝26)。余下 6 个检索项表明,即使不提及骑行者受伤的事故,文本也能构建"负面性",如犯罪(自行车盗窃)、行人受伤事故(老人 Irving Schachter 慢跑时被 17 岁的骑车少年撞伤,伤势十分严重)、骑行者违反交通法规或有其他违法行为(一名 37 岁的骑行者……因闯红灯被拦下;一名 37 岁的骑行者在 10 天内扎破 2,000 个汽车和卡车轮胎)。此外,文本也可以构建"正面性",请见例(2)。

例(2)

一位 80 岁的骑行者将环绕澳大利亚骑行 1.78 万公里,纪念 60 岁的已故妻子,同时为心理健康研究筹集资金。(《每日电讯报》,2009 年 3 月 20 日)

有意思的是,表 6.7 中的"司机"也是"骑行者"的搭配词之一。在 42 个名词中,该词大多出现在"骑行者"的 5 个单词跨距以内。提到"司机"时,前面没有其他的修饰词(司机、一名/这名司机),但会提到司机驾驶的车辆(火车司机、开着标致牌汽车的司机、小货车司机、驾驶银色福特嘉年华的司机、白色火车司机),只有在少数情况下才会出现具体地点(Bradford 的货车司机)、姓名(货车司机 John Stewart)、年龄(64 岁的公交车司机)或经验(新手司机)。一些情况下,新闻会直接提到司机卷入的事故(肇事逃逸司机、在公交车道上撞车的司机),有时暗指司机是责任方(超速货车司机)。在两个案例中,"司机"与负面感情一同出现(勃然大怒的小货车司机、一名愤怒的司机)。因此,与"骑行者"的英文单数形式搭配的名词短语很少构建高度的"平民性",也很少构建"负面性"(肇事司机、愤怒的驾驶员)、"接近性"(Bradford 的货车司机)等新闻价值。

许多搭配(n＝23)也与司机丧生或骑行者受伤的事故有关,如驾驶员受到讯问、指控、判刑或无罪释放,但描述驾驶员与骑行者之间的争执也是构建"负面性"的常见做法。具体而言,骑行者攻击司机(如用拳猛击司机)共有 8 例,来自 5 家报刊的 6 篇新闻报道(包括 1 篇后续报道)。相比之下,只有 2 篇新闻报道的 3 个案例中,驾驶员攻击了骑行者。涉及"路怒"的新闻同样可以构建"负面性"。虽然我们可以对余下的三个词汇搭配(汽车、卡车、道路)进行定性分析,但是由于范围过大,下文将直接分析"骑行者"的英文复数形式(cyclists)的搭配。

6.4.3 骑行者的英文复数形式

表 6.10 列出了三个指标排名前 50 且分布位于前 50 的"骑行者"的英文复数形式的搭配。

表 6.10 "骑行者"的英文复数形式排名前 50 的搭配(MI3,T 值,分布)

	"骑行者们"的搭配
语法词和"做"(do)、"是"(be)、"有"(have)的变形	a, about, and, are, as, at, be, been, being, by, for, from, have, in, is, it, more, not, of, on, than, that, the, their, they, to, two, were, who, will, with
实义词和专有名词	cyclist, drivers, killed, London, motorists, number, pedestrians, ride, road, roads, use

6.4.2 节中分析的语法搭配也适用于本节。很多语法搭配的功能非常多样,无法得知它们的用途。但"更多"(more)和"比"(than)是两个例外,因为"比……更多"(more than)将其后数字构建为大数字,从而构建了"重大性"(请见第四章)。图 6.6 用可视化的方式展示了搭配网络,表明了"比"(than)的确是"更多"(more)的搭配。

"比……更多"(more than)与"骑行者"的英文复数形式(cyclists)出现在同一句话、跨度在 5 个单词以内(5L:5R)的例子共有 31 个。大多数情况下(n＝24),"更多"(more than)用于"比＋数字＋更多的＋骑行者"结构中[158](more than＋NUMBER＋cyclists)[15],修饰一个数字(最小为 15,最大为

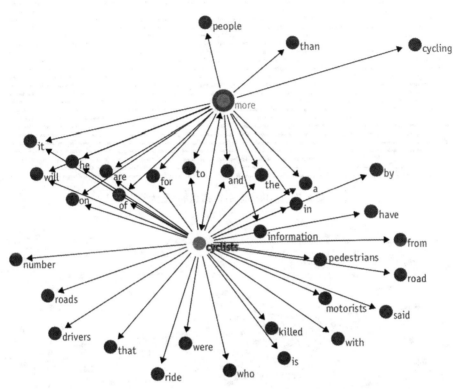

图 6.6　GraphColl 网络（cyclists, more；MI3≥17，最小频次＝2）

40,000），对骑行者进行量化。图 6.7 的检索结果表明，"重大性"体现在不同方面，如骑行者受伤和死亡（如 1、3、6、22、23）、骑行者违法（如 2、4、5、13、18）、骑行计划、自行车租赁计划、慈善骑行或其他骑行事件的参与人数（如7、8、10、14）。

　　"不"（not）和"骑行者"的英文复数形式（cyclists）是另一对有意思的语法搭配，因为"not"表示缺少或失败时，能够构建"负面性"（请见第四章）。由于篇幅限制，本章无法深入讨论该词，但图 6.8 的可视化搭配网络表明，"头盔"（helmet）与"穿着"（wearing）都可以和"不"（not）搭配。

　　反之，在"不穿戴"（not wear）的左右 5 个跨距范围内搜索"头盔"（helmet），可以搜索到 34 个示例，来源于 9 家报刊的 26 个新闻文本。其中，约有一半与违法、警告、罚款或调查相关（n＝16），另一半与事故相关

1	the right to get where they need to be safely," she said. There have been more than 100	cyclists	admitted to hospital after crashes in Melbourne in the past 12 months and four
2	hours a day and have to take a 45-minute break every four and a half hours. More than 100	cyclists	were also stopped in today's operation and given advice or warnings for issues
3	2000 and June this year, there were nine fatalities and 164 serious injuries. More than 1000	cyclists	suffered minor injuries. The first week of the campaign will focus on education
4	night and wearing the right safety gear – especially helmets. "The fact that more than 11,000	cyclists	have received an infringement notice or penalty in 2008 serves as a timely rem
5	being taken." PCSO Adam Needs said: "It was a great success. "We spoke to more than 15	cyclists	who were travelling at excessive speeds. One cyclist was going so fast that h
6	and pedestrians. Latest figures available from the Scottish Government show more than 15	cyclists	a week were injured in road accidents last year, up 6% from 2010, while the
7	Bikes 'revived' during health check! MORE than 150	cyclists	took the opportunity to give their bikes a well-deserved health-check at a work
8	for bladder health. Neville Pernell, 43, a garage owner from Hanham, joined more than 16,000	cyclists	taking part in the 100-mile race from London to Surrey and back on Sunday. A
9	first 12 days, a figure that has since risen to over 3000. Latest figures show more than 1600	cyclists	have registered to use the bikes. The longest journey so far was to Loch Lor
10	the number of commuters who use public transport has gone just slightly up. More than 2,300	cyclists	use Gloucester Road each day, slightly more than the cycleway. The high numb
11	Council, which has put $L36,000 into the pilot project, because it is used by more than 2,300	cyclists	a day – more than use the Bristol Bath Cycle Path. Assistant mayor for transp
12	last night. Police and CityLink were forced to close the Bolte Bridge while more than 200	cyclists	from the Critical Mass activist group took over the freeway. An accident on the
13	a handful of arrests. But during the Republican National Convention in August, more than 200	cyclists	were busted for blocking traffic. NYPD spokesman Paul Browne said the cyclists
14	of just two cycling routes between the inner west and CBD, is crossed by more than 2000	cyclists	a day. Making it safer for cyclists is VicRoads' top cycling project for Melbourn
15	the trial, which ran from January to June this year, the system detected more than 40,000	cyclists	, pedestrians and motorcyclists. Its alarm alerted the lorry driver on 15 occasion
16	Square. Swanston Street is now Melbourne's busiest bike route, used by more than 4900	cyclists	a day, Bicycle Network Victoria says. Melbourne City councillor Cathy Oke said
17	staff from Eastville-based Ikea. Last year's Cyclists' Breakfast event attracted more than 500	cyclists	and it is hoped that this year's event will match this and possibly better it. S
18	red lights. But despite the heightened police presence, The Post observed more than 60	cyclists	whizzing out of the bike lanes at the scene of the tragic collision on West Dri
19	medical use of ultrasound in pregnancy. This year, the charity aims to recruit more than 650	cyclists	and raise more than $L60,000 in funds. To register for the Action 100 Bike Rid
20	of off-road cyclists refuse to wear them. The figures were obtained from more than 800	cyclists	at five A&E departments across the Lothian and Borders area who were injured
21	900 cyclists join bike ride MORE than 900	cyclists	turned out for a charity bike ride in Chipping Sodbury. The Saddleback Sodbury
22	of a motorist who has never been traced. In a year which has seen more than a dozen	cyclists	killed on London's roads alone, the father-of-three has called for better safety
23	in bid to reduce bike casualties A HOSPITAL that has saved more than 660 critically injured	cyclists	in a decade is asking riders to send it details of crashes and near-misses on

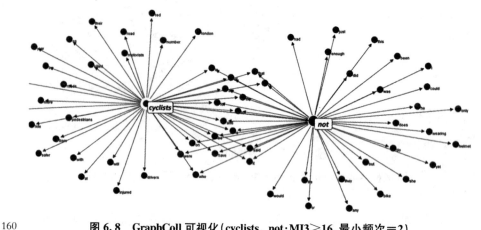

159 图 6.7 cyclists 索引行构建的"重大性"

160 图 6.8 GraphColl 可视化(cyclists, not;MI3≥16,最小频次=2)

(n = 18,即事故发生时,骑行者没有戴头盔)。后者可能与个体(n = 10)相关,也可能与群体(n = 8)相关。请见例(3)和例(4)。

例(3)

目击者称,这名**未戴头盔的**女性被一辆城市垃圾车撞倒。事发时,垃圾车从路侧驶入车流,与该女子往同一方向行驶。(《纽约邮报》,2013 年 1 月 5 日)

例（4）

在几起事故中，成年骑车者没有戴头盔或头盔佩戴不正确。（《每日电讯报》，2014 年 7 月 6 日）

Piper 等人（2011）发现了支持佩戴头盔的新闻框架，该框架假定不戴头盔的骑行者如果受伤，那么需要自负责任。Davies（2015）从批判性视角出发，认为要求佩戴头盔是"将责任推给无辜的道路使用者"，这种做法"根深蒂固却并不引人注目"。因此，这种构建手法能在构建新闻价值的同时暗含指责。

在 cyclists 的词汇搭配方面，我们发现了构建"负面性"（致死）、"重大性"（数字）、"接近性"（伦敦）等新闻价值的词汇。在分析骑行者的英文单数形式（cyclist）时，"致死"（killed）是负面词汇之一，下文将进一步讨论该词。数字与 cyclists 出现在同一句话、左右 5 个词的跨距时，超过 70% 的情况都构建了"重大性"。具体而言，数字主要描述数值大（如一个大数字或惊人的数字）或者数字的增加（……的数量正在增长、增加了一倍以上、大幅增加、跃至、飙升、越来越多的……）。在"……的数量"的上下文中，动词"减少""降低""停止"也能表明数量大。"伦敦"是唯一一个专有名词，该词在与"骑行者们"左右 5 个词的跨距情况下共有 69 个，大多数来自《伦敦晚报》（共 65 例，来自 54 篇报道），为伦敦的目标读者构建了"接近性"。

"cyclists"的其他词汇搭配可能包括"道路使用者""道路用途""车辆"和"基础设施"（骑行者、司机、驾驶者、行人、骑、路、道路、用）。要了解这些词语在构建新闻价值中的作用，需要进行更为综合的分析，这超出了本章的讨论范围。但是，下文将简要讨论 cyclists 与"行人"（pedestrians）或"司机/驾车者"（drivers/motorists）共现的情况。表 6.11 表明，新闻报道通常用"和"（and）来连接"骑行者们"与"行人"，频率高于"骑行者们"与"司机""驾驶员"连用的频率之和。[16] 这可能表明，在这种话语中，汽车司机和非机动车人员属于不同类别（Davies 2015）。

表 6.11 "骑行者"的英文复数形式和其他道路使用者的聚类

	行人	司机	驾驶员
X 与骑行者	30(行人和骑行者)	14(司机和骑行者)	18(驾驶员和骑行者)
骑行者与 X	49(骑行者和行人)	4(骑行者和司机)	18(骑行者和驾驶员)
总计	79		54
在"骑行者"的英文复数形式左右各 5 个词的跨距总数	129	62	86

我们分析了全部 54 个"骑行者"的英文复数形式与"司机""驾驶员"连用的案例,以及 Wordsmith(请见第一章)中"骑行者与行人"(cyclists and pedestrians)和"行人与骑行者"(pedestrians and cyclists)(默认设置)最常见的 4 个集群,发现了重要主题。除了"危险/安全"(danger/safety)和"基础设施"(infrastructure)(请见附录的表 A 6.5 和 A 6.6)外,还有"冲突和矛盾"(collisions and conflict)主题,与骑行者和驾驶员、司机之间的冲突紧密相关。新闻报道通过"战斗"或"战争"的隐喻来描述两者冲突,而描述骑行者和行人之间的矛盾时,则会提及实际冲突。隐喻包括:……之间的持续战争、在交战、……之间的战争、彼此之间的敌对状态、……之间的仇恨、争夺空间。文本还使用了其他类型的表达,如总爱相互指责,呼吁彼此尊重。有趣的是,骑行者在调查中将骑行经历也比作一场战争(Davies 2015),这种文化隐喻十分常见,不仅限于新闻话语。

6.4.4 常见搭配

上文先后讨论了"骑行者"的英文单数形式和英文复数形式的搭配,但表 6.7 和表 6.10 有一个相同词汇搭配,即"致死"(killed)。我们使用 Sketch Engine 的词汇特性概览(默认设置)比较了"cyclist"和"cyclists",结果表明两者的共同搭配还包括其他负面词汇。"cyclist"和"cyclists"的共有搭配包括"死亡、杀死、撞击、伤害、受伤的"(DIE, FALL, KILL, HIT, INJURE, INJURED)等词目,这进一步证明了我们的假设,即"负面性"常常通过事故来构建,但我们尚未讨论事故相关方和他们在其中的角色。词汇特性概览可能在此方面能发挥一定的作用。Cyclist 的词汇特性概览（默认设置）表明，"受伤的"（injured）作为前置修饰词出现了 10 次，图 6.9 展示了检索结果；而"受伤的"的词汇特性概览（默认设置）表明，该词作为前置修饰词时，后接名词除"骑行者"之外，第二个最常见的名词是"人"（受伤的人）。根据上下文可以确定，"人"指的都是骑行者。

163

```
will be completed by summer 2015. Injured cyclist urges police to prosecute bus lane crash
Wakefield Road, Brighouse. The injured cyclist , believed to be a man in his 50s, has been
stopped and ran to the aid of the injured cyclists , it is alleged the driver of the Nissan
yesterday and offered to visit the injured cyclists to offer their condolences and apology
dedicated bike lane on the promenade. Injured cyclist wins his damages action A SCOTS cyclist
injuries, and stole his wallet. The injured cyclist was taken to Edinburgh Royal Infirmary
"tactic" of putting pressure on injured cyclists to accept partial liability for accidents
said it was "not good enough" for injured cyclists to be left lying in the street for up to
driver stopped briefly to give the injured cyclists , what one witness described as, a "smart
charge their lithium batteries. Injured cyclist 's pity for driver One of the cyclists badly
```

图 6.9 "受伤的"（injured）作为"骑行者"英文单数形式（CYCLIST）前置修饰词的索引行示例

再来看动词搭配，词汇特性概览能自动识别名词"骑行者"是否为动词搭配的宾语（例如，一名驾驶员**重伤了一名骑行者**）或主语（例如，一名 35 岁女性骑行者**当场死亡**），还能识别搭配是否通过"被"（by），由介词短语连接起来（例如，她被一名骑自行车的人撞伤）。理论上，词汇特性概览能自动分析所报道事故中的"骑行者们"角色。但是，由于自动分析存在几处错误，因此我们人工浏览了每个索引项，以检验其结果。

在涉及"死亡"（DIE）的所有 92 个例子中，死者不出意外都是骑行者。多数以单数形式的"骑行者"出现（n = 73），复数形式的"骑行者们"（图 6.10）通常构建"负面性"和"接近性"（如在伦敦，在伦敦、澳大利亚、新南威尔士道路上），也有可能构建"重大性"（伦敦发生的重型货车车祸中，28 人死亡），具体构建的新闻价值取决于报道的死亡人数是多少。

164

正如 6.4.2 节所述，"骑行者"的英文单数形式（cyclist）主要与普通个体死亡有关，从而构建"负面性"和"平民性"。图 6.11 表明，"之后"（after）或"在"（in）后面的短语或者从句通常说明了死亡原因。在一些情况中，上下文还会提及其他"个性化"信息（老年骑行者、年轻骑行者）、我们从亲戚（骑行者的女儿、家属、母亲)那里得知、个人死亡与大趋势有关,以此构建"重大性"(第六名骑行者死于伦敦道路车祸)。"时效性"有时是通过时态或动词的体(dies, has died)、时间信息(昨晚当场死亡、昨天死于医院)来构建的。"接近性"也能通过上下文来构建(如在伦敦道路上)。

want all HGVs fitted with sensors after 28 cyclists *died* in accidents with HGVs in London since
on London's roads this year. Last year 14 cyclists *died* in London. Lorries make up five per
are doing the right thing." Last year, 43 cyclists *died* on Australian roads, compared with
collisions in the 12 months to October, while 13 cyclists *died* in crashes with heavy vehicles between
continuing public health issue. Already 13 cyclists have *died* on NSW roads in the first eight
Australian Transport Safety Bureau said. About 35 cyclists *die* on Australian roads each year, but
alone. So far this calendar year, eight cyclists have *died* on NSW roads. Fourteen were killed
had just launched his own business. Five cyclists have *died* in nine days and Mayor Boris
seven months of this year alone. Fourteen cyclists *died* on London's roads in 2013. So far
killed in the capital this year. Fourteen cyclists *died* last year. His family released the
roads in the first half of this year. Nine cyclists have *died* on NSW roads since the start
rush hour traffic at around 7pm. Nineteen cyclists *died* last year on London's roads - only
n't done soon then so will the number of cyclists *dying* on our roads. The last few weeks
protest demanding safety improvements. Six cyclists have *died* this year. Meyer learned of the
whether the Mayor was suggesting any of the cyclists who *died* had jumped red lights, said it
we definitely need decent lights." Three cyclists have *died* and 126 seriously injured in
rapid changes to a junction where three cyclists have *died* in the past decade. Mary Hassell
Graeme Obree alongside relatives of two cyclists who *died* . Audrey Fyfe, 75, was killed
alleged hit-and-run accident in which two cyclists *died* . Police have appealed for witnesses

图 6.10　动词"死亡"(DIE)＋"骑行者"的英文复数形式(cyclists)

Crimestoppers anonymously on 0800 555 111. Cyclist *dies* <u>after</u> collision with car A CYCLIST
her for sponsorship by calling 301 2600. Cyclist *died* <u>after</u> ambulance delay. Ambulance bosses
the incident were carried out by police. Cyclist *dies* <u>after</u> being hit by lorry A 42-YEAR-OLD
Cyclist dies after collision with car A CYCLIST has *died* <u>after</u> colliding with a car while
cyclist is slap on the wrist' THE family of a cyclist who *died* <u>after</u> being knocked off his bike
curbs THIS is the "vibrant and stylish" cyclist who *died* <u>in</u> an accident with a lorry on
said. Tributes paid to dead cyclist, 51 A cyclist who *died* <u>in</u> a crash on his way to work
Three held after cyclist dies in crash A CYCLIST has *died* <u>in</u> an apparent hit-and-run in
his bike collided with bus <u>THE mother of a</u> cyclist who *died* 48 hours after his 21st birthday
to cyclist killed in accident <u>AN elderly</u> cyclist who *died* after being hit by a lorry was
including motorists and cyclists. <u>Young</u> cyclist *died* after crash on dangerous bend; Inquest
year and the first involving an HGV. <u>Second</u> cyclist *dies* in Crossrail lorry collision A CROSSRAIL
surge of interest in the activity. <u>Sixth</u> cyclist *dies* <u>on London's roads</u> A man in his early
being sought. Hit-and-run kills cyclist A CYCLIST *died* instantly <u>last night</u> in a hit-and-run
4000 jobs. Help needed in cyclist death A CYCLIST *died* in hospital <u>yesterday</u> after colliding

图 6.11　"死亡"(DIE)与"骑行者"英文单数形式(cyclist)搭配的部分索引行

在及物动词搭配(杀死、撞、伤害)方面,我们分析了骑行者角色的 314 个词汇特性的检索结果。表 6.12 表明,大多数情况下,cyclists 是受动者,而非施动者。[17] 骑行者作为施动者的情况共有 11 例,来自 6 家报刊,即《伦敦晚报》(3)、《纽约邮报》(2)、《纽约时报》(1)、《布里斯托尔邮报》(1)、《每日电讯报》(3)、《先驱太阳报》(1),且大多数使用了"被骑行者撞上"这一短语。在一些情况中,上下文会有负面评价性语言或负面词汇(粗心的骑行者,一名骑行者以高价兜售一辆价值 4,000 美元的竞赛自行车,撞死,骑行者非法反向行驶),但是这类情况非常罕见。检索结果证明了上文假设,即新闻报道描述骑行者在事故中受伤或死亡,以此构建"负面性"。Rissel 等(2010)分析了澳大利亚媒体的新闻框架,同样认为骑行者受伤或死亡是最常见的新闻视角。

6.5 结束语

在总结研究的主要发现之前,首先要指出本研究的一些局限性。除了新闻价值语料库语言分析的一般限制之外(Potts *et al.* 2015),本研究的局限性在于主要关注"骑行者"的 ProtAnt 分析和搭配分析,两者只占骑行语料库的 63%(请见 6.4.3 节)。分析骑行者的词汇变体或许将会提供更为独到的见解,尤其是在美国子语料库中。不同的节点词(如自行车、骑车、头盔、道路、小路[BIKE, CYCLE, HELMET, LANE, PATH])或者研究出发点(如词频表或关键词表)可能会导致不同的研究结果,请见 Marchi 和 Taylor(2009),Baker(2015)关于语料库语言学研究的差异。研究可以探讨共享单车计划或自行车基础设施如何构建新闻价值,还可以探讨通过中性引述"说"提到的主体是否为普通人或精英,也可以讨论频繁出现的单词,如"新的、今天、现在和昨天"(new, today, now, yesterday)(请见图 6.2),从而聚焦于"时效性"。如果从一开始便明确研究构建特定新闻价值的语言资源(如有争议的、第一),那么这也可能会提供新的研究视角。

表 6.12 "骑行者"英文复数形式的角色

搭配词	施动者(骑行者撞死/撞上/撞伤他人)	受动者(骑行者被撞死/撞击/撞伤)	其他
撞死	2	198	—
撞上	9	44	6 个不相关(骑行者抵抗,特技骑车人再创新高,骑车人撞到了我的车侧面,网站因遭到愤怒的骑行者攻击而崩溃,大约一千个骑行者上街抗议,骑车人偶尔会碰到坑洼); 3 例骑行者撞上其他骑行者; 1 起攻击事件(两名骑行者用砖头击打他的头部)
撞伤	0	48	2 例为否定(骑行者并未受伤) 1 例骑行者撞伤另一骑行者

此外,对典型性和分布范围的关注,可能会在一定程度上影响多样性。在语料库中,并非所有新闻都构建了事故的"负面性",关注其他构建新闻价值的方法也十分有趣(如慈善骑行、骑自行车的"精英"等)。对"一致性"的关注也可能影响报纸之间的多样性,如特定主题、事故报道频率差异、特定搭配。例如,在《纽约时报》中,"恶魔"(demon)是"骑行者"的一个搭配词(MI3 = 9.283)。该报刊在 2014 年 9 月发布了一系列文章,描述了一名骑行者撞死一名行人的事件,文章公开指责了"高速行驶恶魔骑行者贾森·马歇尔"(speed-demon [racing] cyclist Jason Marshall)。同理,关注差异(在语料库研究中通常更加普遍)或相似性都可能会"产生研究的'盲点'"(Taylor 2013:83)。

本研究也未充分探讨词频与社会事件的相关性,因为峰值和谷值(Gabrielatos & Baker 2008)、最高值和最低值(Gabrielatos *et al*. 2012)受社会事件的影响。在骑行语料库中,共享单车租赁计划是一个很好的例子。但 6.3 节也简要提到,澳大利亚自行车设施报道增加可能反映了骑行基础设施投资的上升。现实世界和新闻报道明显有交集,可能是媒体引发了变革,也可能是媒体响应了变革(Rissel *et al*. 2010:6)。

尽管存在上述局限性，但是语料库语言分析表明，"负面性"是骑行语料库所构建的最典型新闻价值，骑行者遭遇交通事故的报道使用负面词汇构建了"负面性"。无论骑行文化如何，所有报刊都用了这种构建方法。用语料库语言学的术语来说，骑行者有负面语义韵（semantic prosody）（请见第一章）。我们也发现了构建"负面性"较罕见的方法，如犯罪新闻报道（自行车盗窃）、司机和骑行者的争执（路怒）、骑行者撞伤行人的事故、骑行者拥堵和其他违法行为、骑行者和司机之间的"战争"隐喻。一些新闻对骑行者持有负面评价，但也有一篇报道将一名骑行者塑造为英雄。

此外，还有证据表明，新闻报道构建了"平民性"（"骑行者"）、"重大性"（"骑行者们"）、"时效性"和"接近性"。但"骑行者"和"司机"构成的名词短语很少构建高度"平民性"，两者都是通用类别标签，都假定骑行者和其他道路使用者有所不同（Rissel *et al*. 2010：7）。此类标签可能延续了骑行者和司机对于内群体的积极态度与外群体的消极态度。"战斗"的隐喻也是如此，可能加剧了骑行者和汽车使用者之间的冲突。最后，本章第一个词汇云（图6.2）表明，骑行新闻报道构建了"精英性"，但是由于篇幅有限，本章不展开进一步的讨论。

我们的研究可以与 Rissel 等（2010）根据326篇澳大利亚新闻报道的人工框架分析进行对比。他们的研究发现，"接近半数的新闻认为骑行对骑行者有风险，新闻媒体主要关注骑行造成的伤亡和危险"（Rissel *et al*. 2010：7）。本研究表明，该新闻策略在其他国家也被广泛应用，是英语新闻媒体构建"负面性"最典型的方法。换言之，正如 Coffin 和 O'Halloran（2005）在语料库批评性话语分析中所述，这些报刊的目标读者经常接触到骑行被描述为危险活动的语境，这可能意味着这些读者接受了这种负面的内涵。

一方面，我们可以批判该做法，因为它将骑行描述为危险活动，将骑行者描述为脆弱的受害者，这可能会减少自行车的使用。调查问卷的受访者认为，对于安全的顾虑是他们拒绝骑自行车的主要原因。而路上骑行者数量增多，会让骑行更加安全（Davies 2015）。Rissel 等（2010：6）认为，"骑行的负面新闻报道可能会打消人们骑车出行的想法"。因此，此类报道可能会间接导致一个国家从高骑行率（high rates of cycling）中获得的潜在经济、环境、健康利益减少,并且由于骑行者人数减少而导致车祸增加。

另一种观点也很合理。该观点认为,此类报道会将缺乏足够的基础设施问题列入政治议程,并最终改善自行车设施。它或许还可以提高人们的安全意识。更好的基础设施会增加自行车使用频率,从而减少车祸。出于上述观点,我们认为此类报道并没有太大问题,但是分析中却发现了一些有争议的示例。一些文本构建新闻价值的同时会责怪受害者,另一些示例则构建了骑行者的负面形象(如称之为侵略者、肇事者)。前者是文化上强调骑行者责任的例子(Davies 2015),这间接降低了其他道路使用者维护设施的需要,而后者将骑行者塑造为不负责任和危险的违法者(Rissel *et al.* 2010:6)。

现在,比较描述**自行车和汽车**相撞的事故报道与描述**汽车和汽车**相撞的报道,并考虑荷兰等自行车使用率高的国家的新闻报道,这将是很有意义的研究。Piper 等(2011:145)引用了一份荷兰的报告表明,在这些国家,被认为造成危险的不是自行车和骑车人,而是汽车和汽车司机。此类分析依旧十分重要,因为它"可以揭示出支持或阻碍骑行的政策在制定时的观念和价值氛围"。

总而言之,本章展示了新闻价值话语分析的应用案例,即围绕特定主题或新闻人物,对构建新闻价值进行了批判性分析,其中包括确定常见语言手段和意识形态影响。本章还展示了第四章的语言学分析框架如何用于语料库语言学研究(另见 Bednarek & Caple 2014,Potts *et al.* 2015,Bednarek 2016c)。分析进一步表明,研究者可以把对某一个常见新闻价值(如"负面性")的分析与构建该价值的更为细微的话语机制分析相结合。通过分析施动者、发现新闻报刊指责受害人的做法,本章进一步表明,DNVA 可以与批评话语分析(CDA)中使用的其他分析工具相结合,我们在其他地方对此进行了更充分的探讨(Bednarek & Caple 2014)。

注释

1. See Rissel *et al.* (2010),Davies (2015) for relevant research. 请见 Rissel 等(2010)和 Davies(2015)的相关研究。

2. http://www.bicycling.com/culture/advocacy/2014-top-50-bike-friendly-cities,访问于 2015 年 8 月 25 日。

3. http://www.abc.net.au/mediawatch/transcripts/s4045873.htm,访问于 2015 年 10 月 28 日。Rissel 等(2010：3)的研究发现,与其他三个澳大利亚报刊相比,该报的正面报道数量最少。

4. 但是,语料库中包括了慈善骑行新闻。

5. 第二轮主要排除了观点类文本(如读者评论和社论)、建议、专家意见或分析、访谈、第一人称叙述、大部分旅游或旅行作品、评论(有关书籍、展览、设备等)。但需要注意的一点是,语料库不仅有"硬新闻",还包括软新闻、长篇专题报道、商业新闻、第三人称描述骑自行车者、声明等。因此,我们排除了即将举行自行车相关展览的公告,但并未排除对此的评论。同理,语料库中包括了时尚或科技新闻报道,而排除了时尚商品或科技设备的广告类文本。在决定什么是新闻、什么不是新闻、什么是"骑行"新闻、什么不是"骑行"新闻方面(如合并自行车道和步行道的报道、无车生活报道、交通安全报道)存在主观性,但我们在进行决策时尽可能保持一致,主要分析复现的模式,找出"非典型"项目。我们方法的缺点在于,在数据构建阶段引入了研究人员的主观判断。替代方法的缺点是,提及骑行者和骑行的新闻报道都会被纳入语料库中,不论该报道是新闻还是观点文章。

6. ♯代表数字,字母 m、p、e 出现在带有标点符号的单词中,如 p. m. (下午),e-mail(邮件),e-bike(电动自行车),A&E(急诊部)。

7. 进行比较时,ProtAnt 设置完全相同：默认统计 LL、默认 p 值(p<0.01)、默认标准化频率(每 1,000 个字)和默认排序(按标准化关键词类型)。最低频率设置为 2,以找出重复出现的文本。改变临界 p 值、根据关键形符数量进行排序对文本的排名显然影响不大(Anthony & Baker 2015b：284 - 285)。

8. 在澳大利亚,骑行时必须佩戴头盔。

9. 与关键词分析一样,参考语料库也很重要,并且会影响哪些文本被归为典型文本(Anthony & Baker 2015b：286)。由于 ACE 语料库始于 1986 年,Node 语料库的日期为 2004 年至 2014 年,因此我们也用 BE06 作为澳大利亚数据的参考语料库,尽管两者代表不同的英语变体。用 BE06 作为对比参照时,10 个文件中的 7 个仍位于前 10 名。

10. 使用 BE06 作为参考语料库时,其中 5 个文本排在最不典型文本的前 10 名。

11. ProtAnt 还忽略了关键字范围。例如,"注意"(note)是澳大利亚子语料库中排名前 25 的关键字之一(请见表 6.5),但该词仅出现在两个文本中。虽然可以设定最小频率(一定程度上与范围相关,因为高频率项通常分布更广),但是 ProtAnt 目前无法设置最小范围,也无法按范围排序。对数似然性似乎突出了语料库差别,而代价则是忽略了语料库内部差异(Brezina and Meyerhoff 2014),同时有可能影响文本排序。词频列表的常见问题也适用于此,因为还有其他问题会影响仅基于形态的分析(如同形异义词)。

12. 词目"骑行者"的英文单数形式(CYCLIST)频率最高,其次是"骑行者"的英文单数形式和其所有格。因为所有格很少,所以分析中并未提及。

169

173

13. 需要注意,每个圆圈代表一个单词,单词之间的线长代表搭配强度(越短越强),由连字符连接的单词算作一个单词。GraphColl 可视化识别了 343 个搭配,包括"45 岁"和"37 岁"等搭配,而 Wordsmith 则将"岁"归为搭配词(表 6.7)。

14. 索引还表明,"留下、导致"(left)通常与受伤有关。例如,留下致命伤口、脑损伤、等死,导致濒死、病危、危急状态。如果放宽搭配标准,那么可以找出更多与事故相关的搭配词形,如医院、丧命、死、遭受、受伤、去世、严重、被撞击、严重地、被碾压、相撞、伤口、跌倒、糟糕、救护车、伤亡人数、死亡事故、相撞、护理人员。

15. 其中一例有形容词插入短语(严重受伤的),另外一例省略了"骑行者"(平均 35 名骑行者死亡,超过 2,500 名伤势严重)。

16. "骑行者""骑单车的人""骑自行车的人""骑手""行人""司机""驾驶员"等(CYCLIST, BICYCLIST, BIKER, RIDER, PEDESTRIAN, DRIVER AND MOTORIST)的词汇特性概览证明,骑行者和行人紧密相关。

17. 数字包括引述语、情态化和非现实案例,如声称他们的狗可能被杀死,一个差点儿被杀死的骑行者。

第七章

图片、新闻价值和脸书

7.1 引言

本章介绍应用新闻价值话语分析框架（DNVA）的第二个实证案例研究，侧重使用第一章和第五章介绍的概念与框架来构建视觉中的新闻价值，旨在说明新闻价值话语分析框架可以用来研究作为社会和符号学实践的新闻，以及如何与新闻实践的其他分析相结合。由于本章是关于如何在图片中话语构建新闻价值的案例研究，因此介绍的研究在第一章拓扑结构的第2区（转载为图7.1）。该研究为单模态（分析图片），主要侧重跨文本模式。本案中，澳大利亚、加拿大、爱尔兰、英国和美国的老牌新闻媒体机构使用脸书的新闻源。

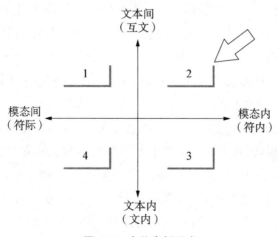

图 7.1　定位案例研究

175

172   确切地说,我们调查了新闻机构通过社交媒体新闻源(脸书和推特)推送新闻的推送策略(push/pull tactics)。当读者点击网站链接,到达新闻页面并继续阅读时,会回到新闻网站。这些策略被称为"社交推荐"(social referrals),正成为新闻网站重要的流量来源(Ingram 2015)。本案例的研究重点是脸书和视觉效果,有两个重要推动因素:(1)脸书最近在引导读者进入新闻网站方面超越了谷歌(Ingram 2015);(2)几乎所有新闻机构上传的脸书帖子都包含图片或视频(Reid 2014)。新闻图片的潜力不单在于说明事件,还在于能构建新闻价值。无论社交媒体受众是否点击链接,新闻图片都能为他们建立事件的新闻价值。因此,本章的关键问题是:社交媒体新闻图片构建了什么样的新闻价值?

7.2 社交媒体和新闻源

皮尤研究中心(2015)发现,63%的推特和脸书用户表示,这些社交媒体平台"是关于朋友和家庭领域之外的事件与问题的新闻来源"(皮尤研究中心 2015:2)。社交媒体用户接收此类新闻的方式多样,从主动搜索订阅主要新闻机构的新闻源,到关注他人(如朋友或家人)"分享""点赞"或"转发"的帖子和推文。

本研究对用户如何获取、搜索或订阅新闻并不感兴趣(这是民族志学者的关注点)。话语分析者感兴趣的,是新闻机构通过自己的脸书页面或推特账户在社交媒体上发布的新闻。这些新闻构建了何种新闻价值?是否存在倾向于产生特定新闻价值组合的报道?例如,英国《利物浦回声报》(*Liverpool Echo*)的数字编辑玛丽亚·布雷斯林(Maria Breslin)发现,"脸书上人和社区新闻做得尤其好"(Reid 2014)。这说明脸书上的新闻最有可能构建"平民性"和"接近性"新闻价值。事实果真如此吗?

只有了解新闻机构在脸书和推特上发布的新闻,才能回答这个及其他
173 问题。简单地说,图片主导了这些空间。虽然新闻机构在社交媒体发布的帖子和推文受制于平台的模板惯例,但是这些模板为图片预留了很大空间。图 7.2 举例说明了新闻机构"半岛英语台"(*Al Jazeera English*)在脸书和推特账户上的帖子与推文的布局,以及该布局在网站上的显示方式。

脸书上的帖子　AJE#3　　推特上的推文　AJE#3　　网站上的新闻　AJE#3

图 7.2　脸书和推特上新闻帖子和推文的布局，以及相应的网站（半岛英语台：里奇·怀　174
　　尔斯　供图）。

　　从图 7.2 可以看出，脸书的帖子和推文言语极少，结合了文字、图片、分享选项和超链接。各平台使用图片的方式多样：不同平台的图片有所差别（如图 7.2）；三个平台可能使用同一张图片（较常见）；图片既可能完整显示，也可能在网站新闻页使用裁剪图片。[1] 本案例研究旨在观察新闻媒体组织发布的社交媒体帖子图片中新闻价值的话语构建，从而展示新闻图片所构建的新闻价值。

7.3　数据和方法

　　在本案例研究中，我们对英语新闻机构进行了抽样调查，这些机构以脸书页面、推特账户和网站形式建立了数字化网站，并定期更新。这 22 家机构覆盖澳大利亚、加拿大、爱尔兰、英国和美国，包括公共广播公司（澳大利亚广播公司、英国广播公司、加拿大广播公司、美国国家公共广播电台、爱尔兰广播电视台）（ABC，BBC，CBC，NPR，RTE）、严肃大报（quality news media）（《纽约时报》、英国《卫报》）（The New York Times，The Guardian）、"大众报刊"（英国《每日邮报》、《纽约邮报》）（Daily Mail，New York Post）等传统数字媒体，以及数字原生媒体（澳大利亚 Crikey 杂志、美国网站 BuzzFeed、美国《赫芬顿邮报》）。其他拥有英语新闻网站的国家新闻机构被纳入其中,如南非的《邮政卫报》(*Mail & Guardian*)、印度的《印度时报》(*The Times of India*)、中东的"半岛英语台"(*Al Jazeera English*)等,样本不代表其他拥有英语新闻网站的国家机构。[2] 表 7.1 提供了本研究中新闻机构及其社交媒体网站的完整列表。[3]

表 7.1　社交媒体案例研究中抽样的新闻媒体机构

		脸书页面	推特页面	缩写
澳大利亚(5)				
		《悉尼先驱晨报》	@smh	SMH
		《澳大利亚人报》	@australian	AUS
		澳洲新闻网	@newscomauHQ	News
		澳洲 Crikey 新闻网	@crikey_news	Crikey
		澳大利亚广播公司	@abcnews	ABC
英国/爱尔兰(6)				
	英国	《卫报》	@guardiannews	GUA
		《泰晤士报》和《星期日泰晤士报》	@thetimes	Times
		《每日邮报》	@MailOnline	DM
		英国广播公司	@BBCBreaking	BBC
	爱尔兰	《爱尔兰时报》	@irishtimes	IT
		爱尔兰广播电视台	@rtenews	RTE
北美(8)				
	美国	《纽约时报》	@nytimes	NYT
		《今日美国》	@USATODAY	USA
		《纽约邮报》	@nypost	NYP
		美国国家公共广播电台	@nprnews	NPR
		BuzzFeed	@BuzzFeedNews	Buzz
		《赫芬顿邮报》	@HuffingtonPost	Huf
	加拿大	《环球邮报》	@globeandmail	GM
		加拿大广播公司	@CBCNews	CBC

	脸书页面	推特页面	缩写
其他地区(3)			
南非	《邮政卫报》	@mailandguardian	MG
印度	《印度时报》	@timesofindia	TOI
中东	半岛英语台	@AJEnglish	AJE
共计 22 个新闻机构			

数据抽样方面遵循结构周方法，即一种分层随机抽样法，其中完整的样本代表了一周所有日期，以说明新闻内容的周期变化（Luck *et al.* 2011：78）。我们在 2015 年 1 月至 3 月的十周内收集了十天的数据（只算工作日）[4]，从而得出两个构造周，这满足 Hester 和 Dougall（2007：820）建议的网络新闻内容分析最小值。图 7.3 显示了本案例研究的结构周抽样情况（第一列为周日）。

图 7.3　构造周抽样法

研究助理根据图 7.3 中的日历，在指定日期收集数据。根据以下概述的准则，研究助理每天在每份出版物上收集 5 篇报道（共 110 篇），并以 3 种形式收集数据：脸书帖子的截屏、推特上的相关推文和新闻机构网站上的报道页面。整个期间，每份出版物共有 50 篇报道，22 家出版物共有 1,100 篇报道以这三种形式采集。因为脸书是数据采集的起点，所以该数据集被称为脸书语料库（Facebook Corpus）。如上所述，该平台引领社交媒体将流量导向新闻机构网站。

由于我们感兴趣的是那些将受众从脸书引向新闻机构网站的帖子，因此只收集了在线报道页面链接的社交媒体帖子（不包括其他社交媒体用户分享的照片或帖子）。为了确保只收集新闻报道（而非新闻评论），研究助理

176

会先检查脸书链接是否能把读者引向网站"新闻"区的报道,这些报道被标记为综合新闻(新闻、政治新闻、突发新闻、本地新闻、区域新闻、世界新闻等)。检查无误后,研究助理会截屏保存脸书帖子、相关推文(并非所有新闻都包含推文)和新闻机构网站上的报道页面(见图 7.4)。截屏确保了原始页面布局的完整性,包括报道中使用的图片(如图 7.2)。

177　　　图 7.4　用于确定纳入数据收集资格的信息(《邮政卫报》:路透社　供图)

　　研究助理还在 Excel 表格中收集了每条新闻的基本信息,包括发布日期、原新闻网址(如对数据有疑问,可快速查阅),以及新闻网站上的报道栏(如政治新闻、世界新闻)。研究助理还会注意推特上是否发布了与该新闻有关的推文,以及发布的推文是否包含图片,是否在全平台使用了相同的图片。此外,研究助理还收集了图片属性和说明信息,搭配报道页面上的图片。我们在 7.4.1 节中讨论了从这一数据收集中产生的与新兴社交媒体和新闻机构的在线实践有关的见解。

　　完成初步数据收集之后,Caple 使用关系数据库(MS Access)并应用第五章介绍的视觉新闻价值话语分析框架,对图片进行了后续的新闻价值分析。为分析本章和第八章的图片,我们制作了编码手册(可以在 DNVA 网站上查看：http://www.newsvaluesanalysis.com）。相较于脸书帖子，推特推文很少包含图片，所以本章只分析脸书帖中的图片。因此，图片分析包含 22 个新闻机构的脸书帖子中搜集到的 1,100 张图片。

整理图片分析最省时的方法是使用关系数据库（第一章已介绍），它是专门为该案例研究设计的。该数据库的"形式"界面如图 7.5 所示。分析人员可以在该数据库设计字段来获取所需的分析形式，以明确在这种情况下，图片中是否构建了特定的新闻价值（"是"或"否"）。除了"价"（valence）类别外，所有新闻价值都使用了"可能"（possible）这一附加选项，它提供了三种选择："正面""负面"和"不明确"/"无"（对"正面"和"负面"新闻价值最有效的编码方式）。编码方案中增加了"可能"选项是为了说明有问题或比较主观的情况。在这种情况下，既难以说明目标受众偏好，又难以消除编码者的偏差。编码手册解释和举例论证了这些情况。由于我们处理的是一个庞大的数据集，需要逐一人工分析每张图片，因此没有在数据库中详细说明每条新闻价值是**如何**构建的（"美学吸引力"除外，如 7.4.2.2 节所述）。

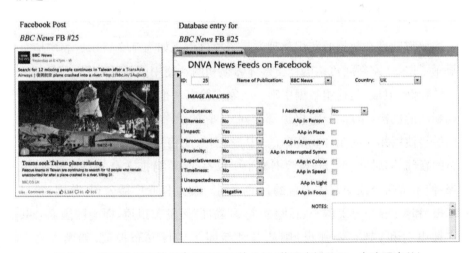

图 7.5　关系数据库的用户界面和图片分析（英国广播公司：未注明出处） 178

为了演示数据库的工作机制，图 7.5 展示了新闻价值话语分析框架对英国广播新闻公司数据集中图片的分析。第 25 条新闻的脸书帖子包含一张飞机残骸图片，其中一部分残骸悬挂在飞机主体后。该图片构建了"负面性"、"影响力"（灾难后果）、"重大性"（飞机大规模损毁）等新闻价值。右边的数据库记录反映了这一分析，"影响力"和"重大性"选择"是"，"价"选择"负面"，其他新闻价值选择"否"，因为没有构建其余的新闻价值。

数据库中加入了一些字段来演示如何在图像中构建"美学吸引力"这一新闻价值。第五章概述了该新闻价值可以通过构图手段（不对称、间接对称）、图像捕捉技术（移动、焦点、噪点）或者诉诸文化/社会习俗（造就美丽的地方或人）的内容来构建。由于评估"美学吸引力"具有主观性，因此我们希望在分析中说明如何在图片中构建这种特殊的新闻价值。[5]

如第一章所述，数据库查询功能被用来评估新闻价值的构建频率和组合方式。7.4.1 节先讨论数据收集结果，7.4.2 节将介绍和讨论视觉新闻价值话语分析框架。

7.4 研究结果

7.4.1 新兴新闻实践

研究助理在数据收集中整理的每个项目信息如表 7.2 所示。表中信息显示了这 22 家新闻机构的社交媒体习惯和网站使用图片的趋势。例如，南非的《邮政卫报》是这组数据中唯一一家在脸书和推特上持续发布与推送相同新闻的机构（全部 50 篇报道都相同）。它的脸书帖子和新闻网站报道页面始终使用相同的图片。英国的《卫报》则与此相反，它在脸书和推特上发布的新闻关联性较低（50 篇脸书帖子中仅有 12 篇与推文有关），这表明《卫报》使用这两个社交媒体平台的目的不同。澳大利亚广播公司、英国《每日邮报》和美国《今日美国》只在脸书主要"新闻"区发布报道，而美国国家公共广播电台和《赫芬顿邮报》则从各种新闻子栏目发布报道，如黑人之声（Black Voices）、拉丁美洲之声（Latino Voices）、怪异新闻（Weird News）、好消息（Good News）。[6]

表 7.2　脸书语料库的基本信息

相关推文新闻网站

国家/地区	刊物名	脸书帖	无图推文	带图推文	推文内容重复	单一推文总数	栏目数	跨平台使用相同图片	无图报道	未注明出处图片	无标题图片
澳大利亚	澳大利亚广播公司	50	28	12	1	39	1	31	6	3	0
	《澳大利亚人报》	50	32	26	10	48	2	28	14	1	1
	Crikey 新闻网	50	44	1	1	43	1	45	3	47	43
	澳洲新闻网	50	10	23	4	29	2	23	1	1	0
	《悉尼先驱晨报》	50	40	10	2	48	4	29	5	2	0
加拿大	加拿大广播公司	50	5	45	4	46	4	29	4	1	0
	《环球邮报》	50	37	17	7	47	5	43	0	0	0
爱尔兰	《爱尔兰时报》	50	6	33	2	37	7	41	0	12	2
	爱尔兰广播电视台	50	14	39	5	48	3	22	0	42	0
其他地区	半岛英语台	50	12	14	2	24	12	13	11	2	2
	《邮政卫报》	50	50	1	1	50	5	50	0	2	0
	《印度时报》	50	44	4	0	48	5	21	13	24	6
英国	英国广播公司	50	11	8	3	16	6	18	5	19	5
	《每日邮报》	50	8	10	1	17	1	15	0	8	0

续 表

181

相关推文新闻网站

国家/地区	刊物名	脸书帖	无图推文	带图推文	推文内重复	单一推文总数	栏目数	跨平台使用相同图片	无图报道	未注明出处图片	无标题图片
	《卫报》	50	13	1	1	12	3	39	4	1	0
	《泰晤士报》	50	7	38	2	43	12	40	0	6	0
	BuzzFeed	50	11	42	5	48	5	31	7	0	30
	《赫芬顿邮报》	50	21	4	0	25	14	25	19	4	10
美国	美国国家公共广播电台	50	23	3	1	25	15	38	2	2	1
	《纽约邮报》	50	24	22	4	42	2	38	5	4	11
	《纽约时报》	50	39	10	2	47	8	32	2	0	0
	《今日美国》	50	22	7	1	28	1	45	0	0	0

值得注意的是，一些机构的脸书帖有图片，但网站并未附上。美国《赫芬顿邮报》网站上的 19 篇报道没有图片，《澳大利亚人报》的 14 篇报道和《印度时报》的 13 篇报道中也都没有图片。澳大利亚 Crikey 新闻网很少发图片（44 条与脸书帖相关的报道都是纯文字，只有一条带图片），而加拿大广播公司截然相反（45 条都带图片）。半岛英语台、英国广播公司和《每日邮报》在脸书、推特与网站上的图片使用差异最大。针对同一事件，每个平台选用的图片不同。图 7.2 展示了半岛英语台在图片选择上的多样性，其用三张图片来描绘同一事件（巴勒斯坦马戏团）的三个不同方面，且分别出现在脸书帖子、推文和网站报道页面上。

如上发现表明，新闻机构对社交媒体的使用还未形成一个最佳的实践模式，因此这些结果中明显存在差异和实验性。也就是说，结果显然是多变和新兴的，而非稳定和常规的新闻实践，这使得它们成为一个重要的研究对象。每个新闻机构都有自己的目标受众，因此使用社交媒体平台的方式自然不同。

在这组数据中，图片归属摄影师、撰稿人或新闻出版机构（如路透社）的情况也大不相同。在 22 家新闻机构中，只有 4 家将图片归属于作者（BuzzFeed、《环球邮报》、《纽约时报》和《今日美国》），而澳大利亚在线新闻机构 Crikey 新闻网从未将其发布的任何图片归属于具体作者或拥有图片版权的出版商。[7] 在 22 个新闻网站中，有 12 个坚持在其报道页面的图片上使用说明，而 Crikey 始终未说明。BuzzFeed 的 43 张图片中，有 30 张也没有说明。虽然在所有形式的新闻故事中，标题写作的准确性和信息功能明显不一致（见 Caple & Knox 2012 年，2015 年），但是标题在讲故事的过程中可以发挥重要作用，其既可以锚定图片本身的活动序列意义，也可以将图片锚定在所处的新闻语境中（Caple 2013a）。事实上，一些新闻机构要么完全省略图片说明，要么提供有限的、无信息的说明，这表明图片被认为是不言自明的。

182

7.4.2 新闻价值分析

7.4.2.1 主要新闻价值及其聚类
脸书语料库一般会面临这样的问题：其中的图片构建了哪些新闻价

值? 答案是,除了"时效性"之外,所有价值都是在新闻机构发布的脸书图片中构建的。如表 7.3 所示,三大主要新闻价值是"精英性"(33%)、"平民性"和"接近性"(均为 29%),其次是"负面性"(26%)和"正面性"(19%)。如第五章所指出的,新闻图片很少构建"时效性",表现"时效性"可以通过描述与文化或季节相关的事件,或者包含引用当前时间的语言文字。因此,图片中没有明确地构建该新闻价值并不足为奇。一般而言,新闻机构在社交媒体帖中使用的图片所构建的事件涉及人的方面,包括知名人士或普通人物。这些事件一般在地理上接近出版物的目标受众。[8]

183

表 7.3 脸书语料库中构建的新闻价值

新闻价值	是	占总数(1,100)的百分比(%)
美学吸引力	23	2
一致性	6	1
精英性	362	33
影响力	92	8
负面性	287	26
平民性	320	29
正面性	206	19
接近性	319	29
重大性	113	10
时效性	0	0
未预料性	131	12

该数据集的其他有趣结果来自对新闻价值共现方式的探究。"精英性""平民性"和"接近性"在数据中最为常见,这些新闻价值是否以某种方式聚集在一起? 它们可以聚集,而且能与"正面性"共现。表 7.4 显示,这些新闻价值在整个数据集中是最常见的聚类。这些新闻价值与"负面性"的组合也展示在表 7.4 中,以作比较。

表 7.4　最常见的聚类包括"精英性""平民性"和"接近性"

新闻价值聚类	占总数(1,100)的百分比(％)
精英性＋〔正面性或中性〕	28.3
精英性＋接近性＋〔正面性或中性〕	24.0
平民性＋〔正面性或中性〕	21.0
平民性＋接近性＋〔正面性或中性〕	4.4
平民性＋负面性	3.6
精英性＋接近性＋负面性	1.8

　　最常见的新闻价值聚类是"精英性"与"正面性"或无价的组合,意味着图片并没有把事件构建为明显的"负面"新闻。紧随其后的是增加了"接近性"的聚类(精英性＋正面性/中性＋接近性)。总的来说,这些新闻机构在脸书上发布的图片将所报道的事件(或方面)构建为"正面的",包括广为人知的精英新闻人物,并且与出版物的目标受众相关。

　　"平民性"也与"正面性"或中性同时出现。有趣的是,"接近性"与"平民性"的组合率非常低,出现在 4.4％的图片中,而"接近性"与"精英性"的组合出现比例为 24％。这可能是由于精英新闻人物(可能是精英)的拍摄环境广为人知,或者这类图片可能包括一些标志(特殊标记、徽章),从而清楚地将事件置于特定的地理环境中(参见图 7.6 中的例 A)。因为难以确定普通新闻人物的拍摄环境,或者干脆忽略不计,所以"平民性"和"接近性"的组合非常少。这表明,普通新闻人物不具备精英新闻人物的文化资本。图 7.6 体现了脸书语料库中最常见的新闻价值聚类。

　　图 7.6 中的例 A 描绘了精英新闻人物前参议员爱德华·布鲁克,《今日美国》的读者应该对他很熟悉。这篇报道源于《今日美国》(他是第一位通过民选进入参议院的非洲裔美国人),身后的背景也证实了该事件发生在美国(林肯雕像、康沃利斯勋爵投降的巨幅油画,说明该事件发生在国会圆顶大厅,该大厅也是广为人知的精英环境)。因此,这幅图构建了"精英性"和"接近性"。图中,布鲁克热情地笑着挥手,从而构建了"正面性"。图 7.6 中的例 B 描绘了美国前总统奥巴马、第一夫人米歇尔·奥巴马、沙特国王萨勒曼·本·阿卜杜勒·阿奇兹(Salman bin Abdul Aziz)等知名精英人物。这

A: "精英性" + "接近性" + "正面性"
（USA#4）

B: "精英性" + "正面性"
（AUS#20）

C: "平民性" + "接近性" + "正面性"

D: "平民性" + "正面性" （BBC#29）

图 7.6 "精英性"、"平民性"和"接近性"的聚类（例 A:《今日美国》: 亚历克斯·布兰登/美联社 供图;例 B:《澳大利亚人报》/美联社 供图;例 C: 美国国家公共广播电台: 艾米丽·简/美国国家公共广播电台 供图;例 D: 英国广播新闻: 未注明出处）

些都是《澳大利亚人报》读者能够辨认出的人物,因此图片构建了"精英性"。这三位精英新闻人物也面带微笑("正面性")。然而,这张图片并未显示事件发生的背景(被完全抹去)。他们周围只有沙特官员/保镖,说明该事件发生在沙特,因此并未为澳大利亚的目标受众构建地理上的"接近性"。

图 7.6 中的例 C 和例 D 都构建了"平民性"和"正面性"。图中的年轻女性不易被认成精英或著名的新闻人物,她们穿着的服装不太正式,与普通人无异。例 C 中的年轻女性正在参加与年轻人相关的活动。摄影师的出现似乎没有干扰到这些活动(都在使用手机)。[9] 例 C 和例 D 也包含语言文字。

例 C 中的一位年轻女性头戴绣有"华盛顿时报"字样的帽子。通过这样的语言文字,可以确定图片背景为美国(即报道来源),从而为美国国家公共广播电台的目标受众构建了"接近性"。例 D 中的年轻女性举着一张海报,但海报上的文字除了暗示图片中的人来自说英语国家外,无任何明显迹象表明特定背景。例 D 中的背景也非常模糊和有限,无法辨别出图片中事件的特定或已知环境。因此,本图没有构建"接近性"。

虽然图 7.6 中的四张图都构建了"正面性",但是并不意味着新闻报道整体关注正面事件。如例 A 和例 D 所示(更多例子见第八章),报道新闻人物死亡时,按惯例使用面带微笑的图片。或者如例 B 所示,当报道涉及有争议的问题时,图片可以构建"正面性",但语言文字却构建了"负面性"。下一章会进一步讨论该问题,并转向多模态/符际分析(拓扑结构第 1 区)。

回到表 7.4 列出的结果,该数据中很少有报道出现"精英性""平民性"和"负面性"的组合。也就是说,在脸书新闻源上发布的图片很少将事件构建为对相关人物有负面影响。即使这样做了,对象也大概率是普通人(3.6%),而非精英人物(1.8%)。新闻工作的限制和利益或许可以解释这一点。精英新闻人物公开露面一般是经过精心策划的,媒体往往只接触到其正面形象。可以认为,这种接触所产生的想象会构建出"正面性"。新闻机构对发生在普通公民身上的负面事件更感兴趣。这种表征可能会受到评论家的批评,因为它似乎导致政治家和其他具有精英地位的人只在正面的背景下被表征,这种表征更像是公共关系而不是新闻。

"负面性"与"影响力"可以共现(占所有报道的 7.7%),这是常见的新闻组合。尤其在硬新闻报道中,"负面性"和"影响力"倾向于与"重大性"共现。图 7.5 英国广播公司的脸书帖子和图 7.4《邮政卫报》的帖子中使用的图片,很好地例证了"负面性""影响力"和"重大性"的组合。这两个案例中,人类参与者并不是图片的主要焦点,图片主要描述的重点是对机械和建筑环境的破坏。

在脸书语料库中,只有大约 2% 的图片在构建"平民性"的同时还构建了"负面性"和"影响力"。图 7.7 例证了这种新闻价值组合,图中的警察在护送一名男子和儿童。与第五章的悉尼人质事件一样,警察的行动和手势是在保护该男子,护送他离开危险到安全区域。这一动作,结合该男子脸上

186

187

图 7.7 图片构建的"负面性""影响力"和"平民性"(及"重大性")(《泰晤士报》：英国卓越新闻网　供图)

的极端消极情绪(由该事件引发),也说明该事件对男子和儿童产生了极大的负面影响。

7.4.2.2　构建美学吸引力

虽然脸书语料库只有 2%(23 张图片)的报道构建了"美学吸引力",但是这种新闻价值的构建方式值得探究。如第五章所述,在图片中构建"美学吸引力"的手段多种多样：构图(不对称或间断对称)、照片拍摄技术(快门、对焦),或者符合社会/文化惯例的内容(造就美丽的地方或人)。这些方法经常相互结合,表 7.5 总结了每种方法的实例总数,而图 7.8 则说明了这些方法如何在脸书语料库的例子中相互结合。

表7.5 脸书语料库中构建的"美学吸引力"

构建方式	实例总数
构图	15
技术能力	15
内容(人/地方)	9

间断对称；颜色，光线，焦距

不对称

不对称；感光；光线

人物；光线

建筑；光线；颜色

自然；不对称；颜色；
光线；感光

图7.8 脸书语料库中构建"美学吸引力"(英国广播公司图片♯22：法新社 供图；《泰晤士报》图片♯40：阿马尔·格罗弗/科尔维斯 供图；《澳大利亚人报》图片♯13：未注明出处；英国广播公司图片♯33：法新社 供图；《环球邮报》图片♯48：托尼·金泰尔/路透社 供图；英国《卫报》图片♯15：大卫·克拉普/盖帝图库 供图)

有趣的是,图7.8中的所有例子都主要依附负面新闻报道,如一名演员的死亡、风电场对健康的潜在负面影响、故意破坏行为,以及一起涉及一名新生婴儿被行驶中的火车冲撞到铁轨上的事故。正如我们在其他著作中论述的(Bednarek & Caple 2010；Caple 2013a)，图片所构建的"美学吸引力"有可能与语言文本所构建的"负面性"产生评价冲突。我们没有调查这种冲突对受众的影响，但由于我们现在看到这种做法已经出现在不同的新闻报道形式和平台上，因此这种受众研究将值得进一步深入探讨。

7.4.2.3 国家间的差异

188　　由于我们在研究中收集了有关出版物和来源国的信息，因此能够评估出版物或国家/地区对新闻价值构建的偏好程度。表7.6根据出版物来源的国家/地区，总结了脸书语料库图片中每个新闻价值被构建的总次数。

189

表7.6　按国家/地区构建的新闻价值总数

新闻价值（占每个区域调查的出版物/报道总数百分比）					
国家/地区	美学价值	一致性	精英性	影响力	负面性
澳大利亚	2.4	1.2	37.6	4.8	26.0
加拿大	3.0	0.0	33.0	7.0	21.0
爱尔兰	0.0	1.0	32.0	13.0	31.0
其它	0.7	0.0	40.7	12.0	28.7
英国	4.5	0.5	21.0	10.0	29.5
美国	1.3	0.3	33.3	7.3	22.7

新闻价值（占每个区域调查的出版物/报道总数百分比）					
国家/地区	平民性	正面性	接近性	重大性	时效性	意外性
澳大利亚	28.4	19.6	41.2	8.0	0.0	7.6
加拿大	32.0	18.0	26.0	5.0	0.0	8.0
爱尔兰	23.0	14.0	31.0	13.0	0.0	8.0
其它	16.0	18.0	39.3	14.0	0.0	9.3
英国	33.0	19.0	8.5	12.5	0.0	19.5
美国	34.7	20.0	27.7	9.7	0.0	14.3

从表7.6中可以看出,英国与本研究中的其他地区不同。相比之下,英国出版物刊登的图片更多构建了"美学吸引力"和"未预料性",而很少构建"接近性"。美国出版物中的图片更多构建了"平民性"和"正面性",爱尔兰出版物中的图片则更多构建了"负面性""影响力"和"重大性"。从其他地区的报道中抽样的那组出版物,在它们发布在脸书的图片中,更多地构建了"精英性"和"重大性"。澳大利亚出版物中的图片大多构建了"接近性""正面性"和"精英性"。加拿大出版物中的图片构建的新闻价值占比较为平均,只有"负面性"出现频率最低。

由于对新闻机构分享实践(sharing practices)的研究还处于起步阶段,且各家报纸之间又存在很大差异(7.4.1节),因此很难说这些发现是否表明世界不同地区出版物之间存在既定做法。每个地区都有或多或少数量的"大众"或"优质/严肃"出版物,人们也会质疑结果有所偏颇。以美国的调查结果为例,这个数据集包含两个本地数字出版物(嗡嗡喂新闻和《赫芬顿邮报》),以及一份"大众"报刊(《纽约邮报》)。可以推测这些出版物很喜欢分享构建"平民性"和"正面性"的图片,而事实上,嗡嗡喂新闻发布构建"平民性"的图片数量最少(13张),《纽约邮报》和《赫芬顿邮报》则发布了15张相关图片。美国六家出版物发表构建"正面性"的报道数量差不多(都在二到三篇)。

英国媒体的一系列出版物则恰恰相反。该数据集中,《每日邮报》发表构建"未预料性"的图片多于其他出版物:《每日邮报》为19张,《泰晤士报》为9张,《卫报》为7张,英国广播公司为4张。同样,《卫报》发表构建"美学吸引力"的图片最多(5张),而《每日邮报》没发表任何构建"美学吸引力"的图片。也许可以得出这样的结论,美国出版物的脸书帖子主要关注事件中比较个人和正面的新闻价值,但这不能不加以区别地适用到英国新闻媒体。如第一章所述,新闻价值话语分析框架可以用来比较特定的新闻渠道或出版物,包括不同文化/国家间的差异。本节的研究结果清楚地表明,不仅要比较国家,而且要比较新闻出版物的类型("大众的""严肃的""传统的""数字本地的"),甚至单个报纸的价值。然而,我们为此需要收集新的、有代表性的数据集,这超出了本章的范围。

7.4.2.4　为什么有些图片不构建任何新闻价值?

最后,我们把注意力转到脸书语料库中的另一个值得注意的发现,即

8.3%(或 91 张)图片可以说根本没有构建任何新闻价值。仔细观察这 91 张图片可以发现,它们大都是风景、建筑或动物图片,而且没有人类参与者,图中一般是一些物体(如水果、机器或瓶子),来源通常是阿拉米(Alamy)或盖帝(Getty)等机构图片库。图 7.9 是一则硬新闻的例子,该新闻在脸书的帖子中使用了盖帝的图片库,而澳大利亚广播公司的相应报道页面根本没有使用图片。

图 7.9　脸书语料库中使用的图片库(澳大利亚广播公司:盖帝图库　供图)

191

我们只收集能连接到新闻机构网站报道的脸书帖子,这就引出一个问题:这些帖子中,没有构建任何新闻价值的图片的功能是什么? 向我们展示物体、食物、动物或景观/建筑的图片可以被归类为概念性图片(conceptual images)(Kress & van Leeuwen 2006),它们向观众提供事物类型的例子(就像分类法一样)。因此,除了提供概念或事物说明之外,概念性图片对报道的叙事或新闻故事的意义潜力没有任何帮助。当需要填写表格或模板时,这一点似乎特别相关。图片库很容易被用来填补空间,不管图片和故事之间的联系有多微弱(如图 7.9),从而使新闻显得更加"可视"。然而,在新闻语境中使用图片库,有可能产生其他更重要的影响。

Machin(2014:317;Machin & van Leeuwen 2007:151)描述了新闻话语对图片库的依赖日益增加,图片功能从作为见证的证据转向象征系统。借助图片库(如盖帝)提供的图片,我们可以根据其通用性(genericity)、永恒性(timelessness)和低模态(low modality)来分类(Machin & van Leeuwen 2007：151)。这意味着,摄影"不再捕捉特定的、不可重复的瞬间"(Machin & van Leeuwen 2007：152),而是"表现一般类别或类型的人、地方和事物"。这类通用图片"代表了特定时间、地点和生活方式的整体",以至于"我们逐渐接受这些图片展示的世界真实面貌"(Machin & van Leeuwen 2007：157)。对于图 7.9 中澳大利亚广播公司在脸书帖子中使用的图片,我们可以提出这样一个问题:这张图片代表了哪种"生活方式"? 图片所表征的当然是一种异性恋生活。在这种伴侣关系中,女性非常性感,从蕾丝/性感的非常小的短裤可以看出,而男性则是穿着非常大而简单的三角内裤。

192

　　有趣的是,这张图片和真实的硬新闻报道没有关系。该报道涉及两位男性(并未提及女性),他们在布里斯班机场被逮捕,因为其中一名男子的内裤中藏有 5 公斤毒品。如果澳大利亚广播公司的目的是从这个报道中找点乐子(比如,男人被"晾在一边"和"他们的内裤都被晾在外面"),那么为什么不选择一张显示两个男性三角裤的图片呢? 随便在谷歌图片中搜索"晾衣绳上的内裤",就会出现很多图片,包括图 7.9,也包括大量两条三角内裤的例子。后者至少会稍微准确一些,而且同样会吸引那些可能只是在浏览新闻帖子的脸谱用户的注意力,从而起到"视觉点击诱饵"的作用。相反,现在的图片强化了主流的父权主义和性别歧视立场,我们认为这有可能伤害澳大利亚广播公司受众的自由主义情感。

　　使用图片库与近几十年来的数字化颠覆(digital disruption)有关,但它的使用远远超出了喜剧性、说明性或纯粹性。与其他行业一样,新闻媒体业也经历了巨大的变化。与本书论点特别相关的是,许多新闻机构已经完全取消了摄影部门(Young 2010；Bowers 2014；Peterson 2015),它们现在通过路透社、法新社、美联社、雷克斯等新闻机构及盖帝等图片供应商来购买图片。[10] 其他因素包括全天候新闻周期、赋予个人向社交媒体平台上传内容的权限,以及这些平台的模板格式(其中带有现成的图片插槽),这些因素也影响到如何选择图片纳入出版物及图片来源。这种转变对所用图片的新闻叙事潜势有重大影响,这种潜力正逐渐被仅仅反映或加强主导意识形态的图像取代。

　　综上所述,本章论述的新闻价值话语分析具有研究图片中新闻价值构

建与缺失的潜势。国际新闻机构在脸书上发布的新闻图片,大体上构建了
"精英性""平民性""接近性""负面性"等新闻价值。"时效性"缺失,并且在
不同出版物中很难评估"一致性"的构建。"美学吸引力"也较为边缘化。新
闻价值中的"重大性"和"影响力"在数据集中的频次均等,并倾向于和"负面
193 性"同时出现,特别是当图片重点关注物质或环境方面的负面事件,而不是
相关的人时。

7.5 结束语

本章展示了视觉新闻价值话语分析框架,以及如何在大规模新闻价值
话语分析框架中使用关系数据库来分析和查询数据(1,100 张图片)。案例
证实,确立报道事件的新闻价值不只涉及文字。新闻图片不仅起到说明的
作用,而且可以参与构建新闻价值。此处特意使用了"新闻图片"这个术语,
指的是摄影师在参加并记录事件过程中拍摄的图片(即见证图片,捕捉特定
的、不可重复的瞬间)。如本章所示,这是因为新闻媒体使用的一些图片并
非以新闻摄影为背景,且越来越多地来自图片库机构,很少能传达任何新闻
价值。本章仅对一张从图片库提取的图片实例进行了细致、批判性的分析,
但未来的研究还有很大空间,可以特别关注新闻和图片库之间的差异,以及
其构建的新闻价值。总的来说,我们需要考虑图片中构建和**缺失**了哪些新
闻价值,并探讨由此产生的后果。

本案例研究了脸书帖子的不同类型,这些帖子将读者从脸书吸引到新
闻机构的网站上。相应的受众研究可以检验帖子中构建的新闻价值是否会
吸引读者点击链接(即离开脸书,到别处去看完整的报道)。由于社交推荐
对新闻网站流量有极大的影响,因此这些知识对数字内容编辑非常重要,他
们负责为社交媒体平台包装新闻帖子。最后,本章提供的脸书分析帖子可
以作为未来研究的参考点,以追踪新闻机构在社交媒体使用方面的最新进
展,也可以作为研究脸书和其他社交媒体平台新兴实践的参考点,因为它们
本身成为了"新出版商"(Bell 2015;见第十章)。

综上所述,本章阐述了新闻价值话语分析框架的应用,分析了 21 世纪
新闻符号学实践,包括新闻报道的常见做法或惯例(如特定新闻价值聚类)

及新闻组织之间的差异。对多模态新闻报道来说，使用不能构建新闻价值的图片库这一做法是有问题的。本章还说明了如何在大规模研究中借鉴视觉分析框架，以及如何将新闻价值话语分析框架与分析新闻实践的其他方面（如标题、图片属性、布局/模板）结合起来，以深入了解社交媒体和网上使用图片的新兴新闻实践。

194

注释

1. 社交媒体用户点击脸书或推特链接后，会跳转到网站新闻页。
2. 以前的研究项目研究过这些机构。除此之外，没有任何理由选择这些新闻机构。另外，这些机构都以脸书页面、推特账户和网站形式建立了数字化网页，并定期更新。
3. 雇用的研究助理负责收集数据、捕捉所有图片的截屏，并在 Excel 中录入出版物和其他屏幕细节的基本信息。研究助理获取所有新闻机构官方脸书页面的截屏，以确保分析的页面是正确的。
4. 因为 22 家出版物的周末版在人员配备和编辑决策方面差异很大，所以数据收集限制在工作日。
5. 此外，由于只有 23 张图片构建了"美学吸引力"，因此这项任务是有益的补充。
6. 对于美国国家公共广播电台，我们从更专业的新闻子栏目（如拉丁美洲之声）中收集报道，因为在收集期间，每天很难找到 5 条一般性的新闻报道。该广播电台会发布多种信息，信息非自己生成，而是来自其他组织，所以很难辨别新闻出处。
7. 参见 Reich 和 Klein-Avraham（2014）关于图像署名缺失对摄影记者职业影响的讨论。
8. 衡量"接近性"的标准是出版物的目标受众，而非脸书的潜在读者，因为无法评估这些读者是谁及其所在的地理位置。
9. 在将这两位年轻女性表现为"智能手机僵尸"的过程中，构建了对年轻人的刻板印象，即他们总是在玩手机，而不注意周围环境（"一致性"）。
10. 我们将盖帝首先归类为图片库，因为这是该公司在网上和营销文案中宣传自己的方式。

第八章

"一切适合分享的新闻"
"分享最多"新闻中的新闻价值

8.1 引言

本章为应用新闻价值话语分析的第三个案例研究。前两章仅关注单一的符号模式,本章将结合文本分析和图片分析,说明语料库辅助的多模态话语分析(corpus-assisted multimodal discourse analysis,CAMDA)如何应用于新闻价值话语分析。首先,请看图 8.1 中看似毫无关联的新闻图片和标题。文字文本和视觉文本有什么共同点?

答案是,它们都属于脸书用户广泛分享的新闻报道。如上一章所述,利用社交网络获取并分享新闻,已成为在线媒体的重要组成部分(Newman 2011,Hermida *et al.* 2012,Pew Research Center 2014)。路透社数字新闻报道(Newman & Levy 2014:15)指出,通过社交网络分享新闻在年轻人群体中更常见,将来可能会更加普遍。正如 Olmstead 等(2011:10)所说:"如果找寻新闻是过去十年中最重要的社会进展,那么分享新闻可能是下一个十年最重要的发展之一。"

新闻机构清楚读者兴趣多变,要吸引受众注意力,就需要写出可能会被分享的报道。为此,新闻机构需要保证两点:首先,新闻报道阅读量大。其次,单击链接以阅读更多内容时,读者将返回新闻网站(请参阅第七章的链接分享)。受众指标(点赞数、阅读量、分享次数最多等信息)会影响报道的**新闻事件**和**包装方式**(Olmstead *et al.* 2011:1,Nguyen 2013:150,Martin& Dwyer 2015,Welbers *et al.* 2015)。例如,有迹象表明,新闻机构

觉得自己准备好要孩子了吗？看看育儿博主疯传的新手父母爆笑测试，你可能会打消想法……
奥巴马团队赢得了将基督教私塾家庭驱逐出境的斗争
亚利桑那州警长乔·阿尔帕约为损毁美国国旗的囚犯仅提供面包和水
英国期刊发现，已撤回的自闭症研究是"精心策划的骗局"

图 8.1 脸书上分享最多新闻的图片和标题

根据受众行为创建了"怪异"或"正面"新闻等新板块（Beckett 2015）。因此，关于新闻业是否被简化的风险（Nguyen 2013：154）的争论已经出现，因为"流行而非重要"的新闻正在崛起（Hermida *et al*．2012：822）。

然而，关于网络流行新闻符号学特征的语言学研究十分少见（除了Blom & Hansen 在 2015 年关于"标题诱饵"的研究之外），新闻价值研究更是少之又少。Papacharissi 和 Oliveira（2012）结合内容分析与话语分析，研究了主题标签为埃及（♯egypt）的推文。但两位研究人员对新闻价值的定义与本书不符，他们未考虑推文类型和来源，而是用"新闻价值"分析了所有推文，其中包括博主和活动人士的观点。一些非语言研究分析了分享新闻的内容，如链接分享文章（Berger & Milkman 2012）和转推（Hansen *et al*. 2011，Newman 2011）。Milkman（2012）和 Hansen 等（2011）的研究得出了不同的结果。此外，Crawford 等（2015）从新闻业角度探讨了可分享性,提出了分享新闻的四种特质:简单、感人、新鲜或意外、由外因引起。由于学科差异,此类研究并未回答有关语言的问题,也没有对符号资源进行全面的微观分析。

本章的问题是,被分享新闻的符号特征有哪些? 与本书主题一致,本章关注新闻价值的构建。被分享新闻构建了哪些新闻价值? 新闻价值如何体现? 反映了怎样的社会意识形态? 是否只有特定种类的新闻才会被广泛分享? 语言和视觉文本内部及二者之间有哪些符号模式?

8.2 数据和方法

8.2.1 数据介绍

在此案例研究中,我们收集了 99 个脸书上多次分享的新闻网址,并建立语料库。如第七章所述,脸书在分享新闻和其他内容方面发挥着重要作用(Olmstead et al. 2011, Pflaeging 2015)。慎重考虑后,我们决定建立小型语料库,以此结合定量分析和定性分析。语料库只涵盖英文纸媒新闻和广播新闻,均来源于"历史悠久"的新闻机构,包括大众化报刊(如《每日邮报》)和主流大报(如《纽约时报》)。[1] 语料库主要由硬新闻(包括名人逝世报道)、软新闻和研究新闻构成,其中不包括非新闻文章(如建议、意见、测试)、视觉为主的新闻(如照片集、视频)、其他新闻媒体文章(Buzzfeed 等数字媒体网站、《时代周刊》等杂志、《好莱坞报道》等专业出版物)。为了建立语料库,我们使用了 Share War 受欢迎的搜索引擎(http://likeable. share-wars. com),以统计截至 2014 年 9 月初的脸书分享最多的新闻。[2] 由此建立的语料库以美国新闻为主:在语料库中,69 篇新闻来自 10 家美国新闻机构,24 篇新闻来自 6 家英国新闻媒体,5 篇新闻来自 3 家澳大利亚新闻机构,1 篇新闻来自 1 家新西兰新闻机构。新闻数量最多的三家机构是:美国有线电视新闻网(23)、美国福克斯广播公司(20)和英国《每日邮报》(13)。关于受欢迎度搜索引擎的更多细节,请参阅 Martin 和 Dwyer (2015),语料库设计请参阅 Bednarek(2016c)。附录中的表 A.8.1 列出了99 个网址。

在助理研究员的帮助下,我们将该"分享新闻语料库"(SNC)分为四个子语料库:

- 全文语料库:包含完整新闻;
- 标题语料库:包含主标题(不包含子标题);
- 开篇段落语料库:包含开篇段落[3];
- 图片语料库:包含 99 篇新闻相关图片。

如图 8.2 所示,四个子语料库的分析位于不同的分析区域。下文将首先讨论区域 2,分析新闻在该区域内具有的模式。首先,我们利用文字子语料库来研究语言模式。其次,我们使用图像语料库来分析视觉模式。最后,我们找出文字和图片语料库均存在的模式(区域 1)。本章旨在比较两种符号模态的结果,因此并不分析美学吸引力,该因素仅适用于图片新闻价值(请见第三章)。

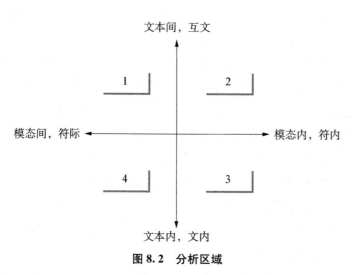

图 8.2 分析区域

8.2.2 文字文本(语言)模态分析

在文字子语料库方面,部分分析仅限于标题和开头段落。因为在传统的新闻报道中,标题和开头段落通常概括了整个新闻(van Dijk 1988a)、摘要(Bell 1991)或核心部分(nucleus)(Iedema *et al*. 1994),其语言构建了话题的新闻价值(White 1997,Mahlberg & O'Donnell 2008)。开头段落通常

198

构建了"新闻价值角度"(news values angle),但分享新闻语料库中并非全部的新闻都是如此(Bednarek 2016c)。本章结合了两种不同方法:一种是位置方法(positional approach),可以将核心部分(nucleus)构建的新闻价值视为最突出的新闻价值;另一种是基于频率的方法(frequency-based approach),新闻价值的出现频率决定了是否强调该价值。虽然可以将两种方法视为一个复杂结构单元,但是本章将分别讨论标题(H)和开头段落(OP)的模式。如第一章所述,分享新闻语料库的语言学分析运用了WordSmith 软件(Scott 2015)和 UAM 语料统计工具(O'Donnell 2015),结合了传统的语料库技术和计算机辅助人工标注。

8.2.3 视觉文本(图像)模态分析

分析图片语料库时,我们仅选取了网络新闻页面第一页的第一张照片。在分享新闻语料库的 99 篇新闻中,27 篇没有照片。在有照片的 72 篇新闻中,51 篇只有一张静态照片,21 篇带有嵌入影像图库。《纽约时报》《华盛顿邮报》和《今日美国》的 5 篇新闻结合了单一静态图像和影像图库,提供了丰富的视觉和文本体验。《每日邮报》充分利用了单一静态图像,每篇新闻有6 至 16 张图片。包括影像图库在内,分享新闻语料库共有 1,010 张图片。因此,出于范围考量,本章节的视觉文本分析仅限于新闻页面的第一张图片。有学者认为,新闻报道的第一页具有最重要的信息(Djonov & Knox 2014:187)。由于作者并未进行受众研究,无法预测读者是否会继续浏览其后的内容、观看视频,或点击浏览影像图库中的所有图片,因此本章仅分析第一页的第一张图片。对于带有影像图库的新闻,本章只分析图库中第一张图片,因为首张照片会嵌入在新闻报道中(如图 8.3 所示)。

作为模态内分析的案例,本章分析图像时将不参照相应的文字文本含义(如图片说明),原因有二:首先,许多图片没有图片说明,若分析文本时结合图片说明,则无法保证一致性;其次,在进行符号模态间的比较之前,我们想先评估新闻价值在图像中的构建和新闻价值本身。同样,也可以将图片和图片说明视为"视觉文字复合体"(Caple 2013a:206)。

199

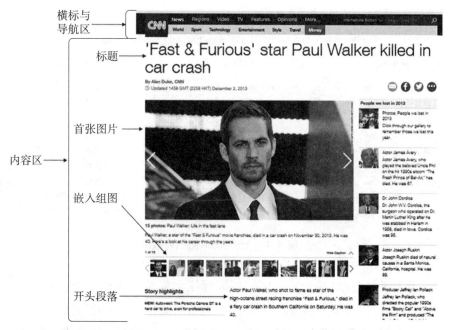

横标与导航区

标题

首张图片

内容区

嵌入组图

开头段落

图 8.3 美国有线电视新闻网网站：一篇新闻报道的首页布局，标注依据为 Djonov 和 Knox（2014：176－178）（美国有线电视新闻网网站：P. 惠特比/盖帝图库 供图）

8.2.4 符号模态间的分析

200

如前文所述，本章还关注文本符号模态之间的关系（图 8.2 中的区域 1），并回答如下问题：

文字和图片如何**共同**构建新闻价值？构建的新闻价值是否相同？是否构建了多种多样的新闻价值？文字和图片是否存在矛盾？

这些分析可以告诉我们文字和图片在多大程度上强化了相同的新闻价值或构建了互补的新闻价值，或者在多大程度上相互冲突。分析使用了关系数据库（MS Access），该数据库是为比较跨符号模态的新闻价值而专门设计的。我们分别整理了数据库中的文字和视觉分析结果，然后创建查询，以便能够比较数据（如图 8.4 所示）。

在数据库界面中，每篇新闻报道有一个专门的识别号码和原文超链接，以方便快速检索。每个元素（图像、标题和开头段落）下列出了每种新闻价

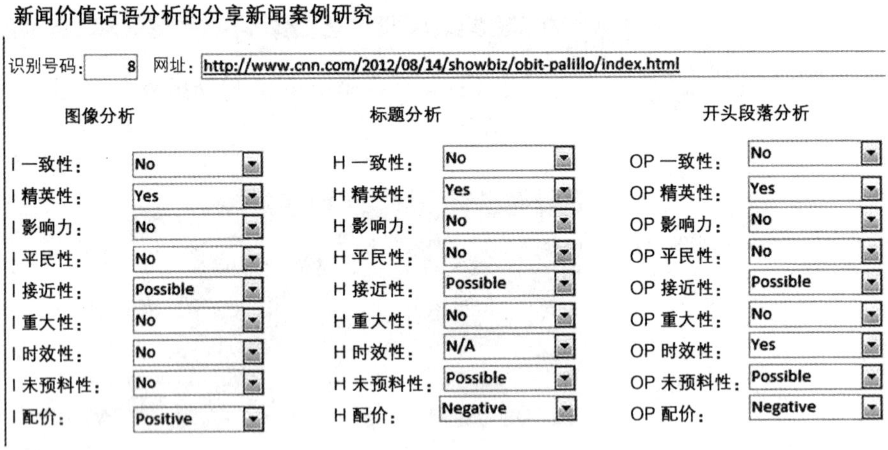

新闻价值话语分析的分享新闻案例研究

识别号码: 8　网址: http://www.cnn.com/2012/08/14/showbiz/obit-palillo/index.html

图像分析		标题分析		开头段落分析	
I 一致性:	No	H 一致性:	No	OP 一致性:	No
I 精英性:	Yes	H 精英性:	Yes	OP 精英性:	Yes
I 影响力:	No	H 影响力:	No	OP 影响力:	No
I 平民性:	No	H 平民性:	No	OP 平民性:	No
I 接近性:	Possible	H 接近性:	Possible	OP 接近性:	Possible
I 重大性:	No	H 重大性:	No	OP 重大性:	No
I 时效性:	No	H 时效性:	N/A	OP 时效性:	Yes
I 未预料性:	No	H 未预料性:	Possible	OP 未预料性:	Possible
I 配价:	Positive	H 配价:	Negative	OP 配价:	Negative

图 8.4　MS Access 数据库截图

值,并有下拉菜单(是、否、可能),可以标注元素是否构建了分析的新闻价值。这样可以保证随后可以随机组合问题,从而比较收集的数据。

　　即使几个符号手段构建了同一个新闻价值,对每个新闻价值而言,每张图片/每个标题/每个开头段落仅编码一次。分析所使用的编码手册可以参见 http://www.newsvaluesanalysis. com。简言之,大多数新闻价值只有三个选项:"是"(构建了新闻价值)、"否"(未构建新闻价值)和"可能"(有争议、不清楚、不确定或特殊情况)。例如,当"接近性"为文化接近(提及名人、机构、产品、事件等)而非地理接近时,"接近性"的编码为"可能"。这种编码手段并不意味着文化"接近性"不属于"接近性",而是表示此类文本很难编码,并且更加"主观"。下文将通过美国有线电视新闻网络新闻报道的第一页(图 8.5)来说明编码时遇到的困难。

201　　　　图片中,一些元素直接构建了文化"接近性":啦啦队队员的图像和相应的文字文本(穿着啦啦队制服,周围环绕着一圈绒球),可能会为美国读者构建文化"接近性"。但标题中的脸书是否也是"接近性"? 与中国的人人网相比,脸书是受众熟悉的机构。然而,是否每次出现脸书(又如,每次提到一位知名政治家)都可以编码为"接近性"? 这种做法是可行的,从而遵循一种不太保守的方法。但在这种情况下,作者预测,大多数新闻报道会在文本的某些元素中构建"接近性"。

图 8.5　利用文字和图片构建"可能"的"接近性"(美国有线电视新闻网:阿曼达·里特　供图)

基于"精英性"的标量特质(scalar nature)(请见第三章),我们在编码该新闻价值时,同样采取了保守方法。当新闻主体的精英地位较"弱"时,编码为"可能",而非"是"。

图 8.6 中的新闻报道举例说明了上述观点。在文字文本中,通用名词"鼓手"表明了新闻的中心主体。作者认为,"普通"艺术家和音乐家的精英地位较弱,特别是在泛指情况下,因此文字文本应编码为"可能"。由于分析可能存在主观性,因此图像也被编码为"可能"。作者生活在澳大利亚,无法

202

图 8.6　通过文字和图像构建"可能"的"精英性"(《电讯报》:盖帝图库供图)

确定英国报刊《电讯报》的目标受众是否会将图中鼓手看作著名乐队的鼓手。

203　　编码选项"可能"对"一致性"也很重要，即构建刻板印象。我们认为，在分析时，很难了解某一出版刊物目标受众的刻板印象。因此，编码"一致性"时，我们采用了非常保守的方法，即**始终**选择"可能"。其他编码决策在编码手册中有详细说明，下文将重点介绍分析结果。8.3节将介绍语言模式，8.4节将讨论视觉模式，8.5节将探讨语言和视觉共同具备的模式。

8.3　语言模式

8.3.1　全文语料库的语料库语言分析

Bednarek(2016c)详细分析了分享新闻语料库中的全文语料库，其中包括至少在分享新闻语料库20篇新闻中出现的词元、词形和N元结构，以及100个最常出现的语义标签分析，从而为理解新闻价值提供了基本的视角。例如，大学、政府、总统、官方(UNIVERSITY, GOVERNMENT, PRESIDENT, OFFICIAL)等常见词语构建了与研究、政治领导力和官方权威相关的"精英性"。美国、美利坚合众国、美国的(US, UNITED STATES, AMERICAN)是广泛认可的精英国家或国籍，出现在美国新闻媒体时，可以同时构建"接近性"。此类词元也能反映分享新闻语料库以美国为中心的性质。词元"警察"(POLICE)、"杀戮"(KILL)及"死亡"(DIE)构建了与犯罪和死亡相关的"负面性"。疾病、犯罪、死亡、战争、暴力、破坏、恶劣天气等语义标签能进一步构建"负面性"。词元"不久前（最近）"(LATE，包括latest)、"现在"(NOW)与"时效性"有关，"首个"(FIRST)和"第一个"(the first)也与"时效性"有关。如果新闻报道了罕见事件，那么"第一个"也可以构建"未预料性"（见第四章）。数字、量化、强化、词形和词元（如至少、世界[WORLD]）重复出现，可以构建"重大性"。

　　该分析有两大局限性(Bednarek 2016c)。首先，进一步的定性分析是有必要的，因为并非所有词元和词形都能构建新闻价值，而且也不能简单把语义标签当作新闻价值标签。其次,新闻价值并不一定是由重复出现的词形或同一语义中的单词构建的,普遍认为的罕见事实也能构建"未预料性"(没有明确标记)。"一致性"也很难仅通过频率分析发现(另见 Potts *et al.* 2015:170)。因此,定性分析十分重要,我们可以通过检索或人工标注来进行定性分析。本章将同时使用两种方法,首先进行语料库语言学分析,仅分析分享新闻语料库中的标题和开头段落,之后再讨论计算机辅助人工标注的结果。

8.3.2 标题和开头段落的语料库语言学分析

204

首先,使用 Wordsmith 默认设置得到的词频表显示,标题共有 724 种类符(type),开头段落共有 427 种类符。在全部类型中,96%只出现在三个及以下的标题中,93%出现在三个及以下的开头段落中(请见附录的表 A 8.2)。结果在预料之中,因为语料库文本很短,但词频表确实显示了脸书用户分享了不同类型的新闻。例如,用户不会只分享一个主题或一个人的新闻。因此,我们推测,分享新闻语料库构建了不同的新闻价值。

如表 8.1 所示,出现在至少 4 个标题和开头段落的词汇是:年、家、找到、学校和研究(years, home, found, school, and study)。"新的"(new)和"死亡"(died)出现在至少 4 个开头段落中,在标题中的出现次数少于 4 次。而"第一"(first)、"死亡的"(dead)和"丧生"(killed)出现在至少 4 个标题中(见表 8.2)。对 10 个词形进行索引,定性分析的结果表明,"新的"和"第一"通常构建"时效性"和"未预料性","死亡""死亡的"和"丧生"通常构建"负面

表 8.1 出现在至少 4 个标题和开头段落的词汇

	标题		开头段落	
	频率	分布	频率	分布
年	5	5	4	4
家	4	4	7	6
发现	4	4	7	6
学校	5	5	6	5
研究	4	4	6	6

性"。与死亡相关的新闻报道分享得非常广泛,这表明了脸书和推特间存在
205 相似之处。Newman(2011:22)指出,灾难或死亡新闻报道在推特上传播得
更广泛。

表8.2 其他词汇

	标题		开头段落	
	频率	分布	频率	分布
新的	分布<4		13	12
死亡			5	5
第一	4	4	分布<4	
死亡的	5	5		
丧生	6	6		

但"研究"(study)和"发现"(found)的情况更为复杂(Bednarek 2016b)。
"研究"和构建"精英性"的角色标签一般不同时出现,"发现"的示例在表达
"时效性"(新鲜性)方面的程度不同。最后,"年""学校"和"家"偶尔构建新
闻价值,通常用于构成短语(如在家教育子女的基督教家庭),或者与其他资
源同时出现(如与描述事件范围的大数字连用)。"家"在短语中的释义很多
(在家教育的家庭、爱尔兰未婚妈妈之家、离家、家庭房屋贷款),这可能是该
词分布广的一个原因。

我们需要进一步研究开头段落语料库,以进行更详细的分析。开头段
落的语料库比标题语料库的单词更多。除上文提到的"发现""研究""新的"
"死亡"外,本章将重点关注表8.3总结的词形,这些词出现在至少4个开头
206 段落中。"城市""美国的""美国"和"国家"是构建"接近性"的可能语言资
源,"周一""周六""周三""前""晚上"可能构建了"时效性","世界"可能构建
了"重大性",官员和联邦是构建"精英性"的可能手段。此外,下文还将讨论
情态动词"将"和"可能",以及报告表达"称""根据""说"和"告诉"。由于情
态动词可能与"时效性"和"影响力"相关,因此对转述语的分析能揭示消息
人士的身份(精英/平民)。[4]

表 8.3 其他词形

	开头段落频率	开头段落分布
城市	5	5
美国的	5	5
美国	4	4
州	4	4
周一	6	6
周六	5	5
周三	4	4
前	5	5
晚上	4	4
世界	9	8
官员	5	5
联邦	4	4
将	8	5
能	5	5
称	6	6
根据	5	5
说	4	4
告诉	4	4

通过分析这 22 种词形，我们能深入了解"精英性""影响力""负面性""接近性""重大性"和"时效性"的构建。本章将仅讨论重要结果，不详细说明这些词汇的全部用法。虽然新闻价值经常组合出现，但是本章重点关注各部分的单个新闻价值（按字母顺序排列），以避免重复讨论。

8.3.2.1 精英性

研究、官员和联邦都是潜在的构建"精英性"之手段。通过使用"发现""揭示""根据"等表达，新闻报道可能会用"研究"来构造科学研究发现的"精英来源"（请参阅 Bednarek 2016b）。"据（根据）"在开头段落语料库中最为常用，以引用符号研究成果。学术研究的"精英性"只有在个别情况下才会失效,如已撤回的英国研究是"精心策划的骗局"。分享新闻语料库中"称""说"和"告诉"的使用语境表明,三个报道动词可以构建"精英性",它们构建"精英性"的频次远多于其他新闻价值,且大多通过高社会地位的角色标签来构建该新闻价值,名字可有可无。具体示例请见表8.4。

表 8.4 构建"精英性"的资源

报道动词	构建"精英性"的资源
称	当局 一名联合国高级外交官 政府官员 警察("弱精英",请见第三章)
告诉	美国中央情报局指挥系统 消防队队长马库斯·莫泽尔 电影《诺亚》的制片人
说	俄亥俄州东北部一家慈善机构的负责人 KISS乐队吉他手保罗·斯坦利 新的研究(构建了可能的"精英性",参见 Bednarek 2016b)

"官员"(联邦、联合国、学校、州官员)、"联邦"(联邦法官、法院、官员、政府)等词汇的上下文进一步说明了"精英性"的构建。"官员"最常用于汇报(说、描述、称、表示)语境,但也可能作为新闻人物而非消息来源等形式出现。"联邦"也能将新闻人物或来源与机构联系起来。最后,尽管作者起初并未将"世界"视为构建"精英性"之手段,但是该词能用于世界领袖标签(二战退伍军人可能也包含在内)来构建"精英性"。同理,"州"用于高社会地位角色标签时,也能构建"精英性",如亚利桑那州立大学或南卡罗来纳州议会。

8.3.2.2 影响力

"影响力"涉及实际和非实际发生的重大后果(见第三章)。"将"(will)和"可能"(could)的检索结果表明,两个动词常用在报道事件影响力重大的语境中,请见以下示例:

例(1)

奥巴马政府正在大力向信用较差的人提供更多住房贷款。官员表示,此举**将**有助于经济复苏,但批评人士认为,这**可能**会导致风险贷款。此前房地产崩盘正是由风险借贷导致。(《华盛顿邮报》)

例(2)

医生周日宣布首次治愈一名婴儿的艾滋病,这一重大进展**可能**会改变艾滋病新生儿的治疗方式,从而大幅减少感染艾滋的儿童人数。(《纽约时报》)

例(3)

Kiss 乐队和威豹乐队(Def Leppard)将在今年夏天一同去往北美 42 个城市巡演,此次巡演**将**"带去好消息和兴奋"。(《今日美国》)

上述三个示例的结果都是"非实际的",例(1)和例(3)中有非常确定的预测(将),而例(1)和例(2)表达了可能性(可能)。前两例用可能出现的社会重大影响来评价政治措施和医学发现,而例(3)构建的影响力是情绪性的。虽然"将"和"可能"本身无法构建"影响力",但是在语境中构建"影响力"时,两者可以作为重要的**语境线索**。

8.3.2.3 负面性

如上文所述,开头段落中的"死亡"构建了"负面性"。该词结合了"负面性"、"精英性"(如保罗·沃克去世,他因出演街头赛车电影《速度与激情》而出名)和"平民性"(如一名无人照看的儿童死亡)。[5] 新闻报道也可能将死亡或死亡情况塑造为意外,从而同时构建了"未预料性"。

例(4)

一位参加教堂训蛇真人秀的肯塔基牧师被毒蛇咬伤**身亡**(《美国有线电视新闻网络》)

正如分享新闻语料库的其他示例所表明的,上述示例的情景反讽在语料库中属于特殊子类(例如,伊拉克自杀炸弹训练师意外炸毁了他的整个训练班级)。

8.3.2.4 接近性

为了分析"城市"(city)、"美国的"(American)、"美国"(US)、"州"(state)和"新的"(new)(和位置名称连用)这些可能的构建"接近性"之手段,我们考察了开头段落中的所有相关示例,并标出了新闻媒体(请见表8.5)。

209

表8.5 "接近性"的构建(城市、美国的、美国、国家、新的)

地点	新闻媒体	同一城市/州	同一国家
《纽约邮报》	福克斯新闻		×
新西兰	《新西兰先驱报》		×
将旧金山变成哥谭市(纽约别称)	《旧金山纪事报》	×	×
本以为这场暴风雪只是一场小雪(阿拉巴马州伯明翰)	福克斯新闻		×
在乌克兰东部城市顿涅茨克	《今日美国》		
纽约市	《纽约时报》	×	×
北美42个城市巡演	《今日美国》		×
一名美国交换生	美国全国广播公司		×
实现美国梦	美国有线电视新闻网络		×
印有美国国旗的T恤	福克斯新闻		×
亚利桑那州立大学	《纽约时报》		×
州官员(肯塔基州)	美国有线电视新闻网络		×
南卡罗来纳州议会	《华盛顿时报》		×
在科罗拉多州立大学	美国有线电视新闻网络		×
亵渎美国国旗	福克斯新闻		×
一名前美国海军陆战队队员	《每日邮报》(英国)		
美国新闻节目《上周今夜秀》	澳洲新闻		
在袭击美国领事馆期间	福克斯新闻		×

可以看出,这些词汇通常构建了"接近性"。美国新闻媒体倾向于提及美国人、美国地点、美国机构和美国文化。旧金山和纽约的地方报纸还会使用各自的地名(《旧金山纪事报》《纽约时报》)。值得一提的是,一家澳大利亚新闻媒体曾提到了一档美国节目,但根据上下文,该报道是通过包含性第一人称复数代词来为澳大利亚的目标观众构建"接近性"。

例(5)

美国讽刺新闻节目《上周今夜秀》今天播出了一个片段,剪辑了**我们**处境艰难的首相最尴尬的时刻。(news. com. au)

请注意,新闻目标受众的"接近性"分析排除了脸书用户。由于无法通过数据来判断用户身份和位置,因此对于这些受众而言,"接近性"可能成立,也可能不成立。

8.3.2.5 重大性

当"世界"(world)不用于高地位角色标签(如世界领袖)时,它在所有开头段落中都构建了"重大性",只有一个例外。"(来自)世界各地的新闻人物"多次出现,以下结构各有一例:

- 世界上最(形容词)
- 一个(形容词)世界
- 负面感情名词 + 世界

在全文语料库中搜索"世界上"(in the world),也可以找到类似示例(世界上最强劲的热带气旋、世界上最具传染性之一)。语料库中没有"世界"的其他结构,这表明构建"重大性"时,"世界"的其他用法可能并不常用。"世界"的这一用法也符合新闻业常规惯例,"世界的"通常与比较级和最高级形容词搭配,表示"最大程度的"(Duguid 2010:120)。

8.3.2.6 时效性

从接近发布时间(以网站发布日期为准)这个层面来说,"时效性"可以通过"星期一""星期六""前""晚上"等时间指示词来构建。[6] 如表 8.6 所示,这些词指不久前或不久后发生的事件,时间范围在 1—6 日内。在该时间范围内,这些词通常指同一天、前一天或后一天,此时构建的"时效性"最强。同理,此处分析的是发布时间上的接近,而非分享时间上的接近。虽然我们假定大多数新闻报道分享于发布日,但是一些新闻报道的分享时间可能较晚。

210

211

表 8.6 "时效性"的构建(周一、周六、前、晚上)

	发布日期	非常近的过去	不久前	非常近的将来	不久后
周六(1)	2013 年 11 月 30 日(周六)	×			
在周六(4)	2013 年 2 月 10 日(星期日)				×
	2014 年 7 月 27 日(星期日)	×			
	2013 年 7 月 15 日(星期一)		×		
	2013 年 12 月 2 日(星期一)		×		
上周	2012 年 10 月 15 日(星期一)		×		
上周三晚	2014 年 7 月 14 日(星期一)		×		
昨晚	2014 年 12 月 8 日	×			
周四晚	2013 年 4 月 26 日(星期五)	×			
在周一晚	2013 年 6 月 17 日(星期一)	×			
周一(2)	2013 年 11 月 19 日(星期二)	×			
	2013 年 5 月 6 日(星期一)	×			
在周一	2014 年 6 月 15 日(星期日)			×	
	2013 年 2 月 5 日(星期二)	×			
	2013 年 4 月 18 日(星期四)		×		

此外,"新的"(new)检索结果表明,该词在几个开头段落中构建了"新颖性"。"新的"未同地名一起出现的情况共有 10 处,大多数将新闻报道构建为新报道。[7] 其中,绝大多数新闻报道与符号研究成果(作为中心名词"调查"和"研究"的前置修饰语)或发现相关。

例(6)

随着 500 个新童话的发现,一个充满神奇动物、勇敢的年轻王子和邪恶女巫的全新世界展现在我们面前。(《卫报》)

在全文语料库中,"调查"和"研究"也常与"新的"搭配。"找到"的检索结果表明,7 个结果中有 3 个与研究发现相关,这也证实了研究和发现新闻的"新颖性"。

例（7）

西班牙格拉纳达大学的研究人员发现……（《华盛顿时报》）

例（8）

在抗击癌症的战争中，研究人员可能找到了必胜武器……（福克斯新闻）

例（9）

莱斯特停车场下发现一具骷髅……（英国广播公司）

8.3.3 语料库辅助下标题和开头段落的人工标注

212

开头段落 22 种词形的定性研究提供了 6 种新闻价值的语言构建信息，但"一致性""平民性""正面性"和"未预料性"的信息有限。此外，研究仅分析了这 22 个词如何构建新闻价值。为了全面了解语料库情况，有必要人工标注每个标题和开头段落。

由于"一致性""平民性"和"正面性"源于人工标注，因此下文将简要介绍这三种新闻价值。首先，我们通过人工分析，确定了"一致性"的潜在语境线索，如地名和国籍名（如得克萨斯、爱尔兰、德国）、专有名词（如乔治·齐默尔曼、阿尔迪）、职业或角色（英国独立党候选人、艺术家、诺曼底登陆老兵）、显性和隐形评价（如吸毒父母、古怪钢琴）及群体特征（许多动物爱好者发现、许多想要孩子的母亲认为）。但是，这并不代表这些语言手段总是构建"一致性"，而其他语言手段无法构建"一致性"。例如，例（10）中的标题和开头段落通过上下文，塑造并加强了勇敢士兵的固有印象。

例（10）

70 年后,诺曼底登陆老兵吉姆·皮威·马丁又跳了一次

吉姆·皮威·马丁表现得像个老手,跳伞就像跳下木桩一样轻松(美国有线电视新闻网络)。

为了构建"一致性",表明马丁的"诺曼底登陆老兵"身份非常重要,但这并不意味着该名词短语本身构建了刻板印象。

其次,构建"平民性"时,新闻报道通常将普通人描述为负面活动或苦难的施动者或者受动者。在报道正面或意外的事件或者行为、重大社交媒体影响力时,也会提及普通人。[8]

例(11)

一名肯塔基州的母亲离家仅几分钟,5 岁的儿子就意外射杀了 2 岁女儿["负面性"](美国有线电视新闻网络)

例(12)

青少年骑自行车追捕绑架嫌疑犯,解救 5 岁女孩["正面性"](美国有线电视新闻网络)

例(13)

少年带着曾祖母去舞会["未预料性"](福克斯新闻)

例(14)

一名动物园工作人员和他最爱动物的感人瞬间在网络走红。["影响力"](福克斯新闻)

再次,许多语境似乎都可以构建"正面性",如研究类新闻,以及对英勇、智慧、坚韧或善良的积极行为之描述。

例(15)

两名少年骑自行车追赶载有被绑架女孩的汽车,被誉为英雄。[英雄主义](美国有线电视新闻网络)

例(16)

在蒂姆·霍华德对阵比利时的精彩表现之后,有人短暂修改了国防部长查克·哈格尔的维基百科,堪称完美。[机智](《今日美国》)

例(17)

本应在周二举行的最后一次英雄聚会,却变成了几十名二战老兵的最后胜利。这些老兵不让政府的预算之争阻碍参观首都纪念碑之行。[坚韧](福克斯新闻)

例(18)

……这可能是因为,这位红极一时的新星(艾米·亚当斯)用不易察觉的善举获得了更多的粉丝。[善良](福克斯新闻)

最后,人工分析表明,通常只需要提及普遍认可的不寻常事件就能构建"未预料性",意外研究发现是分享新闻的一个重要子类别(请见例19至例21)。

例(19)

西班牙格拉纳达大学的研究人员发现,锻炼后喝啤酒比喝水或佳得乐的补水效果更好。(《华盛顿时报》)

例(20)

　　龙舌兰酒不仅能在聚会时放松心情,对健康也有好处。(福克斯新闻)

214　　例(21)

　　从逻辑上来说,母亲生的孩子越多,承受的压力就越大。但一项新的研究表明,情况并非如此。(《每日邮报》)

　　例(21)将研究发现构建为违反常理的,如有害的消费品反而有益处,孩子多并不等于压力大。

　　最后,表8.7和表8.8总结了所有新闻价值。鉴于研究的主观性,表格数据只能反映趋势或倾向,并不能代表绝对现实。如表格所示,虽然分享新闻中有全部的"传统"新闻价值,但是构建的新闻价值似乎有所不同。例如,用户分享的新闻报道人物包括"精英"和"普通人",报道包括"正面"和"负面"报道。"精英性""重大性""未预料性"和"负面性"似乎非常重要;提及邻

215　国或文化接近的国家时,"接近性"非常重要(全部编码为"可能")。"时效性"也很常见,但可能是语料库设计造成的结果(请见 Bednarek 2016c)。

表 8.7　标题和开篇段落中构建的新闻价值

新闻价值	是		否		可能	
	标题	开头段落	标题	开头段落	标题	开头段落
一致性	—	—	79	72	20	27
精英性	44	49	35	34	20	16
影响力	12	18	86	78	1	3
平民性	22	19	54	44	23	36
接近性	15	31	34	40	50	28
重大性	40	54	59	42	—	3
时效性	69	78	8(+16N/A)	17(+4N/A)	6	—
未预料性	41	26	17	25	41	48

表8.8 "负面性"和"正面性"的构建趋势

	标题	开头段落
负面性	55	51
正面性	17	21
不确定或无配价	27	27

在量化趋势方面,还需要强调的是,新闻价值常常会组合出现。一方面,名词短语构建了多个新闻价值,如"接近性"和"平民性"(一位来自肯塔基州的母亲)、"重大性"和"精英性"(越来越多的立法者)、"重大性"和"时效性"或"新颖性"(一个充满神奇动物、勇敢的年轻王子和邪恶女巫的全新世界)。这符合名词短语的一般信息密度,从而使其成为**概括**新闻价值的有效手段。另一方面,新闻价值也能通过多个短语构建,如将新闻人物同状态、动作或地点相关联,请参考表8.9。

表8.9 综合考量新闻价值

受困的戴夫·马休斯搭粉丝便车去演唱会(美国有线电视新闻网)	
戴夫·马休斯	"精英性"和文化"接近性"
搭便车	"时效性"
粉丝	"平民性"
戴夫·马休斯搭粉丝便车	"未预料性"
8 岁男孩是波士顿马拉松爆炸案 3 名死者之一,多人受伤	
8 岁男孩	"平民性"
爆炸案 3 名死者之一	"负面性"
波士顿马拉松	"接近性",可能有"精英性"
多人受伤	"重大性""负面性""影响力"

"时效性"(新颖性)经常与"未预料性"相关。例如,在《每日邮报》的《一名英国男子成为不借助飞机环游 201 国的第一人》中,"隐性否定"(即"不",Hermerén 1986:66)和版面设计(大写)共同构建了"未预料性"。新闻价值通常以上述方式或其他方式构建,这增大了人工标注和量化的难度。正如

219

8.3.2 节所示,基于新闻价值的标量性质和语言构建新闻价值的不同方式,标注和量化更加困难。

216

8.4 视觉模式

下文将讨论视觉模式,表 8.10 总结了视觉模式的趋势。首先,表 8.10 表明,在分享新闻语料库中,没有一张图片构建了"时效性"。如第五章所述,若没有文字或数字、其他文化或环境线索,则新闻图片很难构建"时效性"。在语言模式中,"时效性"出现得十分频繁,这一鲜明对比是因为两种模式存在差别。

表 8.10　图片语料库中新闻价值的构建(72 张图片)

新闻价值	图片数量	总数百分比
一致性	3	4
精英性	21	29
影响力	7	10
平民性	23	32
接近性	11	15
重大性	6	8
时效性	0	0
未预料性	5	7
负面性	16	22
正面性	21	29

其次,在分享新闻语料库的图片中,普通新闻人物和精英新闻人物出现的可能性相当。32%的图片构建了"平民性",29%的图片构建了"精英性"。构建"正面性"的图片多于构建"负面性"的图片(两者分别占 29% 和 22%),15% 的图片描绘了与目标受众相关或受众已知的人和地点,从而构建了"接近性"。图片上的人物可能是精英,因为构建"接近性"的 11 张图片中,有 7

张同时构建了"精英性"(请见 7. 4. 2. 1 节对此类图像的讨论)。

再次,如果我们仔细研究"负面性"和"正面性"的构建及图片语料库中的新闻人物类型(表 8. 11),那么可以发现,没有一张图片同时构建了新闻人物的"负面性"和"精英性"。相比之下,构建"平民性"(描绘普通新闻主体)的图片明确构建了"负面性"和"正面性"。如图 8.7 所示,"正面性"和"负面性"主要通过正面或负面的面部表情来构建(请见第七章)。

表 8.11 "负面性""正面性""平民性"和"精英性"的构建   217

新闻价值	负面性	正面性	不确定/无
平民性(23 张图片)	8	12	3
精英性(21 张图片)	0	6	15

此外,构建"影响力"的图片(n = 7)也同时构建了"负面性",三张图片进一步构建了"重大性"。在图 8.8 的两个示例中,"重大性"是通过普通新闻人物的激烈情绪反应来构建的。

比较图 8.7 中的图 A 和图 8.8 中的两张图片,可以看到三张图片都通过负面面部表情来构建"负面性"。然而,三张图片在负面情绪**程度**上存在明显差异。作者认为,图 8.8 所描绘的负面情绪更强烈(眼睛紧闭,嘴巴大张),并通过新闻人物的手势(双手举起、手放在头部)来加强情绪。强烈情 218
绪同样构建了"重大性"。图 8.8 中的图 B 使用广角来拍摄主要新闻人物,占满整个图像,从而增强了人物的悲伤程度。

图 A:负面性   图 B:正面性

图 8.7 "平民性""负面性"和"正面性"的构建(图 A:《每日邮报》:路透社 供图;图 B:福克斯新闻,家庭学校法律保护会 供图)

图A　　　　　　　　　　　　　　　　　　图B

图8.8　通过描绘激烈情感来构建"重大性"（图A：美国有线电视新闻网络：吉姆·罗加什/盖帝图库　供图；图B：《华盛顿邮报》：戈贝米伽·奥拉米坎/美联社　供图）。

最后，分享新闻语料库中有一些不构建新闻价值的照片（共有9张，占12％）。这些照片都是物体（一辆车、一个玻璃镜头）、食物（一块蛋糕）、动物（一头犀牛），或者风景、建筑。图片中均未出现人类，大多数是分享图库的库存图片。正如第七章所述，除了用作插图外，这些概念图片对新闻叙事或新闻叙述潜能并没有任何帮助。

总结8.3节和8.4节的模式内分析，分享新闻语料库构建的新闻价值多种多样，不同符号模式之间存在差别。有趣的是，图片构建的"正面性"多于"负面性"，语言文本情况则恰好相反。在语言文本中，"精英性""重大性""未预料性""负面性"似乎格外重要；而视觉文本主要描绘新闻人物，更倾向于构建"平民性"和"精英性"，缺少"时效性"。因此，新闻价值的构建符合各个符号模式的特点。

8.5　视觉-文字模式

分别考察语言模式和图像模式之后，下文将结合两种符号模式的分析，探讨词汇和图片如何共同构建新闻价值。分析将转移至图8.2中的区域1，以考察符号模式之间的关系，以及两者关系在多大程度上能推广至整个分享新闻语料库。

表8.12简要说明了跨符号模式构建新闻价值的重合之处。我们将新闻价值选择为"是"（表明该元素构建了此新闻价值），随后搜索文字和图片

中出现"是"的示例数量。我们可以看到符号模式和新闻事件元素(图片、标题、开头段落)对于构建新闻价值的加强程度。

表 8.12 中的最右边一栏表明,在分享新闻语料库的 72 篇新闻报道中,超过半数在至少一个元素(图片、标题、开头段落)中构建了"精英性"(n=41)、"重大性"(n=68)和"负面性"(n=45),31 篇新闻报道构建了"未预料性"和"正面性"(43%),26 篇新闻报道构建了"平民性"和"接近性"(36%)。这些数字表明了分享新闻语料库的大体趋势:新闻报道将事件明确构建为及时、高强度、大范围事件,涉及精英新闻人物和普通新闻人物。此外,许多事件被明确构建为罕见、正面或负面的事件。请注意,表中数据未考虑编码为"可能"的结果,这也解释了为何表格中没有"一致性"示例(请参见 8.2.4节)。

表 8.12 跨符号模式构建新闻价值的相关性(共 72 篇文字和图片新闻报道)　　　219

值=是(构建了此新闻价值)					
	全部 3 个元素(图片、标题和开头段落)	仅图片和标题	仅图片和标题	仅标题和开头段落	图片、标题或开头段落
一致性	0	0	0	0	3
精英性	16	3	1	5	41
影响力	2	1	0	4	21
平民性	7	4	2	1	26
接近性	3	0	0	3	26
重大性	5	0	1	20	54
时效性	0	0	0	41	68
未预料性	1	3	0	16	31
负面性	10	1	0	18	45
正面性	3	2	1	6	31

但其他栏表明,图片、标题和开头段落构建同一新闻价值的情况较少,图片和标题构建同一新闻价值的情况更少,几乎没有图片和开头段落构建同一新闻价值。相比之下,模式内的标题和开头段落之重合程度更高,这是

因为在传统硬新闻中,两种元素关系密切,而分享新闻语料库内包含一些传统硬新闻。其他数据库搜索结果一致表明了符号模式的多样性,没有两个新闻报道在构建新闻价值上完全相同。这表明不同模式构建的新闻价值会累积,两种模式都很重要,因为它们构建了新闻事件互补的新闻价值。

表 8.12 进一步表明,当不同符号模式构建相同新闻价值时,新闻开头的三个元素(即标题、图片和开头段落)可能会共同强化该价值。"精英性"是图片、标题和开头段落强化最多的新闻价值(共 16 个新闻报道),10 篇新闻报道用三个元素构建了"负面性"。图 8.9 展示了三个元素如何构建"精英性"。标题和开头段落通过名词短语,共同构建了精英新闻人物,如阿拉斯加参议员、立法者、(总统)奥巴马、国会和联邦官员。图片上是十分容易辨认的精英——奥巴马总统。背景模糊不清,但也能分辨出是著名地标白宫。

图 8.9 "精英性"在标题、图片和开头段落中的构建与强化(福克斯新闻:
　　　美联社　供图)

分析结果还表明,构建新闻价值时,有少数符号模式相**冲突**的案例,主要与"负面性"和"正面性"的构建有关。在七篇新闻报道中,图片构建了"正面性",而语言文本(标题和开头段落)构建了"负面性"。在两篇新闻报道中,图片构建了"负面性",而语言文本构建了"正面性"。在图片构建"正面性"的七篇新闻报道中,照片上有面带微笑的人。两篇新闻有关主体的死亡,影像图库中新闻主体的红毯照是为了对新闻进行说明(图8.10中的文本A)。一篇新闻报道了世界上年纪最大的马死掉了,配图是它的生前照片和微笑的驯马师(图8.10中的文本B)。基于导语图片的评价性质,作者认为上述示例在新闻价值的构建上相冲突。Martin(2001:334)认为,图片引起了"多模态文本的读者反应,通常位于可以概述下文新闻价值的位置"。当新闻首页多数是正面图片(如图8.10中的图片)时,读者有可能对下文预先持有积极态度预期。但如果文本将新闻事件构建为极其负面(如死亡)的事件,那么这可能会与读者的最初反应相违背。文本和图片的冲突也反映了新闻话语的一贯特性,新闻经常使用人(和动物)的生前照片,并在文本中描述其死亡。"负面性"和"正面性"之间的冲突,可能是为了突出所报道事件的悲剧性。

文本A　　　　　　　　文本B　　　　　　　　文本C

图8.10　图片和语言文本的极值冲突(文本A:美国有线电视新闻网络:乔纳森·莱布松/盖帝图库　供图;文本B:《每日邮报》:马丁·罗斯/东方头条　供图;文本C:《每日邮报》,脸书　供图)

在"正面性"和"负面性"相冲突的新闻中,四篇涉及普通新闻人物。其中,有两张图片来自脸书,一张由私人机构提供,仅一张由新闻发布机构的新闻工作者提供。报道负面事件时,联系近亲或本人索要照片不仅耗费时间,还会被视为不近人情或唐突,从脸书等社交媒体平台获取图片的做法十分普遍。在社交媒体上,绝大多数是正面图片,因此获取的照片很有可能在新闻报道中构建"正面性",而在文字文本中构建"负面性"。如图 8.10(文本 C)所示,文字文本描述了发生在女孩身上的负面事件,新闻图片来自脸书,图片上是一个面部表情中性/积极的健康年轻女性。图片和文字在构建"正面性"与"负面性"上存在冲突,从而增加了新闻的评价效果,并反映了新闻报道中常见的修辞,即落差(the fall)。这名女性从前健康、快乐、自由(通过图片构建),与其后生病(或死亡)、痛苦、囚禁等形成对比(通过冗长文本来构建)。

222

由于篇幅受限,本章无法详细阐述视觉和文字的复杂关系。因此,作者在网站上用可视化的方式呈现了 8.5 节的讨论结果,可访问 http://www.newsvaluesanalysis.com 获取。网站图片包括了动态信息图,展示了分享新闻语料库中的新闻价值如何构建,以及何时通过文字和图片共同构建。

总之,网络新闻报道似乎遵循几种包装模式,倾向于将标题、导语图片或视频、开头段落放在首页(见图 8.3)。回到本章开篇提到的问题,网上新闻符号模式内部和符号模式之间有哪些规律与惯例? 如前文所述,视觉和文字在构建新闻价值方面都起到了重要作用,可以相互加强,从而强化同一新闻价值。少数情况下,视觉和文字元素会发生冲突,两者很有可能相辅相成,构建一系列新闻价值。换言之,脸书用户分享的新闻报道因多模态而颇具新闻价值。结合使用不同符号模式,可能是为了尽可能强化新闻价值,这符合 Galtung 和 Ruge(1965:71)最初的假设,即如果新闻报道的(价值)因素不只一个,那么新闻价值更高。下文将结合三类分析,简要总结分析结果。分析文字模式时,我们使用语料库语言学手段找出主要词元、词形、N元结构和语义标签(请见 8.3.1 节)。该方法表明,全文语料库构建了"精英性""接近性""负面性""时效性""未预料性"和"重大性"。标题和开头段落的词形定性分析(请见 8.3.2 节)证明,分享新闻语料库确实构建了这些新闻价值。同时,该方法还确定了能预测新闻价值的词(如新的、第一、丧生、死亡、死亡的、官员、联邦、世界)和一些潜在的上下文线索(如情态动词)。总而言之,检索结果展示了分享新闻语料库如何通过语言来构建特定新闻价值,但语料库语言分析并没有均衡反映全部新闻价值。通过计算机辅助人工标注(包括相对客观的描述),我们研究了"一致性""正面性""平民性"和"未预料性"的构建。例如,我们通过分析发现,语料库中确实有"正面性",但频率低于"负面性"。

　　8.4 节对视觉文本模式的分析表明,分享新闻语料库中的图片大多描绘人物,倾向于构建"精英性"和"平民性"。值得注意的是,图片构建"正面性"的频率高于"负面性"。我们研究了这些新闻价值以何种方式相结合。例如,前文展示了情感描述如何构建"负面性""重大性"和"平民性"。比较8.3 节和 8.4 节的结果可以发现,语料库中的新闻价值构建有所不同,不同符号模式之间存在差异,发挥了各自的优势。这也意味着,分析语言模式和视觉模式会得到不同的结果。如 8.5 节所示,只有结合两者,才能明确找出符号模式内和符号模式之间的规律与惯例(加强、补充、冲突)。本章关注构建新闻价值的显性示例(编码为"是"),未来的研究可以全面考察其他情况(编码为"可能"),这一点在编码手册中有所提及(Bednarek 2016b;Caple 2016,可访问 http://www.newsvaluesanalysis.com)。通过结合三方面的分析,我们对分享新闻语料库中的新闻价值构建有了更全面的了解,这是其他方法无法实现的。

8.6　结束语

　　结论部分将回到本章开始所提出的问题:分享新闻构建了哪些新闻价值? 是否只有特定种类的新闻才会被广泛分享? 反映了哪些社会意识形态和优先的价值观念? 简言之,对历史悠久的新闻机构的分享新闻研究表明,"精英性""重大性""时效性""负面性""未预料性""平民性"等"传统"新闻价值依旧重要,许多分享新闻也构建了"正面性"。该研究证实了意外新闻是广泛分享新闻的一个重要子类,包括意外研究新闻。读者对意外研究新闻的兴趣可能不利于其他难以构建"未预料性"的研究新闻,这些研究也很重要,但却不易广泛传播。

　　总而言之,广泛分享的新闻报道多种多样,新闻内容包括精英和普通人、死亡等负面事件、英勇行为或善举等正面举动、有重大社交媒体影响的

223

事件等。分享新闻所构建的新闻价值反映了不同的社会意识形态。新闻种类广泛可能是因为分享新闻的用户并非同一群体，对新闻分享群体的研究证实了这一观点。研究表明，网上新闻用户群体或类型不同（Herdagdelen et al. 2013；Zeller et al. 2014），"行为也有所差异"（Olmstead et al. 2011：1）[9]。如果"用户更有可能分享喜欢或与自身相关的新闻"（Ma et al. 2014：612），如果他们的爱好和兴趣不同，那么从逻辑上来讲，分享内容也会多种多样。本案例研究表明，"适于分享"的新闻类型在某种程度上取决于分享用户。除了争取将转发量最大化之外，新闻机构可能需要让新闻被特定用户群体分享，这一群体可能对特定广告商有价值。

总而言之，本章研究了分享新闻案例，展示了语料库辅助的多模态话语分析如何应用于新闻价值的话语分析。研究说明，该方法可以用于考察新闻报道的多模态包装，确定语言和视觉所发挥的作用，以及两者是强化了同样的新闻价值，构建互补的新闻价值，还是在构建新闻价值时相冲突。本研究与符际关系的研究兴趣一致（Caple 2013a），也对媒体素养和新闻教育具有潜在的应用价值。通过解构专业文本如何以多模态新闻产品的形式整合新闻价值，并深入探讨不同新闻模式的贡献，学生可以更全面地理解当代新闻业作为社会和符号实践手段的角色，以及探寻多模态新闻报道的成功和失败做法。

注释

1. 其中还包括了澳大利亚新闻网站（news. com. au）。该网站汇集了纸媒的新闻报道，如《每日电讯报》（The Daily Telegraph）、《信使邮报》（The Courier Mail）、《先驱太阳报》（Herald Sun）等。
2. 受欢迎度搜索引擎（Likeable Engine）主要从美国、英国和澳大利亚优质新闻媒体主页收集网站网址，记录分享次数。受欢迎度搜索引擎试图收集地区网址（如收集 theguardian. com/uk，而非 theguardian. com/），但由于服务器位于墨尔本，因此样本很可能受到地理位置的影响。加之统计到的网站主页集随时间而变化，所以语料库并不等同于实际分享最多的新闻，其只能反映用户分享最多的新闻类型。
3. 开头段落指第一段，不一定是新闻报道一般结构中的完整导语段落（请参考 Feez et al. 2008 对于新闻体裁的概念）。与 Mahlberg 和 O'Donnell（2008）的研究不同，本章关注完整首段，而非第一句话。有时二者会重合，即第一段只有一句话。标题、副标题、开头段落并非按照语言方式划分,因此开头段落是标题和副标题(通常可以通过粗体、字体大小或着重号判断)后的第一个段落。

4. 附录的表 A8.2 列出了其他单词,这些单词在开头段落中至少出现 4 次,但本章并未讨论。其中一些单词确实偶尔构建了新闻价值(参见第四章),如表示否定和对比的词汇、比较级、强化词、数词、与负面词汇(战斗、抗议、战争、辩论、愤怒)连用的介词。

5. 还有一例是关于世界上年龄最大的马死亡的新闻。

6. 数字检索结果(♯)表明,大多数日期和时间无法构建"时效性"。事件距离发布日期较远时,新闻界的一般做法是使用数字日期。情态动词"将"和"可能"的检索结果表明,两者很少与具体时间同时出现在同一句子中,"将"与具体时间一同出现的频率高于"可能"。

7. 其中两个示例并没有明确构建新闻价值。

225

8. 非精英新闻人物从事犯罪活动、新闻报道笼统提及此类主体或使用群体名词时,则编码为"可能",因为此时新闻不一定构建了"平民性"(见第三章)。

9. 此外,受访者对不同类型新闻(如科学/技术、健康/教育、娱乐/名人)的兴趣或消费程度调查呈现明显差异,其中存在年龄和性别差异(Anderson & Caumont 2014;Newman & Levy 2014)。然而,受访者声称感兴趣的内容,可能与他们实际查看或分享的新闻类型并不相同。如果仅询问社交媒体用户,结果可能有所不同(参见 Anderson 和 Caumont 2014 年发表的《Facebook 用户常看新闻类型》,以及 Bruns 等人 2013 年发表的《Twitter 用户关注的澳大利亚新闻主题》)。

第四部分

扩　展

第九章

新闻价值话语分析在历时研究及跨文化研究中的应用

我们在前面三章展示了新闻价值话语分析（DNVA）应用的案例实证研究，但这种分析方法显然还能运用到许多尚未发掘的领域。我们将在本章介绍并分析新闻价值话语分析在两个重要领域的应用：历时研究和跨文化研究，希望借此启发其他研究者将新闻价值话语分析应用于后续的研究中。

9.1 《淫魔出现》(*Salacious Fiends*) 与《来自死者的消息》(*News from the Dead*)：历时研究

我们在本书中对当代英语新闻的新闻价值进行了研究，因此关注的是共时研究而非历时研究，但探究新闻价值话语的历史嬗变同样具有研究价值，可以同时研究其稳定性和变化。Tunstall(1996)和Cecconi(2009)在各自研究中都提到了一些英国媒体中老生常谈的话题，我们可以将这些话题与诸如"精英性"(Eliteness)、"重大性"(Superlativeness)、"未预料性"(Unexpectedness)、"负面性"(Negativity)、"平民性"(Personalization)等新闻价值联系起来：

> 自《每日新闻》于1702年在英国出版之日起，报刊的编辑和新闻工作者就一直在发掘名人新闻、戏剧、纠纷、富有"人情味"的事件及"精彩的故事"。到了18世纪，他们的重点则转向了演员、剧场，以及有关国王和官廷的流言蜚语……接着就如同现在一样，战争成为了最好的新

闻素材。(Tunstall 1996：199)

在英国都铎王朝和斯图亚特王朝时期,巨大的风暴、奇异的天才、惨烈的地震和血腥的犯罪都是普罗大众渴望的话题,而出版社也希望通过发布此类新闻来获取商业利益,这与现代的新闻市场如出一辙。(Cecconi 2009：138)

无独有偶,名人和权力精英也是摄影新闻报道(photojournalism)中经久不衰的话题。Gernsheim(1955：344)回忆道,在进入 20 世纪之际,新闻摄影的主题更青睐名人或"人们长期感兴趣的新闻事件",如维多利亚女王的葬礼或爱德华七世的加冕。

但是,这并不表示新闻价值的出现频率和内涵始终保持不变。比如,Bell(1991：197)注意到了"名人"(celebrity)概念的演变,因为在 20 世纪 40 年代前,《每日镜报》(*Daily Mirror*)中频繁出现有关皇室和军队的标题,但现在几乎不复存在了。因此,我们可以发现新闻价值的符号构建在不同时期的差异,这种差异来源于新闻产业的发展。而在新闻摄影方面,20 世纪 30 年代涌现了许多通俗小报,如《每日镜报》(英国)和《每日画报》(美国)(Daily Graphic),这些小报充斥着新闻图片,且使用哗众取宠的巨幅图片,主题往往都涉及暴力、性、丑闻和意外事故。Barnhurst 和 Nerone(2001)将这种发展称为新闻对象从名人向平民的转变。他们由此推断,新闻摄影从"寻常事件的常规景象转向了生动活泼的戏剧性时刻,而后者为新闻摄影所青睐"(Barnhurst & Nerone 2001：171)。这种转变也将对新闻价值的符号构建产生显著影响。

由此,我们能够探究人们在不同时期通过话语构建了哪些新闻价值(如"精英性"),如何构建这些新闻价值(如使用正式的肖像画或军队头衔),以及这些新闻价值变化的频率。我们也可以将研究结果与社会历史背景(包括技术的限制,如表示"时效性"的新近性或"新颖性"的含义在过去两个世纪发生了巨大变化)联系起来(Ungerer 2000a：183)。而其他的许多社会、经济和政治因素也同样影响了新闻的风格和语言(Schudson 1978;Conboy 2010;Facchinetti *et al*. 2012)。至于新闻摄影方面,人们对图像及拍摄者认知的改变则大大影响了图像再现的方式和地点(可参考Barnhurst & Nerone

2001；Reich & Klein-Avraham 2014）。

那研究者如何进行新闻价值的历时研究呢？不同国家有若干可供研究的数据库和语料库。下面列举一些例子。《纽约时报》历史档案库（New York Times archive）允许用户付费检索 1851 年起的报道文章。[1] 订阅用户可以通过英国的《泰晤士报》档案馆（Times archive）检索 1785 年至 1985 年间的报道文章。[2] 大英图书馆藏有两个早期英国报纸/书籍的总集，以及 19 世纪 40 年代以后的新闻报纸全集。[3] 同样，澳洲国家图书馆免费提供 1803 年后的澳大利亚报纸电子版的在线检索。[4] ProQuest 历史报纸（ProQuest Historical Newspapers）是一个付费的电子档案库，收录了 18 世纪后美国及一些国际的报纸。[5] 尽管这些档案库已完全电子化，并保留了原版的页面排版、图片和插图，但是这些档案库无法对图片或配有图片的新闻报道进行检索。这就意味着，必须先借助人工的页面搜索或关键词搜索，才能进行图片的研究分析。

在用于语言学分析的语料库方面，布朗（BROWN）系列的语料库收录了 1931 年、1961 年、1991 年和 2006 年后的新闻文本类型（Baker 2011），并且能够用于分析新闻语言的变化（Hundt & Mair 1999）。乌普萨拉大学（Uppsala University）主持建立了 19 世纪英语报纸语料库（Corpus of Nineteenth-century Newspaper English），其中收录了 1830 年至 1850 年间及 1875 年至 1895 年间英语报纸的社论和新闻报道。[6] 罗斯托克报纸语料库（Rostock Newspaper Corpus）收录了 6 份英国报纸在 1700 年至 2000 年间的新闻报道（Bös 2012）。苏黎世英语报纸语料库（Zurich English Newspaper Corpus）收录了 1661 年至 1791 年间的全部英语报纸（Fries & Schneider 2000；Fries et al. 2004）。在更早期，兰卡斯特新闻书籍语料库（Lancaster Newsbooks corpus）（McEnery & Hardie 2001 - 2007）收录了 1653 年至 1654 年间的新闻书籍，而佛罗伦萨早期英语报纸语料库（Florence Early English Newspapers corpus）则收录了 1641 年至 1661 年间的新闻书籍（Brownlees 2006a：7）。其他的语料库则罗列在用于历史新闻话语研究的网站 CHINED 上。[7]

尽管本章无法提供一个历时新闻价值话语分析的完整案例研究，但是我们将在此对分析途径作一些评价。在语言层面，我们可以通过定性和定量研究相结合的方式,分析新闻价值修辞方法的表现形式及其发展。例如,从文本细读和发现语言手段再到寻找这些语言手段。研究者也可以寻找存在于当代英语语言新闻话语中的方法,并找出这些方法出现的地方、频率及使用情况。纯粹出于展示目的,我们对部分《华盛顿邮报》(1877—1907)进行了研究,并从中节选了一些案例(见表 9.1),这些案例可以通过 ProQuest 数据库进行检索。

232

表 9.1　《华盛顿邮报》节选案例(1877—1907)

精英性	发明了欧洲大陆广泛使用的印刷装置的著名教授休斯有了重大发现,他发现有些体质对声音很敏感,就像硒对光很敏感一样。(选自 1878 年 5 月 15 日《华盛顿邮报》第二页,《另一项重大发现》,来源:《自然》[*nature*]) 枪战频繁:发狂的比尔·希科克如何在无意中杀死他最好的朋友(选自 1907 年 10 月 6 日《华盛顿邮报》R6 页大标题,作者:Denver Field & Farm)。
影响力	可能让全欧洲陷入战争的一次严重危机(选自 1878 年 2 月 11 日《华盛顿邮报》第一页,大标题) 无法准确预估整个城市在昨晚遭受的损失,但总额可能在 100,000 美元。风暴覆盖了整个地区,其破坏性的力量席卷了地区的每个角落。花坛被损坏、树木被折倒、窗户被击碎、屋顶被掀开、地下室被水淹、下水道炸裂、树木和房屋被闪电击中,还有一些人也因此丧生。(选自 1878 年 8 月 6 日《华盛顿邮报》第四页,《浸透、撕碎:城市遭遇电闪雷鸣、狂风暴雨》)
负面性	淫魔出现:父母该警惕了(选自 1878 年 4 月 19 日《华盛顿邮报》第一页,大标题) 《俄亥俄州报》报道,土地总局正以每张两美分的价格出售美国全国和各地方的地图,已有数百封信件邮寄到该局预定购买。昨日,土地总局专员向《俄亥俄州报》致信,信中称该报所述未经授权且信息虚假,这种行为既对俄亥俄州的许多市民造成损害,让他们感到失望,还激怒了土地总局,此外还大大增加了其通信负担。(选自 1878 年 1 月 5 日《华盛顿邮报》第四页,《两美分的地图交易》) 结果表明,虽然这次强奸企图粗暴至极,但是却没有得逞(1878 年 4 月 19 日《华盛顿邮报》第一页,《淫魔出现:父母该警惕了》) 他在给立法机关长官欧文的信件中提到了中国问题,大意是中国人的出现引发了一场不可调和的冲突:若允许他们无限制地移民,那么他们的文明就有凌驾于我们自身文明之上的危险……(选自 1877 年 12 月 7 日《华盛顿邮报》第一页,《中国人"无法避免的"冲突》)

续　表

平民性	她哽咽地说："如果他能回来表现得体面一些，我就会原谅他，然后试图去忘记，他离开的时候我负债累累、身体不好还要抚养一个孩子，他应该感到羞愧。"(选自 1878 年 1 月 14 日《华盛顿邮报》第一页，《理查德·格兰特·怀特：邪恶堕落的用语》) 纽约的《法裔美国人信使》(*Messager Franco-American*)周四详细报道了委内瑞拉近期发生的地震……**从事咖啡种植的瓜迪亚提供了更多细节，地震发生时他正在城中，他说道：**……(选自 1878 年 6 月 1 日《华盛顿邮报》第一页，《打哈欠的地球：委内瑞达大地开裂》)	233
接近性	巴西政府向**美国**邮船公司提供资助[标题] 巴西政府一直希望恢复**美国**和巴西之间的直邮服务，且应由**美国轮船**执行。(选自 1877 年 12 月 6 日《华盛顿邮报》第三页，来源：《纽约论坛报》) **亚历山德里亚邻近城市**的公立学校办学顺利、蓬勃发展，这都要归功于 1785 年华盛顿将军向孤儿学校捐赠了 5,000 美元以激励教育事业。(选自 1878 年 1 月 29 日《华盛顿邮报》第四页，《乔治·华盛顿：资助亚历山德里亚地区办免费教育》)	
重大性	9 月 15 日至 20 日，该地经历了**多年以来最大的暴雨和洪水**。水稻作物遭到**严重破坏**……(选自 1878 年 10 月 11 日《华盛顿邮报》) 已故怀特神父的遗体现置于圣马修教堂的牧师住宅，葬礼也在此举行，上千民众前来吊唁，其中还有许多新教徒……预计这将是**该城市最盛大的葬礼之一**。(选自 1878 年 4 月 4 日《华盛顿邮报》第四页，《怀特神父的葬礼于今日举行》) 昨日下午该地区爆发一场暴风雨，**其猛烈程度前所未见**，大约从 2 点 45 分开始，一直持续到 5 点。雷声惊天动地，闪电以奇异的形状**划破长空**，狂风**以可怕的力量**在街道**肆虐**，大雨如**注**，巨大的冰雹砸死了到处飞行的可怜的麻雀，在窗玻璃上演奏着大自然**可怕音乐**的美妙音符。(选自 1878 年 8 月 6 日《华盛顿邮报》第四页，《浸透、撕碎：城市遭遇电闪雷鸣、狂风暴雨》)	234
时效性	《怀特神父的葬礼于**今日举行**》[标题] 已故怀特神父的遗体现置于圣马修教堂的牧师住宅，葬礼也在此举行……**葬礼于今晨 10 时开始**……(选自 1878 年 4 月 4 日《华盛顿邮报》第四页，《怀特神父的葬礼于今日举行》) 对菲茨·约翰·波特的审判**仍在西点军校进行**，现在回顾还为时过早，因为还有证据没有提出。(选自 1878 年 7 月 23 日《华盛顿邮报》第二页，文章一，无标题)	
未预料性	昨日早晨，约翰·范·巴斯柯克在短暂的病痛后与世长辞，他的众多好友都对此感到痛苦、惊讶与惋惜。范·巴斯柯克生前体格强健，健康而富有活力，所以他的离世**出人意料**。(选自 1878 年 1 月 28 日《华盛顿邮报》第一页) 在第七大道和第十大道间的 R 街道上，房屋的地窖和地下室自**建成以来第一次被水淹没**……(选自 1878 年 8 月 6 日《华盛顿邮报》第四页，《浸透、撕碎：城市遭遇电闪雷鸣、狂风暴雨》)	

　　Palmer(1998：177)认为,在世界范围内传播的新闻价值和其他标准是由19世纪晚期的新闻工作者发展起来的。表9.1简单列举了一些与当代新闻话语的相似之处,如使用较大的模糊数(上千)、描述情绪(失望/惊讶)、使用词组"自……以来第一次"及使用负面词汇(强奸、冲突)。另一方面,当代新闻话语还存在不同之处。虽然在当代新闻话语中经常可以看到有关暴风雨的报道使用比喻或拟人的修辞手法(见Potts *et al.* 2015),但是在1878年8月6日《华盛顿日报》的报道中却没有这些修辞手法。"暴力冲突""社区领袖"等当代常用的表述不会在1910年以前的《华盛顿邮报》中出现(此处检索了报道文章、头版文章和战争新闻),而"淫魔"(salacious fiend)这种负面的类别名称也不会在当代新闻话语中出现。

235　　毫无疑问,系统地进行分析能够让我们发现更多不同之处,但这还需要对更早之前的材料进行研究。我们从中发现,早期英国新闻话语似乎通过比较(like, as . . . as,表示"像……一样")来构建新闻报道价值(newsworthiness)。在17世纪的市井歌谣和新闻小册中,我们可以看到评价形容词(伤心的、害怕的、精彩的、糟糕的、讨厌的)、数字、隐喻及引述的使用,这些都是"现代新闻界的说服性语言"(Cecconi 2009：155),其中包括如"负面性"、"时效性"(新近性)、"接近性"等新闻价值的构建(Cecconi 2009：144)。若新闻书籍的标题为《奇怪而美好的关系》(*Strange and Wonderful Relation*)或《来自死者的消息》(*News from the Dead*),则强调了这是超自然的怪诞故事(Conboy 2010：30),从而构建了"未预料性"。[8]

　　因为电子档案库尚未将关键词或标签与图片全部联系起来,所以分析新闻摄影中新闻报道价值的表述形式和发展不同于发掘语言资源中的新闻报道价值。我们可以采用的一种分析方式是找出配有摄影图片的报刊文章,并关注其中有关重大历史事件的图片是如何呈现的。例如,罗格·芬顿(Roger Fenton)拍摄了很多19世纪50年代发生的克里米亚战争的照片,而马修·布雷迪(Mathew B. Brady)则拍摄了很多美国南北战争的照片。19世纪80年代至90年代出现了纪实摄影,摄影记者雅各·里斯(Jacob Riis)拍摄记录下了纽约贫民窟的状况。那时候,资源丰富的报纸会使用他们和其他拍摄者的摄影作品。研究者也可以先输入关键词进行检索(如克里米亚),然后再查看相应的文章或前后页面是否带有图片。

　　研究者还可以将研究集中在一份特定的报纸上，并通过手动检索档案中图片的使用情况探究新闻摄影中的新闻价值。表 9.2 展示的图片案例刊登于 20 世纪上半叶的澳洲报纸《悉尼先驱晨报》(*The Sydney Morning Herald*)

表 9.2　20 世纪上半叶《悉尼先驱晨报》使用的新闻图片　　236

1917 年 4 月 9 日，第三页	1939 年 11 月 2 日，第十二页
塞西尔·珀泽(Cecil Purser)画像，悉尼大学副校长，1917 年	1939 年"照片墙"(Picture Gallery)版面的部分照片，页面顶部的标题表示各照片集的名称。 左侧两张照片的标题为《后勤部队分发定额军粮》(ARMY SERVICE CORPS DISTRIBUTES RATIONS)，图中的官员正在计算并分配食物；右侧的两幅图片的标题为《幼儿园》(KINDERGARTEN)，图中的小孩正在制作一样东西。

　　和先前提到的语言实例一样，这些照片构建的新闻价值与当代新闻话语有一些相似之处。1917 年的图片案例为悉尼大学副校长的肖像画，他作为新闻人物拥有很高的地位且画像中着装正式，由此构建了"精英性"。同样，在第二个 1939 年的案例中，第一张图片的人物身着制服（通过帽子的类型和领口的装饰可以判断其中一位似乎是高级军官），因此也构建了"精英性"。右侧的两幅小孩的特写图则着重构建了"平民性"。同样，我们有必要追溯到更远的年代，以确定构建新闻价值的视觉资源的出现年代。例如，1839 年开始的摄影技术使得事实可以通过影像得以再现（见 Caple 2010；Bednarek and Caple 2012a：113）。

　　总之，新闻价值话语分析似乎为历史新闻话语的研究提供了一种有趣　　237的潜在可能性，尽管这种分析还需要考虑"新闻"和"报纸"的界定方式、新闻摄影和新闻业的总体发展情况，以及文本类型的变化（如意外事故、犯罪、庭审、灾难、战争及航运新闻）、报纸的种类（如"通俗报纸"或"精英报纸"）、国家背景（如美国或英国）等因素。

9.2 圣战组织（El terror yihadista）、恐怖活动警报（Terroralarm）和恐怖活动（terrordramat）：跨文化研究

我们在本书中考察了不同国家/文化的新闻话语，但主要集中于美国、英国和澳洲。研究者在后续研究中可以通过比较不同国家的英语报纸（如将英国或美国对特定事件的报道和马来西亚、中国、巴基斯坦或越南的英语新闻对该事件的报道进行比较），对第四章提出的语言学框架进行应用和测试，或者在研究全世界（英语或非英语）报纸中的新闻图片时，使用第五章介绍的视觉材料所适用的新闻价值话语分析框架，但同时还需要考虑到这些报纸出版的文化背景。

相较而言，第四章提出的语言学框架的基础是英语新闻，所以还需要建立其他语言的库藏（inventory），以便进行更全面的跨文化比较（即不局限于比较不同国家的英语报纸）。研究者也能由此提出以下问题：

• 在不同文化中，通过话语可以识解哪些新闻价值？

• 这些新闻价值通常如何构建？

• 新闻价值报道价值/话语是否存在跨越国界的修辞（transnational rhetoric）？

• 所使用的符号实践存在哪些异同？

• 如何构建同一话题或事件的新闻报道价值？

为阐释最后一个问题，表 9.3 的非典型案例展示了几个国家的报纸有关 2014 年悉尼人质劫持事件的头版报道，该事件已在第五章中出现过。请注意案例中的报纸有许多方面的不同，如这些报纸并非全是"通俗"报纸或"严肃大报"，所以我们无法直接对这些报刊的地位及受众进行比较。其中，许多报道的材料都来自国际新闻机构，这些机构将材料译成多种语言进行传播。

在讨论这些头版前需要注意的是，我们在分析中认为，本书使用的新闻

表 9.3　世界各地关于悉尼劫持事件(2014 年 12 月)的报道案例

国家	阿根廷	玻利维亚	西班牙	巴西
报刊	《国家报》【路透社】	《七页报》【法新社】	《先锋报》	《里约热内卢地铁报》
页面布局				
标题	En Sydney, 16 horas de terror	Secuestro fatal en Sidney	El terror yihadista llega a Sydney	16 horas de tensao
解释	En Sydney, 16 horas de terror	Siege fatal in Sydney	The terror jihadi arrives in Sydney	16 hours of tension
意译	悉尼 16 小时的恐怖活动	悉尼的致命劫持	圣战组织进入悉尼	紧张的 16 小时
文本	Fueron 16 horas de máxima tensión, que rompieron la tranquilidad habitual de Sydney. Un autoproclamado clérigo iraní irrumpió ayer en un café del centro de la ciudad tomó a 17 rehenes, a quienes obligo a mostrar una bandera con leyendas musulmanas. El secuestro, que se prolongo durante casi todo el dia, mantuvo en vilo a los australianos y termino con un gran operativo en el que dos rehenes y el atacante, un islamista que aparentemente actuó por su cuenta, terminaron muertos. El país, aliado de Estados Unidos, estaba en alerta por un posible ataque.	RESCATE En eltiroteo con la Policiá, el secuestrador, un clérigo musulmán, y dos de sus rehenes perdieron la vida.	Un clérigo musulman mantuvo ayer secuestrados durante 17 horas a Los clientes y empleados de una cafeteria del centro de Sydney (Australia), hasta que la policia lanzó la operación de rescate. El balance fue de três personas muertas — entre ellas el secuestrador, Man Flaron Monis, un refugiado iraní con antecendentes penales-y otras cuatro personas heridas. En la imagen, varios rehenes huyen del café en el momento en que la policia asalta el local.	Policia invade café em Sydney onde iraniano mantinha 17 prisioneiros. Sequestrafore 2 reféns são mortos

239

续表

国家	阿根廷	玻利维亚	西班牙	巴西
注释	It was 16 hours of maximum tension that broke the tranquillity usual of Sydney. A self-proclaimed cleric Iranian stormed yesterday in a cafe in the centre of the city took 17 hostages who he forced show a flag with words Arabic. The siege, which extended during almost all of the day, kept in suspense the Australian and ended with a big operation in which two hostages and the attacker, an islamist who apparently acted on his own, ended up dead. The country, allied with the United States, was on alert for a possible attack.	RESUE In the gunfire with the police, the siege taker/abductor, a cleric muslim, and two of his hostages lost their lives.	A cleric muslim maintained yesterday hostages during 17 hours customers and employees of a cafe in the centre of Sydney, until the police launched an operation of rescue. The result was three people dead — among them the hostage-taker, Man Haron Monis, a refugee Iranian with background criminal — and another four people wounded. In the image, several hostages fled from the cafe in the moment that the police broke into the shop.	Police storm a cafe in Sydney where Iranian held 17 prisoners. Assailant 2 hostages were killed.
意译	16 hours of the highest tension shattered the usual tranquillity of Sydney. A self-proclaimed cleric Iranian stormed into a cafe in the the city centre and took 17 hostages forcing some of them show a flag with Arabic words on it. The siege, which lasted for most of the day, kept	RESUE During the exchange of gunfire with the police, the hostage-taker, a Muslim cleric, and two hostages lost their lives. 营救行动:在与警方的交火中,劫匪(穆斯林教士)和两名人质死亡。	A Muslim cleric yesterday held customers and employees of a central Sydney cafe hostage for 17 hours, until police launched a rescue operation. The result was three dead — among them the hostage-taker; Man Haron Monis, an Iranian asylum seeker with a criminal record — and another four people wounded. The	Police storm a Sydney cafe where an Iranian held 17 people prisoners. The assailant and two hostages were killed. 警方突袭了伊朗劫匪劫持17名人质的悉尼咖啡厅,事件中行凶者和两名人质死亡。

续表

国家	阿根廷	玻利维亚	西班牙	巴西
	Australia in suspense and ended with a major offensive, which resulted in the deaths of two hostages and the attacker, who apparently acted alone. The country, a US ally, was on alert for a possible attack. 16小时的极度紧张打破了悉尼寻常的宁静。一名自称伊朗神甫紧张的袭击者昨日在市中心的一家咖啡馆劫持了17名人质,并强迫他们展示一面写有阿拉伯语的旗帜。一场令全澳洲提心吊胆的劫持事件持续将近一整日才告终,最后以警方采取的大规模行动而告终,事件造成两名人质和袭击者本人(明确为单独作案)死亡。澳大利亚之前已与美国结盟,以应对可能的袭击事件。		photo show the moment the hostages fled as the police stormed the cafe. 一名穆斯林传教士昨日劫持了悉尼市中心一家咖啡馆内的顾客和员工长达17小时,最后以警察展开救援行动而告终。事件造成3死4伤,死者包括劫匪曼·阿龙·莫尼斯(系有犯罪记录的伊朗避难者)。图片显示,多名人质在警察袭击后逃离咖啡厅。	
其他文字元素	无	图片说明	无	事件标题【发生在澳洲的恐怖活动】,图片说明
照片	有	有	有	有
图片归属	路透社	法新社	约瑟夫·马丁松/格蒂	路透社

240

国家	葡萄牙	奥地利	德国	加拿大	瑞典
报纸	《大众日报》	奥地利《新闻报》	《南德意志报》	蒙特利尔《新闻报》	《瑞典晚报》
页面布局					
标题	Sequestro na Australia. 17 refens, 16 horas de cerco e tres mortos	Sydney: Blutiges Ende nach sechzehn Stunden Geiselhaft. Terroralarm in Australien	Polizei beendet Geiselnahme in Sydney	Le siège prend fin dans le sang	Tre dog i terrordramat i Sydney. Tori, 34, ville rädda gisslan — då sköts han
注释	Kidnapping in Australia. 16 hostages, 16 hours of siege and three dead	Sydney: Bloody end after sixteen hours hostage imprisonment. Terror alert in Australia	Police ends hostage taking in Sydney	The siege takes an end in the blood	Three died in terrorist drama in Sydney. Tori, 34, wanted to save the hostages, then he was shot.
意译	Siege in Australia. 17 hostages, 16-hour siege, three dead 澳洲劫持事件。17名人质,持续16小时,3人死亡。	Sydney: A bloody end to a 16-hour hostage siege. Terror alert in Australia 悉尼:人质劫持持续16小时,结局血腥。澳洲敲响恐怖活动警报。	Police ends hostage siege in Sydney 警方终结悉尼劫持事件。	The siege ends in blood 劫持事件以流血告终。	Three died in terrorist drama in Sydney. Tori, 34, wanted to save the hostages, then he was shot 悉尼恐怖活动造成3人死亡。34岁的托里为解救人质命丧枪口。

续　表

国家 文本	葡萄牙	奥地利	德国	加拿大	瑞典
	无	Ein Flüchtling aus dem Iran hat im Lindt Chocolat Café am Martin Place in Sydney zahlreiche Menschen in seine Gewalt gebracht. Nach sechzehn Stunden stürmte die Polizei das Café. Mindestens zwei Menschen starben, darunter der Geiselnehmer, ein mutmaßlicher Islamist.	Mehr als 16 Stunden nach dem Beginn einer Geiselnahme in einem Café in Sydney hat die Polizei am Montagabend das Lokal gestürmt. Zwei Menschen, unter ihnen offenbar der Geiselnehmer, seien getötet worden, berichtete der Sender Sky News. Der Täter, ein etwa 50-jaehriger vorgeblicher Prediger aus Iran, hatte in dem Café Angestellte und Gäste in seine Gewalt gebracht. Die Polizei befürchtete zunächst ein islamistisches Motiv.	Une mère de famille et le gérant du Café Lindt, qui aurait héroïquement tente de désarmer son ravisseur, sont morts hier au terme d'une prise d'otages qui aura duré près de 17 heures, et qui s'est conclue par l'assaut des policiers. Une opération《somme toute réussie》, selon un expert canadien, qui souligne que le bilan aurait pu être bien plus lourd.	无

国家	葡萄牙	奥地利	德国	加拿大	瑞典
注释		A refugee from the Iran has in Lindt Chocolate Café at Martin place in Sydney several people in his control brought. After sixteen hours the police stormed the café. At least two people died, among them the hostage taker, a putative Islamist.	More than 16 hours after the beginning of a hostage taking in a cafe in Sydney has the police stormed. Two people, among them apparently the hostage taker, had killed been, reported the broadcaster Sky news. The offender, an about 50-year-old ostensible preacher from Iran, had in the café employees and guest in his control brought. The police feared at first an Islamist motive.	A mother of family and the director of Cafe Lindt who has ['is thought to have'] heroically tried to disarm his abductor are dead yesterday at the end of a taking of hostages which had taken almost 17 hours and which finished with the attack of the policemen. An operation 'in sum successful' after an expert Canadian who underlies that the balance sheet could have been well much heavier.	
意译		An Iranian refugee held several people against their will in the Lindt Chocolate Café at Martin Place in Sydney. After 16 hours police stormed the café. At least two	More than 16 hours after the start of a hostage siege in a café in Sydney, the police stormed the café on Monday evening. Two people, among them apparently	A mother and the manager of the Lindt Café who appears to have heroically tried to disarm his captor died yesterday after a hostage siege which lasted almost 17	

续　表

国家	葡萄牙	奥地利	德国	加拿大	瑞典
	people died, including the hostage-taker, a suspected Islamist. 一名伊朗难民在悉尼马丁广场控制多人。16小时后，警察突袭该咖啡厅，其中至少两人死亡，其中一名为劫匪，可能为伊斯兰教徒。		the hostage-taker, were killed, according to the broadcaster Sky News. The perpetrator, a 50-year-old pretend Iranian preacher had held employees and guests against their will in the café. At first, the police feared that there was an Islamist motivation. 天空新闻台报道，在悉尼一家咖啡厅的劫持事件发生16小时后，警方突袭了该咖啡厅，一名伊朗劫匪（50岁，伪装成伊朗传教士）控制了咖啡厅内的员工和顾客。起初，警方担心这是伊斯兰分子的行动。	hours and which ended with the café being stormed by police. All in all, a 'successful operation', according to a Canadian expert who emphasized that the toll could have been much higher. 一位英勇的母亲利瑞士连咖啡厅的经理试图夺取恐怖分子的武器，但不幸在这场持续了近17个小时的劫持事件中丧生，最后以警察的突袭告终。但总的来说，这是一场加拿大专家强调这是"一场成功的行动"。否则，死亡人数还会增加。	
照片	有	有	无	有	有
照片归属	雅松·里德/路透社	路透社?（消息署名）	无	雅松·里德/路透社	罗布·格里芬

242 价值在这9个国家中同样适用，而且我们是以英语资源为研究出发点来探究在其他新闻话语中是否存在类似资源的。在系统研究中，我们不建议使用同样的方法，而是应在条件允许的情况下，先着手研究文化专有的新闻价值，如从大量有关特定文化的文献综述或人种学研究切入。尽管一些研究者认为，本书研究的新闻价值的确在许多国家都行之有效，但是我们不建议事先假设这些新闻价值已被普遍采用，或者在世界各地都具有同样的重要性(Bell 1991：155)。同样，研究者在进行跨语言研究时，应避免过度强调英语框架的重要性或普遍性。因此，我们有必要单独建立一个其他语言资源的库藏[10]，尤其是在所研究语言不像此处的日耳曼语和罗曼语（德语、瑞典语、西班牙语、法语、葡萄牙语）那样与英语有密切联系的情况下。

　　注意到上述几点以后，表9.3表明，我们在英语中发现的一些存在新闻报道价值的资源同样出现在其他新闻话语中，如量化词(16 horas de terror, 16 horas de tensão, sechszehn Stunden Geiselhaft, près de 17 heures)和负面词汇(secuestro, terminaron muertos, perdieron la vida, são mortos, blutiges Ende, Geiselnahme, in seine Gewalt gebracht, le siege, dans le sang, sont mort, sköts han)。此外，新闻价值的构建还存在异同，如我们可以预料多数的标题都着重构建"负面性'。只有《南德意志报》(Süddeutsche Zeitung)标题中的"负面性"因素较少，甚至有一些潜在的"正面性"，因为该报不涉及事件中的人员死亡，而是只报道警方解救了人质。许多标题通过人质劫持事件的持续时间(《国家报》、《里约热内卢地铁报》、《大众报》、奥地利《新闻报》)和/或"恐怖活动"(《国家报》、《先锋报》、奥地利《新闻报》、《瑞典晚报》)来构建"重大性"。只有两个标题明确提及了死亡人数(《大众日报》和《瑞典晚报》)，而其他标题则通过"致命的"(fatal)(《七页报》)和"血腥的"(blutiges)(奥地利《新闻报》)等形容词，或者"血泊中"(dans le sang)(蒙特利尔《新闻报》)等词组来暗示伤亡者。在这个非典型案例中，只有《瑞典晚报》的标题聚焦托里(在劫持事件中丧生的人质)，从而构建了"平民性"。

　　在案例中，有六个标题提及悉尼，两个标题提及澳洲，但提及这些地名却并未在非澳洲的目标受众中构建"接近性"。相反，这些标题仅仅作为所报道事件的人物、时间、地点、内容、方式和原因的一个因素，即确定了事件

发生的地点(参见第四章)。为进行比较,下面列举部分澳洲有关该事件报
道的标题(未出现在表 9.3 中):

例(1)

伊斯兰国相关的恐怖活动席卷**悉尼**(《澳大利亚金融评论报》)

例(2)

邪恶令**我们**揪心(《每日电讯报》)

例(3)

恐怖活动击中**我们**的心(《西澳报》)

例(4)

国家哀悼(《先驱太阳报》)

例(5)

恐怖活动袭击**家园**(《悉尼先驱晨报》)

　　这些标题通过涉及悉尼、使用含他性的第一人称复数所有格限定词及
涉及范围更广的澳洲社会(家园、国家),以在澳洲的目标受众中构建"接近
性"。通过这种方式在有关"恐怖袭击"的新闻报道中构建"接近性",可能是
一种转义。范围更广的指称也有助于加强一种共同的、同一的国家认同
(Coffin & O'Halloran 2005:161)。

　　我们简要思考了除标题外的其他文字文本,发现有许多对地点的指称
(de Sydney, del centro de Sydney [Australia], em Sydney, am Martin
Place in Sydney, in Sydney),但都没有构建"接近性"。只有加拿大蒙特利
尔《新闻报》是例外,该报通过引述法裔加拿大人作为消息来源而构建了"接
近性"。与标题相类似,报纸还着重构建"负面性"及部分"重大性"(16 horas
de máxima tensión, con un gran operativo, zahlreiche Menschen)。所有文
本都明确提到了死亡人数,但奥地利《新闻报》使用了词组"mindestens zwei
Menschen"("至少两人")来暗示似乎死亡人数还会增加。在"精英性"的构
建方面,多数文本仅包含了对警察的泛指(la Policiá, Policía, die Polizei,
des policiers),这样就只构建了"弱精英性"(见第三章)。唯一例外的还是
蒙特利尔《新闻报》,该报引述了专家(un expert)作为消息来源,从而构建了
"精英性"。

　　如果我们思考对普通新闻人物的表述方式,那么多数文本会使用"人

243

质"(rehenes，reféns)、"顾客"(los clientes，Gäste)、"雇员"(empleados，Angestellte)、"人们"(personas，Menschen)等名词。换句话说，通过这些新闻人物的角色(人质、顾客、雇员或更宽泛的"人们")，将其归入不同群体，且文本中还出现了数字(17，2)。这些都使文本更加功能化(functionalization)和泛化(genericization)(van Leeuwen 2008)，由此了构建非常微弱的"平民性"(参考第四章)。如上所述，只有蒙特利尔《新闻报》与众不同，该报通过"une mère de famille et le gérant du Café Lindt，qui aurait héroïquement tenté de désarmer son ravisseur"("一位英勇的母亲和瑞士莲咖啡厅的经理试图夺取恐怖分子的武器")构建了"平民性"。该报与其他报纸的不同还在于，前者通过引用消息源构建了"正面性"：Une opération "somme toute réussie"(总之，一次"成功的行动")，le bilan aurait pu être bien plus lourd (死亡人数还会增加)。

244   现在再来看这些头版所使用的图片，所有文本都使用了非常相似的照片，只有《南德意志报》的报道中没有使用图片。这些照片集中记录了劫持事件的两个关键阶段：一是人质成功从咖啡厅安全逃脱；二是劫持事件结束后，幸存的人质(其中有些人质受伤了)由在场的医护人员带离咖啡厅。而巴西的《里约热内卢地铁报》则使用了照片墙，从第一张人质出现在咖啡厅的玻璃窗后，一直到劫持事件结束后人质重获自由，总共使用七张照片展示了围捕行动的各个阶段。该报还展示了劫匪的资料照，其周围使用了更大的黑色边框，且未与劫持事件的其他照片并列展示，以示区分。《瑞典晚报》的报道中则使用了一张遇难者的图片。由此可见，劫持事件的所有图片都构建了"负面性"，其中多数还构建了"平民性"。照片中的人物主要都是人质、普通人和咖啡厅的雇员。这样无疑最容易将那些非澳洲报纸的受众与事件及其人物联系起来，因为事件中的这些人物与他们并无二致。图片中，所有人物的行为都表达了极其负面的情绪反应。图片中，一些人高举双手飞奔，另一些人则由警察或医护人员搀扶出来。一些照片还展示了控制现场的专业警察，他们全副武装，这样既构建了"精英性"，又构建了"负面性"。

在之前的章节中，我们已经对死者常常以画像的方式呈现进行过评价。劫持事件的遇难者托里·约翰逊在《瑞典晚报》头版中的图片也同样可以作为印证。图片展示了他生前面带微笑的模样。若图片呈现的新闻人物具有正面情绪表现，则可以认为构建了"正面性"，所以我们需要关注图片使用的背景。正如第七章所指出的，新闻故事使用构建了"正面性"的图片，并不代表新闻故事同样构建了"正面性"。在这个特定事件中，通过阅读文字文本和视觉文本，我们便能明确所报道事件的负面性质。[11]

虽然我们无法在此进行全面的多模态分析，但是综合来看，这些新闻事件证实了前面几章的一些研究发现，即同一新闻价值可以通过两种符号模式得以强化，这些新闻事件中的"负面性"显然就属于这种情况。若头版报道中的图片附有文字文本且没有额外的文字说明，则我们就能将图片和文字间的联系最大化。我们还会发现，新闻价值往往互补，如图片向读者展示了文字文本中的个人（构建了"平民性"）只是一种泛指。最后，两种符号模式的不一致主要出现在对死者图片的使用上。

当我们简要比较非澳洲媒体与澳洲新闻媒体对悉尼劫持事件的新闻报道的分析（本节及第五章），我们便可以初步得出结论：新闻价值的"负面性""重大性"和"平民性"在所有报道中都占主导地位，而一个重要的不同之处在于"接近性"的构建。正如之前已经提到的，澳洲新闻媒体使用的文字资源在构建"接近性"时，既涉及了新南威尔士州的一处（悉尼），又通过使用"我们"和"国家"，拉近了澳大利亚其他州受众的距离，由此在国家层面构建了"接近性"。而此处讨论的国际新闻故事则通过将事件定位在悉尼，告诉读者事件的发生地，其并非有意在目标受众间构建"接近性"。[12]

我们可以从多个方面来解释各国对该事件报道的相似性。一方面，这些报道资料可能都来源于国际新闻组织，这就会造成新闻的同质化（homogenization）。Boyd-Barrett(2015)谈到"有影响力的新闻机构具有主导地位"(167)，他认为主流媒体"发布的平面、电子和视频新闻，无论是普通新闻还是专业新闻，都依然高度依赖寥寥数家新闻机构"(121)。另一方面，新闻价值的构建受制于事件本身的物质现实（见第三章），而不同的事件也会以特定的方式呈现（van Dijk 1988a：113；Bignell 2002：87）。比如，若一个事件造成平民死亡，人们就不会认为这则新闻报道构建了"正面性"。同样，若一个事件的发生地与目标受众相距甚远，又没有波及目标受众所在国家的民众，那么人们也不会认为这则新闻报道构建了"接近性"。此外，新闻话语并非完全由事件的物质现实决定。因此，即使事件的发生地不是目标受众所在的国家，也能够构建"接近性"。图 9.1 展示了德国小报《周日画报》(*Bild am Sonntag*)如何使用宽泛指涉的转义方式（包容性的第一人称复数所有格限定词"unsere"[我们的]）来报道巴黎在 2015 年 11 月发生的袭击事件，从而使其不仅在法国产生影响，还使包括德国民众在内的目标受众产生共鸣。

246

图 9.1　德国小报关于 2015 年 11 月巴黎袭击事件的标题，2015 年 11 月 15 日，第一页（《周日画报》）

　　总而言之，新闻价值话语分析似乎为新闻话语的跨语言和跨文化研究提供了一种有趣的潜在可能性。图片的分析框架（第五章）现在看来已经可以应用于分析国际新闻机构的新闻照片，但这还需要在更大范围和更具文化多样性的数据库进行全面测试（如加纳、厄瓜多尔或中国），同时还需要涉猎更多的题材和文本类型。其他的符号资源（如构架、排版和颜色）可能对其产生影响，因为这些资源也存在不同的文化关联性（参见如 van Leeuwen 2011 关于颜色的研究）。

　　鉴于语言分析的框架（第四章）仅适用于英语材料，我们还需要为其他语言单独建立新的框架和语言库藏，这样就能进行跨语言的新闻价值话语分析。技术的发展也使得国际新闻的比较分析变得尤其重要：

　　　　新闻的传播在全球范围内无时不刻地进行，且科技的进步加快了传播速度，其重要性日益增加……我们现在需要做的就是进一步理解和认识跨文化新闻材料是如何进行创作与转换的。(Bielsa & Bassnett

2009：17)

我们认为，分析新闻价值的符号构建机制将为此类研究作出重要的贡献，并且还能潜在地提供新的见解。除了需要讨论全球化/本地化、新闻翻译/编译、新闻同质化和媒介帝国主义外，此类研究还需要考虑社交媒体和新闻机构在其中所扮演的角色(如 van Leeuwen 2006b；Bielsa & Bassnett 2009；Boyd-Barrett 2015)。[13]

9.3　结束语

尽管我们在本书上着重关注共时和单语研究，但是新闻价值话语分析似乎为新闻话语的历时研究和跨语言/文化研究提供了一种有趣的潜在可能性。我们在本章中就这两个重要领域的潜在研究途径提出了一些自己的想法。鉴于研究者的研究兴趣有历史新闻话语研究(如 Ungerer 2000b；Brownlees 2006b；Jucker 2009；Conboy 2010；Facchinetti *et al*. 2012)、跨语言研究(如 Ungerer 1997；Semino 2002；Thomson & White 2008；Pounds 2010；Taylor 2014)和新闻翻译(如 van Leeuwen 2006b；Bielsa & Bassnett 2009)，这些领域对于新闻价值话语分析的应用和发展都有广阔前景。正如我们在第一章所述，本书旨在鼓励研究者将新闻价值话语分析应用于后续的研究中，并为在其他语言中开展研究建立一个初步的分析框架。我们希望本章对实现这些目标能有所帮助。我们还将在最后一章中探讨其他途径，以便拓展未来的研究。 247

注释

1. http://www. nytimes. com/ref/membercenter/nytarchive. html，检索日期为 2015 年 12 月 10 日。
2. http://www. thetimes. co. uk/tto/archive/，检索日期为 2015 年 12 月 10 日。
3. http://www. bl. uk/collection-guides/newspapers，检索日期为 2015 年 12 月 10 日。
4. http://www. nla. gov. au/content/newspaper-digitisation-program，检索日期为 2015 年 12 月 10 日。

5. http://www.proquest.com/products-services/pq-hist-news.html,检索日期为 2015 年 12 月 10 日。

6. http://www.helsinki.fi/varieng/CoRD/corpora/CNNE/index.html,检索日期为 2015 年 12 月 10 日。

7. http://www.chinednews.com/useful-links/,检索日期为 2015 年 12 月 10 日。

8. Gotti(2006：51)也发现,如好奇的(curious)、可怕的(dreadful)、骇人的(monstrous)、古怪的(odd)、奇怪的(strange)、不寻常的(unusual)等表示特殊或违反常态的形容词在 17 世纪英国皇家学会《自然科学会报》的科学新闻中出现,以强调新颖性和稀有性("未预料性")。

9. 表格并未列出发稿地(如悉尼)和参考章节(如 Mundo,20)。

10. 我们需要"确保不能只是对描述性类别进行假设,然后再假设其具有某种普遍地位,而是必须要在描述每种语言的过程中加以证明"(Caffarel et al. 2004：11)。

11. 我们从照片以外的视觉呈现中可以看到,两家报纸中的图像背景是黑色的,配文使用的是白色字体。正如第五章所建议的,以这种方式使用黑色框架加强了图像所呈现事件的负面性。

12. 通过头版的页面排版也可以明显看到国际与地方对该事件报道的差异。在所有澳洲的报道中,这是唯一刊登在头版的事件(多数都使用了一整页的图片,如《西澳报》),而且其还在报纸的许多其他版面中出现。这也是唯一刊登在国际媒体头版的事件,而有些报纸的头版中,其他的新闻多达九个。

13. 美联社和路透社在市场中占据主导地位,而其他的新闻机构则非常抵制西方的叙事报道(Boyd-Barrett 2015：160 - 170)。

第十章

反　思

在这一总结性章节中,我们重新审视和思考之前的每个章节。我们反思的重点,是这些章节可能开辟的进一步研究的途径。我们的网站(http://www. newsvaluesanalysis. com)整理了更多关于这些途径的相关信息,包括一些实例分析和讨论。

10.1　积少成多(第一章)

在第一章中,我们向读者介绍了本书的主要关注点,以及使用的主要术语、概念和工具,指出了我们的主要目标是向读者介绍新闻价值分析的话语分析框架(DNVA)。其次,我们是要促进多模态、话语分析和语料库语言学相结合的研究,即语料库辅助多模态话语分析(CAMDA)。我们在第一章中介绍了研究拓扑结构,旨在帮助研究者定位与符号模态和分析单位有关的研究属性——无论分析是否是多模态的、是否是语料库辅助的。重要的是,我们希望本书能够鼓励其他人进一步发展新闻价值的话语分析(DNVA)和语料库辅助多模态话语分析(CAMDA),并将其应用于新的领域,如研究不同类型的新闻(如国家的、地区的、其他类别的、民众的、"通俗读报"、"严肃大报"新闻等)中的差异和受众定位。

我们已对此书中的新闻如何构建新闻价值进行了初步探索,后续研究可以更为全面地对此进行深入探究。例如,Bell(1991)指出了故事顺序(80—81)及在导语段中位置(176)的重要性。Jucker(1996:383)指出,新闻导语最明确地提及了新闻人物及他们对新闻价值的声明。在分析完整文本时,我们可以通过结合新闻价值的话语分析和体裁结构(genre structure)分析来解决文本内的问题(参见 http://www.newsvaluesanalysis.com)。我们探索具有新闻价值的特定话语结构如何对受众产生影响,如进一步使用新闻价值的话语分析作为工具来生成不同版本的新闻故事并测试受众,或者分析受众对不同文本的反应。此外,还可以研究对新闻价值的识解如何随着新闻周期的变化而变化(参见 Potts et al. 2015)、如何因符号模态和媒介(广播、电视、印刷品、网络、移动通信)的变化而不同。

10.2 田野调查:丛林之地(第二章)

在第二章中,我们在介绍自己的"话语"观之前,在符号"丛林"中理清了"新闻价值"是如何被前人应用和界定的。从话语角度看,我们把新闻价值作为"使用中的符号资源建立的价值"。正如第二章所述,尽管我们将重点放在本书中已发表的新闻上,但是这种观点仍可应用于新闻生产的不同阶段。我们可以分析各种其他类型的话语:输入材料(input material)(访谈、新闻发布会、照片、视频、报告、社交媒体帖子、通讯社副本等)、新闻编辑室讨论[1]、投诉、客观性报告、受众评论等。因此,我们推测,可以将第四章和第五章介绍的用于语言/视觉分析的新闻价值话语分析框架应用于通讯社和媒体报导中,包括与基于此创造的新闻故事之间的比较。在这种比较中应用新闻价值的话语分析框架,将使之后的研究者能够为新闻互文性研究作出新的贡献,"从话语中提取意义(去语境化),然后将该含义插入(语境重构)到另一种话语中"(Catenaccio et al. 2011:1844)。然而,很明显,我们为分析已发布的新闻而开发的框架(第四章和第五章)不能适用于新闻过程的所有阶段,即使从话语的角度可以。特别是元新闻话语(关于新闻和新闻过程的话语)可能具有特定的话语资源,而不是构建新闻价值,这种话语可能引用、援引、评估或协商新闻价值。总的来说,对新闻价值的传播进行系统分析仍有很大空间,这可能为最近才出现的一些语言学视角下的新闻过程研究做作出宝贵的贡献(如 Cotter 2010;van Hout & Macgilchrist 2010;Cartenaccio et al. 2011;Perrin 2013)。

10.3 定位我们研究新闻价值的方法:"住在丛林的哪个角 落?"(第三章)

第三章讲述了与话语方法相关的更多内容,指出我们在建构主义和现实主义之间采取了中间立场。尽管不应否认事件的物质性特质,但是我们认为,有必要避免假设新闻价值仅仅是事件中"固有的"或仅仅反映在话语中。我们还主张改变研究重点,要认识到话语对构建和增强新闻价值的重要作用。

我们还建议使用 DNVA 来研究轰动效应(sensationalism)和媒体恐慌(media panic)(Fowler 1991;Molek-Kozakowska 2013),尽管这不是本书的重点。为了做到这一点,研究者需要通过分析事件的潜在新闻价值与其话语结构之间的适合度和匹配度,以同时考虑新闻价值的"物质"和"话语"维度。此类研究的目的可能是评估话语在多大程度上构建了事件本身价值之外的更多新闻价值。但是,这样的研究需要首先解决某些挑战,特别是如何界定"事件"及如何确定其呈现的适当性(参见 Galtung & Ruge 1965:71;Lester 1980:992;Geis 1987:77;BoydBarrett 1994:33 - 34)。分析者遇到的普遍问题是,他们无法在事件发生时直接观察(即便能够,他们也会在观察中掺杂自己的偏见和态度),而是主要应对后续话语对事件的重构。因此,除了通过话语,否则我们很难了解一个事件。所以,解决这些认识论挑战的方法之一,就是专注于话语分析,如检查原始文档(报告、政策文档)和来自不同渠道的新闻报道(Carvalho 2008:171)。这样就可以"至少评估话语的相对真实性和准确性。在同一个计算尺上比较各种话语,我们可以尝试在考虑所有现有证据和话语的情况下评估哪些话语更准确或不准确"(Milestone & Meyer 2012:26)。例如,Van Dijk(1988b:280)比较了不同报纸所使用的数字,发现它们相差很大。Bell(1991:217)使用了另一种方法,他要求被报道的消息人士使用五点式的准确性评分来识别误报和引用不准确的情况。在这种方法的基础上,未来的研究者也许可以使用新闻价值的话语分析框架来研究轰动效应、误报和媒体恐慌。

此外,第三章讨论的各种新闻价值还有更多理论和实证拓展空间。我

251

们可以从此类研究中受益的一个领域,是新闻话语中的"正面性"新闻价值。例如,与过去的新闻话语相比,"正面性"在现在的新闻话语中的频次如何?在哪类新闻中构建?如何构建?是否可以提供实证证据来证实新闻价值发生了较大的转变?总的来说,第三章探讨的每个新闻价值都值得进行更深入的研究(如与各个子类别结合研究)。每一个新闻价值或许都能成为一个博士研究话题,特别是正面性、未预料性、一致性及美学吸引力。

252 10.4 新闻价值话语(第四章、第五章)

在第四章和第五章中,我们系统地将每个新闻价值与新闻中通常构建新闻价值的语言和视觉符号资源相关联。我们可以将其称为"新闻价值话语"。这两章都提供了用于随后开展新闻价值话语分析的框架,但没有提供可被当作"检查表"(checklist)的资源包。需要注意的是,我们认为,需要密切关注新闻故事中使用的符号资源的潜在含义,以及目标受众和出版时间/地点。同样(在第四章中),新闻价值话语是一种吸引和保持新闻受众的兴趣与注意力的方式,但并非唯一的方式。关于语言手段,其他吸引受众的方式包括文字游戏和典故(例如,"爱在继承人中,[歌手]乔治·迈克尔入狱……因为地方法官最终失去了信仰"、直接称呼(……这个人的反应会温暖**你的**心、疑问句("维斯纳是被用园艺工具杀害的吗?")或使用"点击诱导性"(clickbait)的标题。[2] 关于使用视觉资源吸引受众,人们可能会想到使用精心设计的信息图表或穿着得体的女性图片。所有这些符号实践都可能起到吸引受众的作用,但与将新闻事件构造为负面的、及时的、意外的等资源不同。

关于引入的框架,第四章介绍的语言库藏是基于对多种真实英语新闻广泛分析的结果。正如本章所指出的,后续研究可以更多集中在广播新闻上,从而确定视频和音频的其他资源(如重音、语调、韵律等声音特征)。[3] 不同类型新闻之间的语言变异是值得未来研究的另一个领域(如硬新闻、软新闻、研究类新闻)。例如,"共享新闻"语料库中的几个条目(第八章)的开头段落不是典型的归纳性的"硬新闻"线索导语。此处用以下例子说明:

• 艾米丽·克劳斯(Emily Kraus)很激动。

- 让我们准备喃喃……自语。
- 一个字母 e,你可以用笔一挥而就或敲击一下键盘。这是英语词典中最常用的字母。很简单,对吗?
- 你为即将到来的僵尸入侵做好准备了吗?
- 这情景像汉尼拔·莱克特的电影一样令人毛骨悚然

　　只有部分新闻故事是通过新闻价值的构建来吸引读者的(例如,平民性:"艾米莉·克劳斯(Emily Kraus)很迷惑";重大性:"就像汉尼拔·莱克特的电影一样令人毛骨悚然")。更确切地说,直接称呼受众或提问题可能会吸引观众来听这些故事。采用新闻价值的话语分析框架来比较硬新闻和软新闻,再结合其他语言特征的分析,就如何吸引研究受众阅读新闻而言,可能会提供有趣的见解。

　　第五章提出的视觉资源库藏,重点是图片。我们仅简要地指出其他符号资源(如版式,布局等)在构建新闻价值中所发挥的作用,这一领域显然尚需更多的研究。此外,我们还可以研究跨文化差异,如大写字母或颜色的使用。本书重点关注了静态照片,并将相当一部分研究集中在视频、网络新闻图库、图片文章或多媒体故事包(如暴雪/Snowfall、《纽约时报》、火灾风暴/Firestorm、《卫报》)。后者是新闻业最近一个特别有趣的发展,并构成了一个富有成效的,甚至是具有挑战性的研究领域,特别是关于多种符号模态如何以非常复杂的方式结合这一领域。

253

10.5　案例研究 1:骑行案例:DNVA 的批评性和基于主题的研究路径(第六章)

　　第六章说明了如何使用新闻价值话语框架来研究特定主题是否与特定新闻价值相关联。如果某一新闻价值被强调、较少出现或者缺失,那么这可能具有意识形态方面的含义。新闻报道的主题选择的是骑自行车/骑行者。

　　分析显示,为了创建具有新闻价值的事件来吸引受众关注有关骑行者的新闻话语,描述骑行者的死伤情况是典型的策略。此章还演示了"单模态"语料库的语言分析(属于拓扑结构的"区域 2"分析),说明了如何将对一种普遍的新闻价值(负面性)的分析与构建这种新闻价值的话语机制相结合。

在分析行为主体和识别"责难受害者"(victim-blaming)时,第六章进一步展示了将 DNVA 与其他用于批评话语分析(CDA)的工具相结合的可能性。鉴于篇幅有限,本书主要侧重向读者介绍 DNVA。然而,我们的目标不是取代现有的话语分析工具,而是将 DNVA 作为补充分析工具(Bednarek & Caple 2014:139)。在实践中,将 DNVA 与其他工具结合起来通常很有意义,在开展批评话语分析时尤为如此。因此,DNVA 可以与新闻消息源、及物性、名物化、情态、评价/评估、比喻性语言、社会人物表征等分析相结合。

10.6 案例研究 2:DNVA 与社交媒体的数字颠覆者(第七章)

第七章阐述了如何使用 DNVA 来研究社交媒体平台脸书发布的热点新闻图片中构建的新闻价值,还指出了使用图库图片代替现场新闻摄影的潜在结果,尤其是当此类图像不能构成新闻价值而是具有其他意识形态意义时。此章还演示了"单模态"视觉 DNVA(属于拓扑结构的"区域 2")的应用。此外,第七章还介绍了视觉 DNVA 如何与新闻实践其他方面的分析相结合,如图片说明、图片溯源或布局/模板化,目的是了解社交媒体和网络新兴新闻实践。这在设计、模板和故事包装不断发展的网络环境中尤其重要。由于网络受众的行为对于新闻机构而言已经变得非常重要,因此视觉 DNVA 可以与受众研究结合起来,研究图像之间的"可点击性"(clicka-bility)和"可分享性"(shareability)。

但重要的是,本案例的研究结果可以用作将来研究脸书和其他社交媒体平台网络新兴实践的基准,因为这些平台自己成为了"新出版商"(neo-publishers)(Bell 2015)。这是我们在 2014 年末开始收集案例研究数据以来发现的有意思的新发展。脸书在 2015 年 5 月推出了"即时文章"(Instant Article),这项服务使该公司可以充当主要新闻媒体机构的直接发布平台(Griffith 2015)。[4] 该服务的订阅者包括《纽约时报》、《华盛顿邮报》、BuzzFeed 和《大西洋月刊》。此类新闻网站还订阅了推特的"新闻策划"服

254

务——"时刻"(Moments)(于 2015 年 10 月推出),该服务旨在汇总当天有关某个"时刻"的主要新闻(Boorstin 2015)。本质上,这些服务是为提高传播速度而设计的,人们无需成为专业的社交媒体用户即可轻松查看到热门新闻。

至关重要的是,"即时文章"(Instant Article)的想法不是要让流量从这些社交媒体平台流向新闻网站本身,而是要使观众留在脸书平台上(Meyer 2015)。这有效地阻止了社交媒体转介(socialreferrals),并给传统新闻媒体带来了巨大挑战,尤其是在商业生存方面。因此,这种发展构成了对新闻媒体机构与社交媒体平台之间关系的进一步数字颠覆。

10.7　案例研究 3: 结合 DNVA 与 CAMDA(第八章)

在第六章和第七章的两个"单模态"案例研究中,我们认为,单个研究者不一定具有同时进行视觉和言语分析的技能。研究者也不会总是对语料库语言学和多模态话语分析都感兴趣,或者他们没有时间和资源将这些方法结合起来。因此,这些章节所介绍的案例研究展示了语言和视觉 DNVA 如何在不相互依赖的情况下独立进行。但是,第八章试图将这两个分析整合在一起,以研究语言和视觉符号资源在构建新闻价值中的作用。我们展示了一种特别的语料库辅助多模态话语分析方法,将语言模态分析与图像模态分析相结合,并且考虑了符号模态间的新闻价值构建。我们的主要重点是分析整个文本的模式,而不是文本中意义的发展。如第一章所述,我们并不想将此作为开展 CAMDA 的唯一方式,而是鼓励研究人员想出一些补充性的方法来进行。

第八章展示了 CAMDA 的一种方法,还说明了如何使用 DNVA 来分析新闻包装,我们展现了新闻价值如何以可消费的新闻产品的形式被整合和构造,并讨论了不同符号模态所扮演的角色——它们是否相互加强、相互补充或相互矛盾。本章的重要发现是,视觉和语言成分时常相互补充,而多模态新闻故事会积累构建很多新闻价值。案例研究进一步说明了新闻价值的两种不同分析方法:一种是定位方法(positional approach),即在标题/开篇段落中构建的新闻价值被视为是特别强调的价值;另一种是基于频率的方

255

法(frequency-based approach),强调程度与出现频率相关(第六章的语料库语言分析就使用了该方法)。

　　进行该案例研究的背景,是通过社交媒体来共享新闻。可以说,我们中的许多人现在生活在数据污染(data pollution)的时代,争夺注意力的信息流不断轰炸我们。在这种"注意力经济"(attention economy)(Boyd 2012)中,共享新闻可以吸引受众群体的注意,并引导他们点击新闻机构网页。第八章对共享新闻的分析似乎表明,有些担忧是有根据的,如关于广泛共享的研究新闻的类型。至于另一个可能令人不安的发现,我们在第八章中没有谈到,即新闻机构似乎在社交媒体上采取"借用"的方式,发布已经在网上走红的新闻故事,这些故事已被广泛分享,从而在传统意义上不一定是"新闻"了。我们在第八章中举了这样一个例子,即"动物园工作人员和他最喜欢的动物之间的感人时刻已经走红网络"。共享新闻语料库中还存在其他案例,其中至少还有三个例子是关于在社交媒体或博客走红的图片、视频或测试的(通过明确引用事实并用"走红"/GO VIRAL 这一短语来构建影响力这一新闻价值)。另一个例子的时间为撰写此章时,BBC 于 2016 年 1 月 22 日发布了一个题为"哈卡婚礼让新西兰毛利新娘落泪"的故事,这是有关一对夫妇婚礼视频的文章,该视频在社交媒体上被广泛分享。通过这种方式,社交媒体对新闻议程产生了显著影响,传统媒体通过发布相关故事来应对社交媒体的广泛传播。但未来的共享和其他受众行为最终将如何影响新闻业的社会与符号实践取决于多种因素,如算法的变化,以及衡量受众参与度的度量标准的重要性,如花费在内容上的时间(Moses 2015)。据了解,现在通过脸书访问新闻媒体的人比直接访问新闻页面的人阅读新闻页面的数量更少、阅读的时间也更少(Pew Research Center 2014)。如果新闻机构开始更多地关注阅读内容时长,那么制造的新闻可能除了会被广泛分享外,还会使人们关注的时间更长。

　　重要的是,我们的分析还表明,此类被分享的新闻所构建的新闻价值极具多样性。因此,除了可能被更多用户分享的新闻,新闻机构也许能够专注于创建可能被特定受众群体分享的新闻(这或许能得到特定广告商的青睐)。已有技术可以用于探究个人分享活动、确定个性化广告(Martin & Dwyer 2015)。个性化新闻或将成为继分享新闻之后的下一个重大发展,苹果新闻等应用程序已在这一领域取得了进展。我们并非在此预测新闻业的未来，但是希望话语分析学者和媒体语言学家继续深耕新闻媒体文本分析。我们在第八章中的案例特别关注了传统新闻媒体。未来的研究可以用非传统新闻媒体（如 BuzzFeed、《赫芬顿邮报》、Vice、Crikey 等）来复制这项研究。这将成为非常有趣的比较。同样，这项案例研究可为历时研究提供有价值的参考。在未来 10 年或 20 年内可重复此项案例研究，以观察传统媒体是否将应对持续的数字颠覆且如何应对，以及新闻价值是否发生了转变。

10.8　*Xīnwén jiàzhí*，*arzeshe khabari*，*Khabari Iqdaar*（第九章）

在第九章中，我们更详细地说明了进一步研究的两个关键途径，比这最后一章"反思"更详细。我们建议开展历时和跨语言/跨文化研究的人员可以进一步发展 DNVA，并将其应用于回答以下问题：

> 新闻价值的修辞是如何随着时间的推移而出现的，包括与当代新闻之间的异同？在不同的语言和文化中，哪些新闻价值通过话语得以构建，构建方式是什么？是否有一种全球性的新闻价值话语，其相似性大于差异性？同一个话题或事件是如何被构建为新闻价值的？

我们并不打算在第九章中回答这些问题；相反，第九章的主要目的是为其他人打开研究的大门。现在最迫切需要的，是开发其他语言的新闻价值话语构建资源库，以便进行跨语言的比较，而不是自动把英语作为起点。还有很多其他进一步研究的空间，包括需要更多不同文化背景的数据，但是由于我们在前一章中已经在一定程度上阐述了这个问题，因此这里不再赘述。

257

10.9　结束语

本书介绍了新闻价值话语研究分析方法，其可以帮助话语分析人员研究新闻机构如何通过语言和视觉资源把新闻故事作为新闻"出售"给我们。我们认为，新闻价值的概念很重要，因为它使话语分析人员能够考虑所研究的新闻媒体文本的专业背景。在这本书中,我们主要关注的是新闻如何被包装成可消费的新闻产品的形式,目的是在符号构建的微观层面上了解作为社会实践的新闻。换言之,我们的方法将新闻视为符号实践。除了为所调查的数据提供具体和独特的见解外,每个实证案例研究都表明新闻价值话语研究分析方法如何被用来了解新闻报道的常见做法、惯例和陈词滥调。也就是说,它可以在特定的时间点和特定类型的数据中揭示出新闻价值的常规修辞。这一点很重要,不仅仅是因为新闻价值具有意识形态性质(第二章)。新闻价值可以为加深我们对新闻业专业实践的了解,也可以作为批评话语分析的一个额外分析工具。

我们希望新闻价值话语研究分析方法将对其他有兴趣研究新闻报道的语言/符号研究者有所帮助。基于我们之前在此领域发表的著作,许多研究者已经开始分析新闻价值的话语结构:Makki(2014,在研)聚焦伊朗犯罪新闻报道中的新闻价值话语;Huan(2015)旨在结合民族志分析和新闻价值话语分析来探讨中国与澳大利亚针对危机事件的硬新闻报道;Dahl 和 Fløttum(2014)的研究着眼于英国报纸中关于气候变化话语表述的新闻价值,而 Molek-Kozakowska(待出)则应用我们的框架来研究大众科学新闻中的新闻价值;Fest(2015)从语料库语言学角度分析了不同英语变体的 4,000 个新闻条目。将来,也许这本书的出版会使得更多人开展新闻价值的话语分析。

作为媒体教育工作者,我们更希望这本书能加深人们对作为专业实践的新闻文本的了解,这可以为我们如何在第一语言和其他语言环境中教授与学习这种文本(即媒体素养),以及如何教学生创造这种文本(即新闻教育)提供参考。因此,我们认为,这本书对研究和教学都是一种贡献,其为新闻价值研究提供了一个话语视角。

最后,我们为新闻价值研究提供了一个有机统一的话语分析方法,该方法重视语言和视觉符号资源对新闻价值的构建。我们希望本书将会激发更多研究取得与本研究一样的有意义的成果。

注释

1. 研究新闻采编室非常有必要,因为在此新闻发布前,新闻价值被讨论和协商(见 Cotter 2010)。
2. Caple(2010)认为,使用文字游戏和典故是吸引与留住观众的一种方式。Jucker (2000)概述了互动交流和直接称呼读者时使用的语言和语用策略。现在,传统新闻机构有时会使用与"数字原住民"(如 Buzzfeed 或 Upworthy)相关的"点击诱饵"标题 (Blom & Hansen 2015)。在更广泛的层面上,新闻报道的语言需要为受众所接受,以吸引他们,如使用非正式的、口语化的和常识性的表达(Hartley 1982:98; Fitzgerald & McKay 2012)。
3. 关于广播新闻,重要的是要仔细考虑原本不属于新闻的转折(例如,"现在为了改变速度""在家中")是否能够使所报道的事件具有新闻价值。就广播新闻而言,重要的是要仔细考虑过渡语是否构建了新闻价值(例如,"现在换个角度看看""在这里""在家里"),这些并不是新闻报道本身的一部分,而是为了引入新闻。
4. 继试用版于 2015 年 5 月发布后,该产品于 2015 年 10 月正式向所有使用 iPhone 应用程序的脸书客户开放。

附　　录

表 A4.1　英语新闻中构建新闻价值的常用语言资源

新闻价值	语言手段	示例
一致性 （刻板印象）	刻板印象特征或成见指称词	吸毒成瘾的父母给 23 个月大的儿子吃美沙酮就像吃扑热息痛一样。
		大多数想要孩子的母亲都把生孩子当作是接受上帝的礼物。 ……另一个澳大利亚节日,大多数澳洲人以他们认为最好的方式度过——躺在阳光下的白沙滩上,或者和亲友一起烧烤。
	评估预期/典型性	那个热爱奢侈和豪华派对的男人是个**传奇**……极端的迪亚兹运动以**典型**的风格结束
	与过去的相似性	……当美国向**另一场**大规模枪击妥协时,美国**又一次**被种族和警力撕裂。
	明确指称常识/传统	德国**热爱啤酒,人尽皆知**
精英性 （地位/ 名望高）	高地位标记,包括角色标签	美国地方法院法官 Scott Skavdahl, Roger Stone 教授; 斯诺霍米什县消防局 21 区长; 著名厨师 Jamie Oliver; Abba 传奇人物 Björn Ulvaeus
	指示高地位的形容词	**享有盛誉**的 Man Booker 奖; 该市的**顶级**警察; 世界银行**高级**主管; **重要**的联邦政府部长; 行业**长期**观察家; **消息灵通**的政府人士
	公众熟知的名字	希拉里·克林顿、阿巴、奥运会、奥斯卡、哈佛大学、世界卫生组织

续　表

新闻价值	语言手段	示例
	成就/名誉描述词	**名声大噪**的罗尼·巴克(RonnieBarker)两个人**每年卖出数百万张唱片**； 挪威艺人在邻国**也很受欢迎**
	新闻人物使用的物品、专业人士消息源/技术术语/高社会地位口音或方言(特别是在广播新闻中)	(不适用于本书)
影响力 (具有重要影响或结果)	对影响的评价	可能是**很重要**的日子； 在**历史性**的法律案例中，**至关重要**的年度会议
	对实际或非实际的重大/相关结果的表征，包括抽象的、物质的或思想的影响	请注意,这将震惊世界； 留下毁灭的景象； 数百万澳大利亚家庭和企业可能收到更大额的电话与网络费用账单； 数千人可能被屠杀
负面性/正面性 (负面的/正面的)	提及负面的/正面的情感和态度	即使埃博拉爆发的可能性很小,但还是**令人担心**； 小学校长在学期中请假一周飞往加勒比海地区,**令人愤怒**； 此举**激怒**了当地政治家； 在**恐慌**的迹象中； 首次氢弹测试遭到**谴责**； 脸色苍白但**面带微笑**的前美国海军陆战队员阿米尔-赫克马提(AmirHekmati)周二讲述了不信任转为**喜悦**的过程； 巴尔的摩居民**庆祝**格雷案的指控
	负面的/正面的评价性语言	科尔宾**混乱**的改组； 对伊斯兰教毫无兴趣的**暴徒**； **糟糕**的理财咨询； **杰出**的天体物理学家； 给重要的澳大利亚日画上**完美的**句号
	负面的/正面的词汇	一个8岁的男孩是波士顿马拉松爆炸案中3名**遇难者**之一,数人**受伤**； 西方黑犀牛宣告**灭绝**； 弗林特居民**抗议**"毒"水的高额罚款； 一艘离开马来西亚的船倾覆,13名移民**淹死**； 尼日利亚已正式宣布**没有埃博拉病毒**； 青少年们骑自行车追逐绑架嫌疑犯,**救**了5岁女孩； ……一名携带HIV的婴儿被认为已**治愈**

262

新闻价值	语言手段	示例
	对负面性的（如打破常规的）或正面性的行为/事态的描述	医院**没有**足够的床铺，**没有**足够的救护车； 财务主管乔-霍基**违背**了 2019 年底前实现预算平衡的**承诺**； ［加拿大总理］特鲁多去年**推出**了一个男女同**等数量**的内阁，"因为现在是 2015 年"；
平民性 （出现个体/ 人类面孔）	指称"普通"人和他们的表情与经历	迈克的主人悲痛欲绝； 夏丽莎-本杰明和她的塞尔维亚丈夫； "这真是令人毛骨悚然"； 但是他的一位受害者泣不成声； 黛博拉后来说："我的判决才刚刚开始"
	新闻人物使用的物品、普通人士消息源/口音或方言（特别是在广播新闻中）	（不适用于本书）
接近性 （地理上或 文化上接近）	明确提及目标社区附近的地点或国家	**哥伦比亚区的**联邦法官……； 在**莱斯特**停车场发现一具骷髅……； **德州**一名父亲抓获一名性侵其 4 岁女儿的男子； **澳大利亚**护士陷入埃博拉病毒恐慌
	通过指示词、一般的地点词、形容词来提到国家/社区	**土生土长的**恐怖分子穆罕默德-埃洛马尔（Mohamed Elomar）发誓要将恐怖事件带到**这里**； 对**国家首都和国家最高领导**的潜在攻击
	包含性第一人称复数泛指	对攻击**我们**国家领导人的阴谋拉起了红色警报； 这就是**我们**当地报刊亭的末日了吗？
	新闻人物使用的物品、（地方）口音或方言（特别是在广播新闻中）	（不适用于本书）
	文化指称词	青少年带他的曾祖母参加**舞会**； 士兵们的告别**哈卡舞**镜头风靡一时
重大性 （高强度/ 大范围）	强化词	埃博拉疫情［……］将会**非常**严重； 一场**轰动一时**的腐败调查已经结束……； 美国政府表示对……的报道表示"**高度关切**"
	数量词	与被感染的护士一起飞行的有**数百人**； 该国经历了**两周**的政治危机； **百年难遇**的悲剧； 一笔 **3.56 亿美元**的亏损

263

264

续　表

新闻价值	语言手段	示例	
	强化词汇	美军**重击** ISIS 的战斗阵地、车辆和建筑物； 强盗**砸碎**了展示柜； 爱达荷州**暴怒**的枪击案导致 3 人死亡，警方寻找动机，他们**目瞪口呆**	
	明喻和暗喻	……新南威尔士州北部的乡村小镇正在与**海啸般的犯罪作斗争**； 六月的野火燃烧起来**像土地里注入了汽油一样**	265
	对比	Foxtons 的股价上涨速度**超过了**梅费尔顶层公寓的价格上涨速度； Brad Pitt 和 Angelina Jolie 的婚礼**如此私密**，以至于 Jolie 的父亲 Jon Voight 都不知道婚礼举行过； ……在欧洲和北美，又有大约 5,000 **多起**自杀； ……**底特律历史上最大的毒品圈**； **世界上作案最做多的连环杀手之一**； 2014 年**超过** 2010 年，成为最热的年份	
	重复	**一座又一座**建筑被炮弹夷平和穿破	
	表示增长的词汇	隐藏在加密技术中的电子邮件数量**正在上升**； ……在疫情肆虐的西非，医护人员人数不断**增加**； 邪恶的**规模**、**范围**、**长度和广度**已经显现	
	仅仅/只有/唯独/已经 + 时间/距离或者相关词汇	**今年以来**，已有 64 个秘密制冰厂破产和被拆除； **仅在一次突袭中被捕的就有近** 100 个外国人	
时效性（最近的、正在进行中、即将发生的、新的，当前的、季节性的）	时间指称词	恐怖袭击……**现在**被认为是"可能的"； **今天**工党将会提出……； **昨天的**山洪	
	现在时和现在完成时	它**正在**考验我们的应急资源； 印度尼西亚司法部**即将**孤立……； 救援人员**一直在努力**挽救幸存者	266
	通过词汇来表达隐性的时间指称（如正在进行、进行中、开始/ongoing, underway, begin）	都柏林的谋杀案调查**仍在调查中**； 对失踪的维多利亚女子 Karen Chetcuti 的搜寻**仍在持续**	
	提及以下内容的指称词：		

新闻价值	语言手段	示例
	当前趋势	"自拍"（智能手机的自拍照）已被宣布成为 2013 年年度单词
	季节性	英格兰公共卫生部敦促人们今年冬天室内保暖
	变化/新颖/发现	在意想不到的**发展**中； Bowser 说，词语 GLBT 到 LGTB 的**转变**"与主流词汇保持一致"； （40 年的灰尘下**是**一辆 1969 年的富兰克林 ShelbyGT500）； 欧盟领导人选出新任高级外交官
未预料性 （意料之外）	对意料之外的事件的评价	**最奇怪的丑闻之一**； 在一个**很少**起诉警察过度行为的城市里，这是一个**不寻常**的案件
	惊讶/期待	在北科特斯洛竞猜之夜的**震撼**； 人们真的**无法相信**
	表明异常的对比	**悉尼十六年以来最潮湿的八月**； **1958 年以来的第一次**； 我在图文巴生活了 20 年，从未见过这样的事
	提及不寻常的事件	英国男子从十五层坠下后幸存； 德国国会议员考虑重新利用打字机来对抗间谍活动； 昆士兰女子用背包击退袋鼠

267

268

表 A5.1　在英语新闻中构建新闻价值的常用视觉手段清单

新闻价值	视觉手段
美学吸引力（美学上具有吸引力）	**内容：** **被表征参与者：** 对人、地、物、景观的描写，文化上公认的美 **拍摄：** **构成：平衡** 动态的、不对称的构图，利用了对角线线轴 平衡的、对称的图像，对称性被瞬间打断 **技术特质：** 运动：动作模糊和凝固 • 噪音：颗粒度高 • 焦点：延长或减少图像中的景深

新闻价值	视觉手段
一致性（典型的、刻板的）	**内容：** **被表征参与者/属性：** 对人和他们的属性的描写符合公众对一个人/一个国家的刻板印象等（如德国慕尼黑啤酒节的啤酒和女人的胸部） **活动序列：** ● 分阶段的/高度编排的与人/团体/民族有关的典型活动的描述
精英性（高位/名望高）	**内容：** **被表征参与者：** ● 显示著名且易于识别的重要人物，如政治领袖、名人 **属性：** ● 显示人们穿着精美的服装、制服或带有其他官场标记的服饰 ● 显示反映自己的元素，如麦克风/相机 **活动顺序：** ● 显示身旁有军人、警察、保镖或被媒体簇拥 ● 显示人们使用与精英职业相关的专业设备（例如，外科医生正在进行手术） **背景：** ● 显示与精英职业相关的环境（如书籍、实验室、警察局）
影响力（具有重大影响或后果）	**内容：** **被代表参与者/属性：** ● 显示事件的后果（通常是负面的）（如破坏、受伤、财产损失的场景） ● 显示事件引发的情绪
负面性（负面的）	**内容：** **被表征参与者/属性：** ● 显示负面事件及其影响，如事故、自然灾害、受伤，财产损失 ● 显示经历负面情绪的人 **活动序列：** ● 显示被逮捕的人，或者与律师/大律师/警察在一起的被告 ● 显示试图隐藏身份的人，如用布遮盖头部，或者对镜头表现出攻击性，如用手遮住镜头 ● 显示人们从事破坏规范的行为，如打架、破坏、偷窃、攻击等 **拍摄：** **技术特征：** ● 涉及负面内容的移动/模糊，导致导致图像质量差 ● 噪点：使负面内容戏剧化和强化 ● 焦点：在极端情况下意味着无法提供清晰和详细的图像内容，如镜头上的雨水 ● 在移动的图像中：由于拍摄者四处移动、奔跑、躲避投射物等而造成的模糊和运动（暗示出现不稳定的情况，即危险情况）

269

新闻价值	视觉手段
正面性（正面的）	**内容：** **被表征参与者/属性：** • 显示人们呈现的积极情绪 **活动序列：** • 展示人们从事积极的有价值的行为，如展示走红毯活动、颁奖仪式时的成功形象 • 表现出与和解或赞美有关的行动，如握手、拥抱
平民性（出现个人的/人类的脸庞）	**内容：** **代表参与者/属性：** • 显示"普通"个人，尤其是当他们被选拔并代表较大的团体时 • 穿着非正式/日常服装的人 • 携带物品，如背包、手提包，购物袋 • 显示情感反应 **背景：** • 在家里/室内环境中 • 在街上 **拍摄：** **构成：凸显** • 与图像框架中的其他人处于不平等的关系（就文本构成而言，而不是就社会权力而言），如通过前景化或背景化凸显某一个人 **构成：镜头长度** • 使用特写镜头（如放大个人的情绪） **技术特质：焦点** • 减少景深，使焦点保持在个人身上
接近性（地理上或文化上接近）	**内容：** **被表征参与者/属性/背景：** • 显示著名的或标志性的地标（悉尼大桥、悉尼歌剧院、金门大桥）、自然景观（乌鲁鲁）或文化符号（旗帜、民族特色的颜色/特殊的制服） [**口头文字：** • 显示表明相关地点/文化关联的口头文字，如标牌]
重大性（高强度/大范围）	**内容：** **被表征参与者：** • 在图像中重复显示大规模的参与者，如不仅一栋房子，而是整条受影响的街道 • 显示参与者极端（正面或负面）的情绪。 **拍摄：** **构成：镜头长度**

270

272

271

新闻价值	视觉手段
	● 使用广角来夸大尺寸/空间上的差异 ● 通过使用超近距离特写镜头或微距镜头来放大（大于本身的应有的大小） **技术特征：移动** ● 摄像机移动和模糊,摄像人员四处走动、奔跑、躲避以避免投射物等（意味着严重性/高危险性等）
时效性（最近的、正在进行的、即将发生的、新的、现在的、季节性的）	**内容：** **被表征参与者：** ● 显示时间的自然现象,如植物或环境的状态可能暗示季节 ● 包含文化手工制品,如代表一年中特定时间的圣诞树 **活动序列：** ● 某个物品的揭幕,第一次展示给公众 [**口头文字：** ● 包括表明相关时间的口头文字,如标牌]
未预料性（意料之外）	**内容：** **被表征参与者：** ● 显示人们感到震惊/惊讶 ● 显示不符合既定社会规范或期望的异常事件 **拍摄：** **构成：凸显** ● 画面中的元素并列,形成鲜明的对比

表 A6.1　检索项频次

272

检索词	英国		澳大利亚		美国	
	原始频率	每100,000 词	原始频率	每100,000 词	原始频率	每100,000 词
cycling	1003	425.6	356	313.1	152	96.8
cycled	86	36.5	15	13.2	2	1.3
cyclist*	2,085	884.8	1,109	975.4	466	296.8
bicycl*	313	132.8	545	479.4	1,020	649.7
biking*	20	8.5	6	5.3	103	65.6
bike*	2,087	885.7	1,309	1,151.4	2,676	1,704.6
"to cycle"	97	41.2	18	15.8	4	2.5

	英国		澳大利亚		美国	
cycleway	23	9.8	124	109.1	0	0.0
cycle path*	86	36.5	25	22.0	0	0.0
cycle rac*	10	4.2	0	0.0	1	0.6
cycle rack*	9	3.8	0	0.0	1	0.6
cycle route*	77	32.7	7	6.2	0	0.0
cycle shop*	7	3.0	0	0.0	0	0.0
cycle lane*	99	42.0	9	7.9	0	0.0
cycle helmet*	13	5.5	0	0.0	0	0.0
cycle horn*	0	0.0	0	0.0	0	0.0
cycle batter*	0	0.0	0	0.0	0	0.0
cycle clip*	1	0.4	0	0.0	0	0.0
cycle shorts	1	0.4	0	0.0	0	0.0
cycle track*	19	8.1	1	0.9	6	3.8
racing cycle*	0	0.0	0	0.0	1	0.6
cycle highway*	4	1.7	0	0.0	0	0.0
cycle superhighway*	72	30.6	0	0.0	0	0.0
cycle super highway*	2	0.8	0	0.0	0	0.0

注意：重要的是，表A6.1中的频率仅代表这些实际搜索字词的例子，如以"cycle helmet"开头的任何字母串，且不带任何中间单词。因此，在澳大利亚子语料库中没有查询"cycle helmet *"的实例，这并不意味着就没有名词"HELMET"的实例。其他查询词也一样。查询词也不对应于词表，如"bike *"将检索以"bike"字符开头的任何单词，包括动词"BIKE"的单词形式、名词"BIKE"和"BIKER"的单词形式及复合词（如"BIKE LANE""BIKE HELMET""BIKE-FRIENDLY"等）。

表 A6.2　"cyclist" 前 50 名高频搭配词(按照 MI3、T 值、LL 和 range 分类)

	根据关联规则分类			根据 range 分类
	前 50 名(三种计算方式)	前 50 名(两种计算方式)	前 50 名(一种计算方式)	
语法词和"DO"、"BE"、"HAVE" 的形式	a, after, an, and, at, for, has, he, her, his, in, is, of, on, the, to, was, who, with	being, over, when (T-值和对数似然值 LL)	as, be, been, had (T-值)	a, after, an, and, as, at, be, been, being, by, for, from, had, has, have, he, her, his, in, is, of, on, over, that, the, to, was, when, who, with
实义词	accident, car, collision, crash, death, deaths, died, dies, driver, hit hospital, injured, injuries, killed, knocked, left, lorry, old, road, woman	dead, die, hurt, keen, male, suffered (MI3 和 LL); year (T-值和对数似然值 LL)	avid, fighting, sixth, sues (MI3); family, said (T-值)	accident, bike, car, collision, crash, death, died, dies, driver, hit, injured, injuries, killed, knocked, left, lorry, old, road, said, year

274

表 A6.3 "cyclists"前 50 名高频搭配词(跨距为 5)(根据 MI3, T 值, LL 和 range 分类)

	根据关联规则分类			根据 range 分类
	前 50 名(三种计算方式)	前 50 名(两种计算方式)	前 50 名(一种计算方式)	
DO, BE, HAVE 的语法词和形式	a, about, and, are, as, at, be, being, between, by, for, from, have, in, is, it, more, not, of, on, should, than, that, the, their, to, two, were, who, will, with	—	been, or, they, would (T 值)	a, about, after, and, are, as, at, be, been, being, but, by, for, from, has, have, in, is, it, more, not, of, on, than, that, the, their, they, to, two, was, were, who, will, with
词汇词和专有名词	cyclist, drivers, killed, London, make, motorists, number, pedestrians, ride, road, roads, use	give, injured, involving, lights, red, safer (MI3 和 LL); said (MI3 和 T 值)	city, year (T 值); safety (对数似然值 LL)	bike, city, cyclist, drivers, killed, London, motorists, number, pedestrians, ride, road, roads, said, use, year

表 A6.4　指代骑行者的变体表达

	英国		澳大利亚		美国	
Cyclists/cyclist/cyclist's	2,083	884.0	1,109	975.4	466	296.8
Bikers/biker/biker's	20	8.5	6	5.3	98	62.4
Bicyclists/bicyclist/bicyclist's	1	0.4	1	0.9	192	122.3
Bike riders/bike rider/bike rider's	10	4.2	54	47.5	22	14.0
Riders/rider/rider's	186	78.9	230	202.3	304	193.6

表 A6.5　司机（drivers）/驾车者（motorists），骑行者（cyclists）；骑行者（cyclists）和司机（drivers）/驾车者（motorists）的模式分析　275

主要主题	司机（drivers）/驾车者（motorists），骑行者（cyclists）；骑行者（cyclists）和司机（drivers）/驾车者（motorists）的模式分析
冲突	彼此之间正在进行的战斗，处于战争中，彼此之间的战争，敌对相遇，仇恨之间，争夺空间，爱互相指责，要求彼此之间更多的尊重，需要做更多的工作来确保车辆驾驶员和骑自行车者之间的和谐，一些驾驶员和骑自行车者之间表现出的"两个阵营"态度，警察巡逻旨在"改善车辆驾驶员和骑自行车者之间的关系"，这是驾驶员和骑自行车者之间发生的一系列暴力事件中的最新事件，在道路上不可无礼——这对驾驶员和骑自行车的人都适用，居民与其他道路使用者发生冲突，应在相互尊重的情况下分享道路而不是增加彼此之间的紧张关系，这将减少相互之间的冲突，相互之间的文化冲突，相互之间的紧张关系，双方之间的可感知的鸿沟，越来越多地参与激烈的交流
安全意识/运动	保持警惕，为期四周的运动为驾驶员和骑自行车的人提供自行车安全信息，向驾驶员和骑自行车的人提供建议；作为行人您希望驾驶员和骑自行车的人礼让道路；驾驶员和骑车者本身对提高骑车者在道路上的安全都有作用，驾驶员和骑车者被压制，教促某人谨慎行事，影响驾车者和骑车者的法律，对双方都构成严重危险，对所有道路使用者都更安全；成千上万的罚款，有关骑车人和驾车者的道路法规正在接受审核以鼓励"更安全的自行车行驶"，教骑自行车的人和驾车者在道路上礼让，并警告骑自行车的人和驾车者："请考虑一下交通法规"
设施	应该隔离开来，这些道路绝不是为驾车者和骑自行车的人设计的，高速公路在法律上并非由谁独享而是应该由驾车者和骑自行车的人共享，这是第一个试图使骑车者和驾驶者完全隔离的道路，建议骑车者和驾车者共享道路空间，迫切需要隔开骑自行车的人和驾车者，高速公路的设计使骑自行车的人和驾车者感到困惑，伦敦有了第一个将骑车人和开车人隔离的环形路口

**表 A6.6 骑行者(cyclists)和行人(pedestrians)/行人(pedestrians)
和骑行者(cyclists)最常见的词簇模式分析**

主要主题	骑行者(cyclists)和行人(pedestrians)/行人(pedestrians)和骑行者(cyclists)最常见的词簇
冲突和碰撞	骑行者和行人之间： 碰撞(3次),撞击,持续的冲突
安全意识/活动	**对于骑车者和行人：道路危险;更安全,更有关联的环境;更友善,要小心,使街道更安全,使道路更安全,增加安全性,提高安全性 对于行人和骑自行车者：更危险,使道路更安全,提高安全性,减少人员伤亡 对于骑行者和行人：提醒驾驶员,更加友善,降低大卡车的风险**
设施	**对于行人和骑自行车者：一条道路,道路,关联的,泥沙俱下的滑坡**

表 A8.1 共享新闻语料库网址

1	http://www.nbcnews.com/news/world/american-student-ends-trappedgiant-vagina-sculpture-n138311
2	http://www.dailymail.co.uk/health/article-2190863/Semen-good-womenshealth-helps-fight-depression.html
3	http://www.nytimes.com/2013/03/04/health/for-first-time-baby-cured-of-hivdoctors-say.html?pagewanted=all
4	http://www.usatoday.com/story/life/music/2014/03/17/kiss-def-leppardsummer-heroes-tour/6525475/
5	http://www.cnn.com/2014/02/16/us/snake-salvation-pastor-bite/index.html
6	http://www.abc.net.au/local/stories/2013/06/06/3776327.htm
7	http://www.washingtontimes.com/news/2014/mar/24/atheist-noah-director-brags-film-least-biblical-bi/
8	http://www.cnn.com/2014/02/04/tech/social-media/facebook-look-backvideo/index.html
9	http://www.foxnews.com/us/2014/01/26/arizona-sheriff-joe-arpaio-puts-inmates-on-bread-and-water-for-destroying-us/
10	http://www.foxnews.com/health/2014/03/21/giraffe-kisses-goodbye-dying-zoo-worker/
11	http://www.news.com.au/lifestyle/health/duke-university-scientists-findwomen-need-more-sleep-than-men/story-fneuz9ev-1226596253113

12	http://www. foxnews. com/health/2014/03/17/sugars-found-in-tequila-may-protect-against-obesity-diabetes/
13	http://www. foxnews. com/politics/2012/12/31/obama-gives-congress-pay-raise/
14	http://www. telegraph. co. uk/news/uknews/1895839/Drummers-are-naturalintellectuals. html
15	http://www. cnn. com/2014/01/21/tech/social-media/facebook-like-farming/index. html
16	http://www. independent. co. uk/news/uk/home-news/british-public-wrongabout-nearly-everything-survey-shows-8697821. html
17	http://www. foxnews. com/entertainment/2014/06/27/amy-adams-gives-first-class-airline-seat-to-soldier-sits-in-coach-passenger/
18	http://www. foxnews. com/us/2014/07/09/murder-drops-as-concealed-carry-permits-rise-claims-study/
19	http://www. foxnews. com/health/2011/05/18/cdc-warns-public-prepare-zombie-apocalypse/
20	http://www. miamiherald. com/2012/05/26/2818832/naked-man-shot-killedon-macarthur. html
21	http://www. theage. com. au/entertainment/music/leonardo-da-vincis-wackypiano-is-heard-for-the-first-time-after-500-years-20131118-2xpqs. html
22	http://www. usatoday. com/story/news/world/2014/04/17/jews-ordered-toregisterin-east-ukraine/7816951/
23	http://www. nytimes. com/2014/02/11/world/middleeast/suicide-bombinstructor-accidentally-kills-iraqi-pupils. html
24	http://www. foxnews. com/us/2014/02/27/court-rules-school-can-ban-american-flag-shirts-to-avoid-racial-strife/
25	http://www. foxnews. com/us/2013/10/01/greatest-generation-veterans-to-face-barricades-at-memorial-in-their-honor/
26	http://www. foxnews. com/politics/2014/07/27/emily-miller-federal-judge-rules-dc-ban-on-gun-carry-rights-unconstitutional/
27	http://www. foxnews. com/politics/2013/04/26/officials-found-guilty-in-obama-clinton-ballot-petition-fraud/
28	http://www. cnn. com/2013/11/07/world/europe/pope-francis-embrace/index. html

278

29	http://www.washingtonpost.com/blogs/election-2012/wp/2012/10/15/charity-president-unhappy-about-paul-ryan-soup-kitchen-photo-op/
30	http://www.telegraph.co.uk/news/politics/conservative/8201521/Sexoffenders-including-paedophiles-should-be-allowed-to-adopt-Theresa-May-told.html
31	http://www.telegraph.co.uk/health/healthnews/9069276/Chocolate-cakebreak-fast-could-help-you-lose-weight.html
32	http://www.foxnews.com/opinion/2014/03/03/team-obama-wins-fight-to-have-christian-home-school-family-deported/
33	http://www.theguardian.com/science/political-science/2013/may/13/stephen-hawking-boycott-israel-science
34	http://www.washingtonpost.com/blogs/capital-weather-gang/wp/2014/06/02/female-named-hurricanes-kill-more-than-male-because-people-dont-respectthem-study-finds/
35	http://www.cnn.com/2013/11/07/world/asia/philippines-typhoon-haiyan/index.html
36	http://www.foxnews.com/us/2014/03/25/girl-barred-from-school-for-shaving-her-head-to-support-friend-with-cancer/
37	http://www.foxnews.com/leisure/2014/03/25/wheres-steve-mcqueen-whenneed-him-16-shelby-gt500-found-under-40-years-dust/
38	http://www.cnn.com/2014/03/27/living/student-money-saving-typefacegaram-ond-schools/index.html
39	http://www.nydailynews.com/entertainment/gossip/paul-walker-dies-crash-re-port-article-1.1533786
40	http://www.cnn.com/2012/06/11/justice/texas-abuser-killed/index.html
41	http://www.nytimes.com/2012/05/31/nyregion/bloomberg-plans-a-ban-onlarge-sugared-drinks.html?pagewanted=all
42	http://www.foxnews.com/politics/2012/10/26/cia-operators-were-denied-request-for-help-during-benghazi-attack-sources-say/
43	http://www.washingtontimes.com/news/2013/may/2/south-carolina-house-pas-ses-bill-making-obamacare-/
44	http://www.washingtontimes.com/news/2013/feb/10/scientists-suggest-beer-after-workout/
45	http://www.foxnews.com/health/2013/03/27/scientists-find-treatment-to-kill-every-kind-cancer-tumor/

279

续　表

46	http://www.cnn.com/2014/03/07/us/michigan-mummified-body-found/index.html
47	http://www.cnn.com/2014/06/05/world/europe/d-day-paratrooper-jumpsagain/index.html
48	http://www.cnn.com/2014/02/05/showbiz/zimmerman-dmx-boxing-match/index.html
49	http://www.abc.net.au/local/audio/2014/03/05/3957423.htm
50	http://www.theguardian.com/business/2013/feb/09/aldi-100-percent-horsemeat-beef-products
51	http://www.foxnews.com/us/2014/01/06/george-and-barbara-bush-celebrate-6th-wedding-anniversary/
52	http://www.cnn.com/2013/05/01/us/kentucky-accidential-shooting/index.html
53	http://www.cnn.com/2013/07/15/showbiz/dave-matthews-hitches-ride/index.html
54	http://www.foxnews.com/health/2014/04/15/casual-marijuana-use-linked-with-brain-abnormalities-study-finds/
55	http://www.theguardian.com/books/2012/mar/05/five-hundred-fairytales-discovered-germany
56	http://www.bbc.co.uk/news/uk-england-leicestershire-21063882
57	http://www.cnn.com/2012/08/14/showbiz/obit-palillo/index.html
58	http://www.dailymail.co.uk/news/article-2156333/Teenager-19-battered-dog-hammer-20-times-stabbed-chest-leaving-home-sign-JobCentre.html
59	http://www.bbc.co.uk/news/world-europe-21468116
60	http://www.dailymail.co.uk/health/article-2054393/Bad-news-dads-Babiesshare-mothers-bed-age-good-hearts.html
61	http://www.dailymail.co.uk/femail/article-2320235/Why-stressful-numberchildren-BUT-mothers-MORE-relaxed.html
62	http://www.mirror.co.uk/news/uk-news/ukip-candidate-geoffrey-clarke-calls-1495957
63	http://www.news.com.au/entertainment/tv/tony-abbott-lambasted-on-ustvshow-last-week-tonight-with-john-oliver/story-e6frfmyi-1226940367958
64	http://www.cnn.com/2013/07/15/justice/pennsylvania-teen-heroes/index.html

280

65	http://blog. sfgate. com/stew/2013/11/01/s-f-to-be-transformed-into-gotham-city-for-5-year-olds-make-a-wish/
66	http://www. theguardian. com/world/2014/jul/30/world-disgrace-gaza-un-shelter-school-israel
67	http://www. usatoday. com/story/news/nation/2013/10/04/blue-ridge-parkway-pisgah-inn/2923169/
68	http://www. nytimes. com/2014/06/03/science/whats-lost-as-handwriting-fades. html
69	http://www. dailymail. co. uk/news/article-2239087/Graham-Hughes-Britishman-person-visit-201-countries-WITHOUT-using-plane. html
70	http://www. nytimes. com/2014/07/15/world/middleeast/israelis-watch-bombs-drop-on-gaza-from-front-row-seats. html
71	http://www. washingtonpost. com/news/morning-mix/wp/2014/06/03/bodiesof-800-babies-long-dead-found-in-septic-tank-at-former-irish-home-for-unwedmothers/
72	http://www. nzherald. co. nz/nz/news/article. cfm? c_id = 1 & objectid = 10829992
73	http://www. cnn. com/2014/02/21/us/arizona-anti-gay-bill/index. html
74	http://www. dailymail. co. uk/news/article-2288910/Worlds-oldest-horse-trotsfinal-furlong-Irish-draught-Shayne-51-sleep-Essex-sanctuary-reaching-120-human-years. html
75	http://www. washingtonpost. com/news/morning-mix/wp/2014/04/30/hundreds-of-kidnapped-nigerian-school-girls-reportedly-sold-as-brides-tomilitants-for-12-rela-tives-say/
76	http://www. dailymail. co. uk/news/article-2271440/Burger-King-admits-selling-beef-burgers-Whoppers-containing-horse-meat. html
77	http://www. dailymail. co. uk/femail/article-2218515/Think-ready-children Hila-rious-new-parent-test-taking-mummy-blogs-storm-MIGHT-just-off. html
78	http://www. dailymail. co. uk/news/article-2154283/Cats-away-Artist-turns-dead-pet-flying-helicopter-killed-car. html
79	http://www. dailymail. co. uk/news/article-2138388/Four-Georgia-men-arrested-beating-death-ex-Marine-survived-TWO-tours-duty-Iraq. html
80	http://www. dailymail. co. uk/news/article-2153253/Drug-addict-parents-gave-23-month-old-son-methadone-like-Calpol-died-overdose. html

81	http://www. dailymail. co. uk/news/article-2273440/Teen-left-brain-damagedblind-smoking-synthetic-marijuana. html
82	http://www. dailymail. co. uk/news/article-2273591/Chicago-mother-sheds-tears-sorrow-buries-fourth-remaining-child-fatally-shot-month. html
83	http://www. cnn. com/2013/11/30/showbiz/actor-paul-walker-dies/index. html
84	http://www. washingtontimes. com/news/2013/may/6/syrian-rebels-used-sarin-nerve-gas-not-assads-regi/
85	http://www. nytimes. com/2013/06/18/world/americas/thousands-gather-forpro-tests-in-brazils-largest-cities. html
86	http://www. cnn. com/2013/07/14/showbiz/glee-star-dead/index. html
87	http://ftw. usatoday. com/2014/07/tim-howard-wikipedia-united-states-secretary-of-defense
88	http://www. cnn. com/2013/11/18/justice/florida-george-zimmerman-arrest/in-dex. html
89	http://www. usatoday. com/story/news/nation/2014/04/06/anti-vaccinemove-ment-is-giving-diseases-a-2nd-life/7007955/
90	http://www. washingtonpost. com/blogs/worldviews/wp/2014/02/04/journalists-at-sochi-are-live-tweeting-their-hilarious-and-gross-hotel-experiences/
91	http://www. cnn. com/2011/HEALTH/01/05/autism. vaccines/index. html
92	http://www. foxnews. com/opinion/2014/05/01/teenager-takes-his-great-grand-mother-to-prom/
93	http://www. foxnews. com/opinion/2014/01/29/chick-fil-gives-free-food-to-motorists-stranded-in-southern-snowstorm/
94	http://www. cnn. com/2013/10/16/travel/cn-traveler-top-cities/index. html
95	http://www. cnn. com/2013/04/15/us/boston-marathon-explosions/index. html
96	http://www. cnn. com/2011/11/10/world/africa/rhino-extinct-species-report/index. html
97	http://www. nytimes. com/2014/06/16/us/starbucks-to-provide-free-collegeedu-cation-to-thousands-of-workers. html
98	http://www. cnn. com/2013/08/07/health/charlotte-child-medical-marijuana/in-dex. html
99	http://www. washingtonpost. com/business/economy/obama-administrationpushes-banks-to-make-home-loans-to-people-with-weaker-credit/2013/04/02/a8b4370c-9aef-11e2-a941-a19bce7af755_story. html

表 A8.2　在共享新闻语料库(SNC)中至少出现在四个新闻标题或开头段落的形符(类符)

共享新闻语料库中出现在至少四个标题中的单词形式	#［任何数字］, *to*, *in*, *of*, *for*, *a*, *and*, *at*, *is*, *with*, *on*, *the*, *after*, *are*, *killed*, *dead*, *his*, *it*, *school*, *years*, *first*, *found*, *home*, *man*, *Obama*, *study*, *their*
共享新闻语料库中出现在至少四个开头段的单词形式	*the*, *a*, *of*, *in*, *to*, *and*, *that*, #, *on*, *for*, *with*, *has*, *was*, *it*, *his*, *an*, *as*, *their*, *at*, *he*, *is*, *they*, *after*, *by*, *from*, *new*, *who*, *are*, *be*, *but*, *had*, *into*, *up*, *were*, *world*, *been*, *children*, *have*, *her*, *not*, *old*, *will*, *about*, *found*, *home*, *more*, *out*, *if*, *Monday*, *one*, *over*, *people*, *said*, *school*, *study*, *year*, *according*, *American*, *city*, *could*, *died*, *its*, *last*, *make*, *may*, *most*, *news*, *officials*, *or*, *Saturday*, *than*, *this*, *thousands*, *two*, *which*, *you*, *against*, *around*, *being*, *can*, *car*, *come*, *federal*, *high*, *it's*, *night*, *only*, *outside*, *Paul*, *says*, *state*, *told*, US, *Wednesday*, *when*, *years*

Adolphs, S. , and Carter, R. (2013). *Spoken Corpus Linguistics: From Monomodal to Multimodal*. London/New York: Routledge.

Ahva, L. , and Pantti, M. (2014). 'Proximity as a journalistic keyword in the digital era: A study on the "closeness" of amateur news images'. *Digital Journalism* 2(3): 322 – 333.

Allan, S. (1999). *News Culture*. Buckingham/Philadelphia: Open University Press.

Allan, S. (2013). *Citizen Witnessing: Revisioning Journalism in Times of Crisis*. Cambridge: Polity Press.

Almeida, E. (1992). 'A category system for the analysis of factuality in newspaper discourse'. *Text* 12: 233 – 262.

Altengarten, J. (2004). 'Creativity and the rule of thirds'. *Photo Composition Articles*. http://photoinf. com/Golden_Mean/Jim_Altengarten/Creativity_and_the_ Rule_of_Thirds. htm, accessed 20 February 2006.

Anderson, M. , and Caumont, A. (2014). 'How social media is reshaping news'. *Pew Research Center Fact Tank*, 24 September. http://www. pewresearch. org/fact-tank/ 2014/09/24/how-socialmedia-is-reshaping-news/, accessed 10 April 2015.

Anthony, L. (2014). *EncodeAnt* (Version 1. 1. 0) [Computer Software]. Tokyo, Japan: Waseda University. Available from: http://www. laurenceanthony. net/.

Anthony, L. , and Baker, P. (2015a). *ProtAnt* (Version 1. 0. 1) [Computer Software].

Tokyo, Japan: Waseda University. Available from: http://www. laurenceanthony. net/.

Anthony, L. , and Baker, P. (2015b). 'ProtAnt: A tool for analysing the prototypicality of texts'. *International Journal of Corpus Linguistics* 20 (3): 273 – 292.

Archer, D. , Wilson, A. , and Rayson, P. (2002). 'Introduction to the USAS category system'. *UCREL*. http://ucrel. lancs. ac. uk/usas/usas guide. pdf, accessed 22 July 2014.

Baker, P. (2005). *Public Discourses of Gay Men*. London/New York: Routledge.

Baker, P. (2006). *Using Corpora in Discourse Analysis*. London/New York: Continuum.

Baker, P. (2009). 'The BE06 corpus of British English and recent language change'. *International Journal of Corpus Linguistics* 14(3): 312 - 337.

Baker, P. (2011). 'Times may change but we'll always have money: A corpus driven examination of vocabulary change in four diachronic corpora'. *Journal of English Linguistics* 39: 65 - 88.

Baker, P. (2015). 'Does Britain need any more foreign doctors? Inter-analyst consistency and corpusassisted (critical) discourse analysis'. In M. Charles, N. Groom, and S. John (Eds.). *Grammar, Text and Discourse: In Honour of Susan Hunston*, 283 - 300. Amsterdam/Philadelphia: John Benjamins.

Baker, P., Gabrielatos, C., Khosravinik, M., Krzyzanowski, M., McEnery, T., and Wodak, R. (2008). 'A useful methodological synergy? Combining critical discourse analysis and corpus linguistics to examine discourses of refugees and asylum seekers in the UK press'. *Discourse andSociety* 19(3): 273 - 306.

Baker, P., Gabrielatos, C., and McEnery, T. (2013a). *Discourse Analysis and Media Attitudes: The Representation of Islam in the British Press*. Cambridge: Cambridge University Press.

Baker, P., Gabrielatos, C., and McEnery, T. (2013b). 'Sketching Muslims: A corpus-driven analysis of representations around the word "Muslim" in the British press 1998 - 2009'. *Applied Linguistics* 34(3): 255 - 278.

Baker, P., and McEnery, T. (2015). 'Introduction'. In P. Baker and T. McEnery (Eds.). *Corpora and Discourse Studies: Integrating Discourse and Corpora*, 1 - 19. Basingstoke/New York: Palgrave Macmillan.

Barkho, L. (2008). 'The BBC's discursive strategy and practices vis-a-vis the Palestinian-Israeli conflict'. *Journalism Studies* 9(2): 278 - 294.

Barnhurst, K. G., and Nerone, J. (2001). *The Form of News: A History*. New York: Guilford. Barthes, R. (1977). *Image, Music, Text*. London: Fontana.

Bech Sillesen, L. (2014). 'Good news is good business, but not a cure-all for journalism'. *Columbia Journalism Review*, 29 September. http://www. cjr. org/ behind_the_news/good_news_is_good_business_but. php, accessed 14 March 2016.

Beckett, C. (2015). 'Beyoncé, cute kittens or relentless tragedy? Is good news really news at all?' *Guardian*, 2 February. http://www. theguardian. com/media/2015/feb/ 01/beyone-cutekitten-tragedy-news, accessed 14 March 2016.

Bednarek, M. (2005). 'Construing the world: Conceptual metaphors and event construals in news stories'. *Metaphorik. de*, September. http://www. metaphorik. de/09/bednarek. pdf, accessed 28 September 2015.

Bednarek, M. (2006a). *Evaluation in Media Discourse: Analysis of a Newspaper*

284

Corpus. London/New York: Continuum.

Bednarek, M. (2006b). 'Evaluating Europe—Parameters of evaluation in the British press'. In C. Leung and J. Jenkins (Eds.). *Reconfiguring Europe — the Contribution of Applied Linguistics*, British Studies in Applied Linguistics 20, 137 – 156. London: BAAL/Equinox.

Bednarek, M. (2008). *Emotion Talk across Corpora*. Basingstoke/New York: Palgrave Macmillan.

Bednarek, M. (2009). 'Polyphony in appraisal: Typological and topological perspectives'. *Linguistics and the Human Sciences* 3(2): 107 – 136.

Bednarek, M. (2012). '"Get us the hell out of here": Key words and trigrams in fictional television series'. *International Journal of Corpus Linguistics* 17(1): 35 – 63.

Bednarek, M. (2014). 'Linguistic resources for constructing news values, "translated" into Systemic Functional Linguistics'. Available at: http://www. academia. edu/ 8607437/_2015_Linguistic_resources_for_constructing_news_va lues_translated_into_ Systemic_Functional_Linguistis.

Bednarek, M. (2015). 'Corpus-assisted multimodal discourse analysis of television and film narratives'. In P. Baker and T. McEnery (Eds.). *Corpora and Discourse Studies*, 63 – 87. Basingstoke/New York: Palgrave Macmillan.

Bednarek, M. (2016a). 'Voices and values in the news: News media talk, news values and attribution'. *Discourse*, *Context & Media* 11: 27 – 37.

Bednarek, M. (2016b). 'Coding manual for the analysis of news values using UAM Corpus Tool'. Available at: http://www. newsvaluesanalysis. com.

Bednarek, M. (2016c). 'Investigating evaluation and news values in news items that are shared via social media'. *Corpora* 11(2): 227 – 257 [Special issue on corpus approaches to evaluation].

Bednarek, M., and Caple, H. (2010). 'Playing with environmental stories in the news: Good or bad practice?' *Discourse & Communication* 4(1): 5 – 31.

Bednarek, M., and Caple, H. (2012a). *News Discourse*. London/New York: Continuum.

Bednarek, M., and Caple, H. (2012b). '"Value added": Language, image and news values'. *Discourse*, *Context & Media* 1 [Special Issue on Journalistic Stance]: 103 – 113.

Bednarek, M., and Caple, H. (2014). 'Why do news values matter? Towards a new methodological framework for analyzing news discourse in Critical Discourse Analysis and beyond'. *Discourse & Society* 25(2): 135 – 158.

Bednarek, M., and Caple, H. (2015). 'Promotional videos: What do they tell us about the value of news?' In R. Piazza, L. Haarman, and A. Caborn (Eds.). *Values and Choices in Television Discourse*, 5 – 30. Basingstoke/New York: Palgrave

285

Macmillan.

Bell, A. (1991). *The Language of News Media*. Oxford: Blackwell.

Bell, A. (1995). 'News time'. *Time & Society* 4(3): 305 – 328.

Bell, A. (2011). 'Leaving home: De-europeanisation in a post-colonial variety of broadcast news language'. In T. Kristiansen and N. Coupland (Eds.). *Standard Languages and Language Standards in a Changing Europe*, 177 – 198. Oslo: Novus.

Bell, E. (2015). '12th annual Hugh Cudlipp lecture'. *Guardian*, 28 January. http://www. theguardian. com/media/2015/jan/28/emily-bells-2015-hugh-cudlipp-lecture-full-text, accessed 28 September 2015.

Bell, P. (1997). 'News values, race and "the Hanson debate" in Australian media'. *Asia Pacific Media Educator* 2: 38 – 47.

Bell, P., and van Leeuwen, T. J. (1994). *The Media Interview: Confessions, Contest, Conversation*. Sydney: University of New South Wales Press.

ben-Aaron, D. (2003). 'When news isn't news: The case of national holidays'. *Journal of Historical Pragmatics* 4(1): 75 – 102.

ben-Aaron, D. (2005). 'Given and news: Evaluation in newspaper stories about national anniversaries'. *Text* 25(5): 691 – 718.

Bender, J. R., Davenport, L. D., Drager, M. W., and Fedler, F. (2009). *Reporting for the Media*, 9th edn. New York/Oxford: Oxford University Press.

Berger, J., and Milkman, K. L. (2012). 'What makes online content viral?' *Journal of Marketing Research* 49(2): 192 – 205.

Biber, D., Johansson, S., Leech, G., Conrad, S., and Finegan, E. (1999). *Longman Grammar of Spoken and Written English*. London: Longman.

Bielsa, E., and Bassnett, S. (2009). *Translation in Global News*. London/New York: Routledge.

Bignell, J. (2002). *Media Semiotics: An Introduction*, 2nd edn. Manchester: Manchester University Press.

Blom, J. N., and Hansen, K. R. (2015). 'Click bait: Forward-reference as lure in online news headlines'. *Journal of Pragmatics* 76: 87 – 100.

Boorstin, J. (2015). 'Twitter's "Project Lightning" launches as "Moments"', *CNBC*, 6 October. http://www. cnbc. com/2015/10/06/twitters-project-lightning-launches-as-moments. html, accessed 10 November 2015.

Bös, B. (2012). 'From 1760 to 1960: Diversification and popularization'. In R. Facchinetti, N. Brownlees, B. Bös, and U. Fries. *News as Changing Texts — Corpora, Methodologies and Analysis*, 91 – 143. Newcastle: Cambridge Scholars Publishing.

Bowers, M. (2014). 'Photography requires skill. It's sad to see good Fairfax employees being let go'. *Guardian*, 7 May. http://www. theguardian. com/commentisfree/

2014/may/07/photography-requires-skills-its-sad-to-see-fairfax-let-good-employees-go, accessed 20 May 2014.

boyd, d. (2012). 'The ethics of fear and how it undermines an informed citizenry'. *MediaWire*, *Poynter Institute*. http://www. poynter. org/news/mediawire/192509/fear-undermines-aninformed-citizenry-as-media struggles-with-attention-economy/, accessed 7 October 2015.

Boyd-Barrett, O. (1994). 'Language and media: A question of convergence'. In D. Graddol and O. Boyd-Barrett (Eds.). *Media Texts: Authors and Readers*, 22 – 39. London: Multilingual Matters.

Boyd-Barrett, O. (2015). *Media Imperialism*. London: Sage.

Brezina, V. , McEnery, T. , and Wattam, S. (2015). 'Collocations in context: A new perspective on collocation networks'. *International Journal of Corpus Linguistics* 20 (2): 139 – 173.

Brezina, V. , and Meyerhoff, M. (2014). 'Significant or random? A critical review of sociolinguistic generalisations based on large corpora'. *International Journal of Corpus Linguistics* 19(1): 1 – 28.

Bridges, J. A. , and Bridges, L. W. (1997). 'Changes in news use on the front pages of the American daily newspaper, 1986 – 1993'. *Journalism and Mass Communication Quarterly* 74(4): 826 – 838.

Brighton, P. , and Foy, D. (2007). *News Values*. London: Sage.

Brownlees, N. (2006a). 'Introduction'. In N. Brownlees (Ed.). *News Discourse in Early Modern Britain*, 1 – 14. Bern/New York: Peter Lang.

Brownlees, N. (Ed.) (2006b). *News Discourse in Early Modern Britain*. Bern/New York: Peter Lang.

Brownlees, N. (2012). 'The beginnings of periodical news (1620 – 1665)'. In R. Facchinetti, N. Brownlees, B. Bös, and U. Fries. *News as Changing Texts: Corpora, Methodologies and Analysis*, 5 – 48. Newcastle upon Tyne: Cambridge Scholars Publishing.

Bruns, A. , Highfield, T. , and Harrington, S. (2013). 'Sharing the news: Dissemination of links to Australian news sites on Twitter'. In J. Gordon, P. Rowinski, and G. Stewart (Eds.).

Br(e)aking the News: Journalism, Politics and New Media, 181 – 209. Bern/New York: Peter Lang.

Busà, G. M. (2014). *Introducing the Language of the News: A Student's Guide*. London/New York: Routledge.

Caffarel, A. , Martin, J. R. , and Matthiessen, C. M. I. M. (2004). 'Introduction: Systemic functional typology'. In A. Caffarel, J. R. Martin, and C. M. I. M. Matthiessen (Eds.). *Language Typology: A Functional Perspective*, 1 – 76. Amsterdam/Philadelphia: John Benjamins.

286

Cameron, D. (1996). 'Style policy and style politics: A neglected aspect of the language of the news'. *Media Culture & Society* 18: 315 – 333.

Cameron, D. (2009). 'Sex/gender, language and the new biologism'. *Applied Linguistics* 31(2): 173 – 192. Cap, P. (2008). 'Towards the proximization model of the analysis of legitimization in political discourse'. *Journal of Pragmatics* 40: 17 – 41.

Caple, H. (2009). 'Playing with Words and Pictures: Intersemiosis in a New Genre of News Reportage'. PhD thesis, University of Sydney, Australia. Available at: http://ses. library. usyd. edu. au/handle/2123/7024.

Caple, H. (2010). 'What you see and what you get: The evolving role of news photographs in an Australian broadsheet'. In V. Rupar (Ed.). *Journalism & Meaning-making: Reading the Newspaper*, 199 – 220. Cresskill, NJ: Hampton Press.

Caple, H. (2013a). *Photojournalism: A Social Semiotic Approach*. Basingstoke/New York: Palgrave Macmillan.

Caple, H. (2013b). 'Competing for coverage: Exploring emerging discourses on female athletes in the Australian print media'. *English Text Construction* 6(2): 271 – 294.

Caple, H. (2016). 'Coding manual for DNVA analysis'. Available at: http:// www. newsvaluesanalysis. com.

Caple, H. (in press). 'Visual media'. In C. Cotter and D. Perrin (Eds.). *The Routledge Handbook of Language and Media*. London/New York: Routledge.

Caple, H., and Bednarek, M. (2013). *Delving into the Discourse: Approaches to News Values in Journalism Studies and Beyond*. Working Paper. Oxford: Reuters Institute for the Study of Journalism, University of Oxford. Available at: https:// reutersinstitute. politics. ox. ac. uk/publications/risj-working-papers. html.

Caple, H., and Bednarek, M. (2016). 'Rethinking news values: What a discursive approach can tell us about the construction of news discourse and news photography'. *Journalism: Theory, Practice and Criticism* 17(4): 435 – 455.

Caple, H., and Knox, J. S. (2012). 'Online news galleries, photojournalism and the photo essay'. *Visual Communication* 11(2): 207 – 236.

Caple, H., and Knox, J. S. (2015). 'A framework for the multimodal analysis of online news galleries'. *Social Semiotics* 25(3): 292 – 321.

Carter, R. (1988). 'Front pages: Lexis, style and newspaper reporting'. In M. Ghadessy (Ed.). *Registers of Written English*, 8 – 16. London: Pinter Publishers.

Carter, R., and McCarthy, M. (2006). *The Cambridge Grammar*. Cambridge: Cambridge University Press.

Carvalho, A. (2008). 'Media (ted) discourse and society: Rethinking the framework of Critical Discourse Analysis'. *Journalism Studies* 9(2): 161 – 177.

287 Catenaccio, P., Cotter, C., De Smedt, M., Garzone, G., Jacobs, G., Macgilchrist,

F., Lams, L., Perrin, D., Richardson, J. E., van Hout, T., and van Praet, E. (2011). 'Towards a linguistics of news production'. *Journal of Pragmatics* 43 (7): 1843 – 1852.

Cecconi, E. (2009). 'Comparing seventeenth-century news broadsides and occasional news pamphlets: Interrelatedness in news reporting'. In A. H. Jucker (Ed.). *Early Modern English News Discourse: Newspapers, Pamphlets and Scientific News Discourse*, 137 – 157. Amsterdam/Philadelphia: John Benjamins.

Charteris-Black, J. (2006). 'Britain as a container: Immigration metaphors in the 2005 election campaign'. *Discourse & Society* 17: 563 – 581.

Chouliaraki, L. (Ed.) (2012). *Self-Mediation: New Media, Citizenship and Civil Selves*. London/New York: Routledge.

Chouliaraki, L., and Blaagaard, B. B. (Eds.) (2013). Special Issue on the Ethics of Images, *Visual Communication* 12(3).

Chovanec, J. (2014). *Pragmatics of Tense and Time: From Canonical Headlines to Online News Texts*. Amsterdam/Philadelphia: John Benjamins.

Claridge, C. (2009). '"As silly as an Irish teague": Comparisons in early English news discourse'. In A. H. Jucker (Ed.). *Early Modern English News Discourse: Newspapers, Pamphlets and Scientific News Discourse*, 91 – 114. Amsterdam/Philadelphia: John Benjamins.

Clayman, S. E. (1990). 'From talk to text: Newspaper accounts of reporter-source interactions'. *Media, Culture and Society* 12: 79 – 103.

Clayman, S. E. (2010). 'Questions in broadcast journalism'. In A. Freed and S. Ehrlich (Eds.). *"Why Do You Ask": The Function of Questions in Institutional Discourse*, 256 – 278. Oxford: Oxford University Press.

Coffin, C., and O'Halloran, K. (2005). 'Finding the global groove: Theorising and analysing dynamic reader positioning using appraisal, corpus and a concordance'. *Critical Discourse Studies* 2(2): 143 – 163.

Conboy, M. (2002). *The Press and Popular Culture*. London/Thousand Oaks/New Delhi: Sage.

Conboy, M. (2006). *Tabloid Britain: Constructing a Community through Language*. London/New York: Routledge.

Conboy, M. (2007). *The Language of the News*. London/New York: Routledge.

Conboy, M. (2010). *The Language of Newspapers: Socio-Historical Approaches*. London/New York: Continuum.

Conley, D., and Lamble, S. (2006). *The Daily Miracle: An Introduction to Journalism*, 3rd edn. Melbourne: Oxford University Press.

Cotter, C. (1999). 'Language and media: Five facts about the fourth estate'. In R. S. Wheeler (Ed.). *The Workings of Language: From Prescriptions to Perspectives*, 165 – 179. Westport, CT: Praeger.

Cotter, C. (2010). *News Talk. Investigating the Language of Journalism.* Cambridge: Cambridge University Press.

Cotter, C. (2011). 'Diversity awareness and the role of language in cultural representations in news stories'. *Journal of Pragmatics* 43(7): 1890 – 1899.

Craig, G. (1994). 'Press photographs and news values'. *Australian Studies in Journalism* 3: 182 – 200.

Crawford, H., Filipovic, D., and Hunter, A. (2015). *All Your Friends Like This: How Social Networks Took over News.* Sydney: Harper Collins.

Cummins, R. G., and Chambers, T. (2011). 'How production value impacts perceived technical quality, credibility, and economic value of video news'. *Journalism & Mass Communication Quarterly* 88(4): 737 – 752.

Dahl, T., and Fløttum, K. (2014). 'Converging or diverging messages? Verbal and visual representations of climate change in two British newspapers reporting on the IPCC's 5th Assessment Report'. *Encompassing the Multimodality of Knowledge: 5th International Conference in the 360° Conference Series*, Aarhus University, Denmark, 8 – 10 May 2014.

Daille, B. (1995). *Combined Approach for Terminology Extraction: Lexical Statistics and Linguistic Filtering*, UCREL Technical Papers, No. 15, Department of Linguistics, Lancaster University, Lancaster, UK.

Davies, B. (2013). 'Travelling texts: The legal-lay interface in the highway code'. In J. Conley, C. Heffer, and F. Rock (Eds.). *Legal-Lay Communication: Textual Travel in the Legal Process*, 266 – 287. Oxford: Oxford University Press.

Davies, B. (2015). '"Sorry mate, I didn't see you": Representations of different road users in the Highway Code'. Unpublished manuscript.

Davies, M. (2013). *Oppositions and Ideology in News Discourse.* London/Berlin: Bloomsbury.

Davis, H., and Walton, P. (1983). 'Death of a premier: Consensus and closure in international news'. In H. Davis and P. Walton (Eds.). *Language, Image, Media*, 8 – 49. London: Blackwell.

Djonov, E., and Knox, J. S. (2014). 'How-to-analyze webpages'. In S. Norris and C. D. Maier (Eds.). *Interactions, Images and Texts: A Reader in Multimodality*, 171 – 193. Boston/Berlin: Mouton de Gruyter.

Djonov, E., and Zhao, S. (Eds.) (2014). *Critical Multimodal Studies of Popular Culture.* London/New York: Routledge.

Dondis, D. A. (1973). *A Primer of Visual Literacy.* London: MIT Press.

Donsbach, W. (2004). 'Psychology of news decisions: Factors behind journalists' professional behaviour'. *Journalism* 5(2): 131 – 157.

Duguid, A. (2010). 'Newspaper discourse informalisation: A diachronic comparison from keywords'. *Corpora* 5(2): 109 – 138.

288

Dunning, T. (2008). 'Surprise and coincidence — musings from the long tail'. 21 March. http://tdunning. blogspot. de/2008/03/surprise-and-coincidence. html, accessed 9 December 2015.

Durant, A. , and Lambrou, M. (2009). *Language and Media: A Resource Book for Students*. London/New York: Routledge.

Facchinetti, R. (2012). 'News writing from the 1960s to the present day'. In R. Facchinetti, N. Brownlees, B. Bös, and U. Fries. *News as Changing Texts: Corpora, Methodologies and Analysis*, 145 - 195. Newcastle upon Tyne: Cambridge Scholars Publishing.

Facchinetti, R. , Brownlees, N. , Bös, B. , and Fries, U. (2012). *News as Changing Texts: Corpora, Methodologies and Analysis*. Newcastle upon Tyne: Cambridge Scholars Publishing.

Fairclough, N. (1988). 'Discourse representation in media discourse'. *Sociolinguistics* 17: 125 - 139.

Fairclough, N. (1989). *Language and Power*. London/New York: Routledge.

Fairclough, N. (1995). *Media Discourse*. London: Bloomsbury Academic.

Fairclough, N. (1998). 'Political discourse in the media: An analytical framework'. In A. Bell and P. Garrett (Eds.). *Approaches to Media Discourse*, 142 - 162. Oxford: Blackwell.

Feez, S. , Iedema, R. , and White, P. R. R. (2008). *Media Literacy*. Surry Hills, NSW: NSW Adult Migrant Education Service.

Fest, J. (2015). 'Where to find newsworthiness — A systemic-functional approach to identifying news values'. *42nd International Systemic Functional Congress*, RWTH Aachen University, Germany, 27 - 31 July.

Fitzgerald, R. , and Mckay, S. (2012). 'Just like home: Remediation of the social in contemporary news broadcasting'. *Discourse, Context & Media* 1(1): 1 - 8.

Fowler, R. G. (1991). *Language in the News: Discourse and Ideology in the Press*. London/New York: Routledge.

Fries, U. , Lehmann, H. M. , Ruef, B. , Schneider, P. , Studer, P. , auf dem Keller, C. , Nietlispach, B. , Engler, S. , Hensel, S. and Zeller, F. (2004). *ZEN: Zurich English Newspaper Corpus* (Version1. 0) [Computer Software]. Zürich: University of Zürich. Available from: http://es-zen. uzh. ch/.

Fries, U. , and Schneider, P. (2000). 'ZEN: Preparing the Zurich English Newspaper corpus'. In F. Ungerer (Ed.). *English Media Texts — Past and Present, Language and Textual Structure*, 3 - 24. Amsterdam/Philadelphia: John Benjamins.

Fuller, J. (1996). *News Values: Ideas for an Information Age*. Chicago/London: University of Chicago Press.

Gabrielatos, C. , and Baker, P. (2008). 'Fleeing, sneaking, flooding: A corpus analysis of discursive constructions of refugees and asylum seekers in the UK Press 1996 – 2005'. *Journal of English Linguistics* 36(1): 5 – 38.

289   Gabrielatos, C., McEnery, T., Diggle, P., and Baker, P. (2012). 'The peaks and troughs of corpusbased contextual analysis'. *International Journal of Corpus Linguistics* 17(2): 151 – 175.

Galtung, J., and Ruge, M. (1965). 'The structure of foreign news: The presentation of the Congo, Cuba and Cyprus crises in four Norwegian newspapers'. *Journal of Peace Research* 2(1): 64 – 90.

Garces-Conejos Blitvich, P. (2009). 'Impoliteness and identity in the American news media: The "culture wars"'. *Journal of Politeness Research* 5: 273 – 303.

Garretson, G., and Ädel, A. (2008). 'Who's speaking? Evidentiality in US newspapers during the 2004 presidential campaign'. In A. Ädel and R. Reppen (Eds.). *Corpora and Discourse: The Challenges of Different Settings*, 157 – 188. Amsterdam/Philadelphia: John Benjamins.

Geis, M. (1987). *The Language of Politics*. New York: Springer.

Gernsheim, H. (1955). *The History of Photography*. London: Oxford University Press.

Goatly, A. (2002). 'The representation of nature on the BBC World Service'. *Text* 22 (1): 1 – 27.

Golding, P., and Elliot, P. (1979). *Making the News*. London: Longman.

Gotti, M. (2006). 'Disseminating early modern science: Specialized news discourse in the *Philosophical Transactions*'. In N. Brownlees (Ed.). *News Discourse in Early Modern Britain*, 41 – 70. Bern/New York: Peter Lang.

Greatbatch, D. (1998). 'Conversation analysis: Neutralism in British news interviews'. In A. Bell and P. Garrett (Eds.). *Approaches to Media Discourse*, 163 – 185. Oxford: Wiley-Blackwell.

Gries, S. Th. (2008). 'Dispersions and adjusted frequencies in corpora'. *International Journal of Corpus Linguistics* 13(4): 403 – 437.

Griffith, E. (2015). 'Why nine publishers are taking the Facebook plunge'. *Fortune Magazine*, 13 May. http://fortune. com/2015/05/13/facebook-buzzfeed-new-york-times/, accessed 10 November 2015.

Gruber, H. (1993). 'Evaluation devices in newspaper reports'. *Journal of Pragmatics* 19: 469 – 486.

Grundmann, R., and Krishnamurthy, R. (2010). 'The discourse of climate change: A corpus-based approach'. *Critical Approaches to Discourse Analysis across Disciplines* 4(2): 125 – 146.

Guo, Q. (2012). 'Perceptions of news value: A comparative research between China and the United States'. *China Media Research* 8(2): 26 – 35.

Haarman, L., and Lombardo, L. (2009). 'Introduction'. In L. Haarman and L.

Lombardo (Eds.). *Evaluation and Stance in War News*, 1–26. London/New York: Continuum.

Hall, S. (1973). 'The determinations of news photographs'. In S. Cohen and J. Young (Eds.). *The Manufacture of News: Social Problems, Deviance and the Mass Media*, 176–190. London: Constable.

Hall, S. (1977). 'Culture, the media and the "ideological effect"'. In J. Curran, M. Gurevitch, and J. Woollacott (Eds.). *Mass Communication and Society*, 315–348. London: Edward Arnold.

Hall, S. (1994). 'Encoding/decoding'. In D. Graddol and O. Boyd-Barrett (Eds.). *Media Texts: Authors and Readers*, 200–211. Clevedon: Multilingual Matters.

Halliday, M. A. K. (1985). *An Introduction to Functional Grammar*. London: Edward Arnold.

Halliday, M. A. K., and Hasan, R. (1976). *Cohesion in English*. London: Longman.

Halliday, M. A. K., and Matthiessen, C. M. I. M. (1999). *Construing Experience through Meaning: A Language-based Approach to Cognition*. London: Cassell.

Hansen, L. K., Arvidsson, A., Nielsen, F. Å., Colleoni, E., and Etter, M. (2011). 'Good friends, bad news: Affect and virality in Twitter'. *The 2011 International Workshop on Social Computing, Network, and Services (SocialComNet 2011)*, Loutraki, Crete, Greece.

Harcup, T., and O'Neill, D. (2001). 'What is news? Galtung and Ruge revisited'. *Journalism Studies* 2(2): 261–280.

Harrison, J. (2006). *News*. London: Routledge.

Harrison, J. (2010). 'News media'. In D. Albertazzi and P. Cobley (Eds.). *The Media: An Introduction*, 3rd edn, 246–257. London: Longman.

Hart, C. (2011). 'Force-interactive patterns in immigration discourse: A cognitive linguistic approach to CDA'. *Discourse & Society* 22: 269–286.

Hart, C. (2014a). 'Construal operations in online press reports of political protests'. In C. Hart and P. Cap (Eds.). *Contemporary Critical Discourse Studies*, 167–188. London: Bloomsbury.

Hart, C. (2014b). 'Constructing contexts through grammar: Cognitive models and conceptualization in British newspaper reports of political protests'. In J. Flowerdew (Ed.). *Discourse in Contexts*, 159–184. London: Bloomsbury Academic.

Hartley, J. (1982). *Understanding News*. London: Methuen.

Haupt, J. (2014). 'Generic and Evaluative Patterns in Science News'. PhD thesis, Masaryk University, Brno, Czech Republic.

Herdagdelen, A., Zuo, W., Gard-Murray, A. S., and Bar-Yam, Y. (2013). 'An exploration of social identity: The geography and politics of news-sharing communities

290

in Twitter'. *Complexity* 19: 10 – 20.

Hermerén, L. (1986). 'Modalities in spoken and written English: An inventory of forms'. In G. Tottie and U. Bäcklund (Eds.). *English in Speech and Writing: A Symposium*, 57 – 91. Uppsala: University of Uppsala.

Hermida, A., Fletcher, F., Korell, D., and Logan, D. (2012). 'Share, like, recommend'. *Journalism Studies* 13(5): 815 – 824.

Hester, J. B., and Dougall, E. (2007). 'The efficiency of constructed week sampling for content analysis of online news'. *Journalism & Mass Communication Quarterly* 84(4): 811 – 824.

Hjarvard, S. (1995). *Internationale TV-nyheder* [International news on television]. Copenhagen: Akademisk Forlag.

Hoskins, A., and O'Loughlin, B. (2007). *Television and Terror: Conflicting Times and the Crisis of News Discourse*. Basingstoke/New York: Palgrave Macmillan.

Huan, C. (2015). 'Journalistic Stance in Chinese and Australian Hard News'. PhD thesis, Macquarie University, Australia.

Hundt, M., and Mair, C. (1999). '"Agile" and "uptight" genres: The corpus-based approach to language change in progress'. *International Journal of Corpus Linguistics* 4: 221 – 242.

Hunston, S. (2002). *Corpora in Applied Linguistics*. Cambridge: Cambridge University Press. Hunston, S. (2011). *Corpus Approaches to Evaluation: Phraseology and Evaluative Language*. London/New York: Routledge.

Hunston, S. (2013). 'Review of: McEnery, T. and Hardie, A. 2012. *Corpus Linguistics: Method, Theory and Practice*'. *International Journal of Corpus Linguistics* 18(2): 290 – 294.

Iedema, R., Feez, S., and White, P. R. R. (1994). *Media Literacy*. [A report for the Write it Right Literacy in Industry Research Project]. Sydney: Disadvantaged Schools Program, NSW Department of School Education.

Ingram, M. (2015). 'Facebook has taken over from Google as a traffic source for news'. *Fortune Magazine*, 18 August. http://fortune.com/2015/08/18/facebook-google/, accessed 10 November 2015.

Jaworski, A., Fitzgerald, R., and Morris, D. (2004). 'Radio leaks: Presenting and contesting leaks in radio news broadcasts'. *Journalism* 5(2): 183 – 202.

Jaworski, A., Fitzgerald, R., Morris, D., and Galasiński, D. (2003). 'Beyond recency: The discourse of the future in BBC radio news'. *Belgian Journal of English Language and Literature* 1: 61 – 72.

Jeffries, L. (2010). *Opposition in Discourse. The Construction of Oppositional Meaning*. London/New York: Continuum.

Johnson, T. J., and Kelly, J. D. (2003). 'Have new media editors abandoned the old media ideals? The journalistic values of online newspaper editors'. *New Jersey*

Journal of Communication 11(2): 115 - 134.

Johnson-Cartee, K. S. (2005). *News Narratives and News Framing: Constructing Political Reality*. Oxford: Rowman & Littlefield.

Johnstone, B. , and Mando, J. (2015). 'Proximity and journalistic practice in environmental discourse: Experiencing "job blackmail" in the news'. *Discourse & Communication* 9(1): 81 - 101.

Jucker, A. H. (1992). *Social Stylistics: Syntactic Variation in British Newspapers*. Berlin/New York: Mouton de Gruyter.

Jucker, A. H. (1996). 'News actor labelling in British newspapers'. *Text* 16(3): 373 - 390.

Jucker, A. H. (2000). 'Adressatenbezug und Formen der interaktiven Kommunikation in den Massenmedien'. In G. Richter, J. Riecke, and B. M. Schuster (Eds.). *Raum, Zeit, Medium — Sprache undihre Determinanten. Festschrift für Hans Ramge zum 60. Geburtstag*, 637 - 660. Darmstadt: Hessische Historische Kommission.

Jucker, A. H. (Ed.) (2009). *Early Modern English News Discourse: Newspapers, Pamphlets and Scientific News Discourse*. Amsterdam/Philadelphia: John Benjamins.

Kemmer, S. , and Verhagen, A. (2002). 'The grammar of causatives and the conceptual structure of events'. In *Mouton Classics: From Syntax to Cognition from Phonology to Text*, Vol. 2, 451 - 494. Berlin/New York: Mouton de Gruyter.

Kepplinger, H. M. , and Ehmig, S. C. (2006). 'Predicting news decisions: An empirical test of the twocomponent theory of news selection'. *Communications: The European Journal of Communication Research* 31: 25 - 43.

Khosravinik, M. (2009). 'The representation of refugees, asylum seekers and immigrants in British newspapers during the Balkan conflict (1999) and the British general election (2005)'. *Discourse & Society* 20(4): 477 - 498.

Kilgarriff, A. , Baisa, V. , Bušta, J. , Jakubíček, M. , Kovář, V. , Michelfeit, J. , Rychlý, P. , and Suchomel, V. (2014). 'The sketch engine: Ten years on'. *Lexicography* 1(1): 7 - 36.

Kitis, E. , and Milapides, M. (1996). 'Read it and believe it: How metaphor constructs ideology in news discourse. A case study'. *Journal of Pragmatics* 28: 557 - 590.

Kress, G. , and van Leeuwen, T. J. (2001). *Multimodal Discourse: The Modes and Media of Contemporary Communication*. London: Edward Arnold.

Kress, G. , and van Leeuwen, T. J. (2006). *Reading Images: The Grammar of Visual Design*, 2nd edn. London/New York: Routledge.

Lampropoulou, S. (2014). '"Greece will decide the future of Europe": The recontextualisation of the Greek national elections in a British broadsheet

291

newspaper'. *Discourse & Society* 25: 467 – 482.

Lams, L. (2011). 'Newspapers' narratives based on wire stories: Facsimiles of input?' *Journal of Pragmatics* 43(7): 1853 – 1864.

Landert, D. (2014). *Personalisation in Mass Media Communication: British Online News between Public and Private.* Amsterdam/Philadelphia: John Benjamins.

Lazar, A., and Lazar, M. M. (2004). 'The discourse of the new world order: 'Outcasting' the double face of threat'. *Discourse & Society* 15(2 – 3): 223 – 242.

Ledin, P. (1996). '*The prime minister, Ingvar Carlsson, he* or *Ingvar?* Anaphoric expressions in newspaper discourse'. *Nordic Journal of Linguistics* 19(1): 55 – 80.

Lee, D. Y. W. (2007). 'Corpora and discourse analysis: New ways of doing old things'. In V. Bhatia, J. Flowerdew, and R. Jones (Eds.). *Advances in Discourse Studies*, 86 – 99. London/New York: Routledge.

Lester, M. (1980). 'Generating newsworthiness: The interpretive construction of public events'. *American Sociological Review* 45: 984 – 994.

Lippmann, W. (1922). *Public Opinion.* New York: Free Press. (Reprint 1965.)

Liu, S. B., Palen, L., Sutton, J., Hughes, A. L., and Vieweg, S. (2009). 'Citizen photojournalism during crisis events'. In S. Allan and E. Torsen (Eds.). *Citizen Journalism: Global Perspectives*, 43 – 63. Bern/New York: Peter Lang.

Ljung, M. (2000). 'Newspaper genres and newspaper English'. In F. Ungerer (Ed.). *English Media Texts Past and Present: Language and Textual Structure*, 131 – 150. Amsterdam/Philadelphia: John Benjamins.

López-Rabadán, P., and Casero-Ripollés, A. (2012). 'Evolution of the Spanish media agenda (1980 – 2010): Longitudinal analysis of the front pages of two of the most important Spanish newspapers'. *Revista Latina de Comunicación Social* 67: 470 – 493.

Louw, B. (1993). 'Irony in the text or insincerity in the writer?' In M. Baker, G. Francis, and E. Tognini-Bonelli (Eds.). *Text and Technology: In Honour of John Sinclair*, 157 – 176. Amsterdam/Philadelphia: John Benjamins.

Lozada, C. (2014). '200 journalism cliches — and counting'. *Washington Post*, 27 February. http://www. washingtonpost. com/news/opinions/wp/2014/02/27/the-outlook-list-of-things-wedo-not-say, accessed 7 November 2014.

Luginbühl, M. (2009). 'Closeness and distance: The changing relationship to the audience in the American TV news show "CBS Evening News" and the Swiss "Tagesschau"'. *Language in Contrast* 9(1): 123 – 142.

Luke, D. A., Caburnay, A., and Cohen, E. L. (2011). 'How much is enough? New recommendations for using constructed week sampling in newspaper content analysis of health stories'. *Communication Methods and Measures* 5(1): 76 – 91.

Lukin, A. (2010). '"News" and "register": A preliminary investigation'. In A. Mahboob and N. Knight (Eds.). *Appliable Linguistics: Texts, Contexts and*

292

Meanings, 92 – 113. London/New York: Continuum.

Lukin, A., Butt, D., and Matthiessen, C. M. I. M. (2004). 'Reporting war: Grammar as covert operation'. *Pacific Journalism Review* 10(1): 58 – 74.

Ma, L., Lee, C. S., and Gho Hoe Lian, D. (2014). 'Understanding news sharing in social media: An explanation from the diffusion of innovations theory'. *Online Information Review* 38(5): 598 – 615.

Machin, D. (2004). 'Building the world's visual language: The increasing global importance of image banks in corporate media'. *Visual Communication* 3 (3): 316 – 336.

Machin, D. (2013). 'What is multimodal critical discourse studies?'. *Critical Discourse Studies* 10(4) [Special issue on Multimodal Critical Discourse Studies]: 347 – 355.

Machin, D., and Mayr, A. (2012). *How to Do Critical Discourse Analysis: A Multimodal Introduction*. London: Sage.

Machin, D., and Niblock, S. (2006). *News Production: Theory and Practice*. London/NewYork: Routledge.

Machin, D., and van Leeuwen, T. J. (2007). *Global Media Discourse*. London/New York: Routledge.

Mahlberg, M. (2007). 'Lexical items in discourse: Identifying local textual functions of sustainable development'. In M. Hoey, M. Mahlberg, M. Stubbs, and W. Teubert. *Text, Discourse and Corpora: Theory and Analysis*, 191 – 218. London/New York: Continuum.

Mahlberg, M. (2009). 'Local textual functions of *move* in newspaper story patterns'. In U. Römer and R. Schulze (Eds.). *Exploring the Lexis-Grammar Interface*, Studies in Corpus Linguistics 35, 256 – 287. Amsterdam/Philadelphia: John Benjamins.

Mahlberg, M., and O'Donnell, M. B. (2008). 'A fresh view of the structure of hard news stories'. *Proceedings of the* 19th *European Systemic Functional Linguistics Conference and Workshop*, 1 – 19.

Maier, M., and Ruhrmann, G. (2008). 'Celebrities in action and other news: News factors of German TV news 1992 – 2004: Results from a content analysis'. *Human Communication* 11(1): 201 – 218.

Makki, M. (2014). 'Why is this "event" chosen and not that one? Analysing the register of Iranian print journalism and its notion of "newsworthiness"'. *Australian Systemic Functional Linguistics Association* 2014 *conference* (ASFLA 2014), University of New South Wales, Australia, 30 September-2 October.

Makki, M. (in progress). 'The Language of Iranian News Journalism: News Values, Genres, and Reporting Styles'. PhD thesis, University of New South Wales, Australia.

Marchi, A. (2013). 'The *Guardian* on Journalism: A Corpus-assisted Discourse Study of Selfreflexivity'. PhD thesis, University of Lancaster, UK.

Marchi, A., and Taylor, C. (2009). 'If on a winter's night two researchers … A challenge to assumptions of soundness of interpretation'. *Critical Approaches to Discourse Analysis across Disciplines (CADAAD)* 3(1): 1 - 20.

Marshman, E., L'Homme, M. -C., and Surtees, V. (2008). 'Portability of cause-effect relation markers across specialised domains and text genres: A comparative evaluation'. *Corpora* 3(2): 141 - 172.

Martin, F., and Dwyer, T. (2015). 'How did they get here? The likable engine, dark referrals and the problematic of social media news analytics'. *IAMCR* 2015, Montreal, 12 - 16 July.

Martin, J. R. (2001), 'Fair trade: Negotiating meaning in multimodal texts'. In P. Coppock (Ed.). *The Semiotics of Writing: Transdisciplinary Perspectives on the Technology of Writing*, 311 - 338. Turnhout: Brepols.

Martin, J. R., and Matthiessen, C. M. I. M. (1991). 'Systemic typology and topology'. In F. Christie (Ed.). *Literacy in Social Processes*, 345 - 383. Darwin: Centre for Studies in Language in Education, Northern Territory University.

Martin, J. R., and White, P. R. R. (2005). *The Language of Evaluation: Appraisal in English.* Basingstoke/New York: Palgrave Macmillan.

Masterton, M. (2005). 'Asian journalists seek values worth preserving'. *Asia Pacific Media Educator* 16(6): 41 - 48. http://ro. uow. edu. au/apme/vol1/iss16/6, accessed 14 March 2016.

Mautner, G. (2000). *Der britische Europa-Diskurs: Methodenreflexion und Fallstudien zur Berichterstattung in der Tagespresse.* [The British discourse on Europe: Methodological observations and case studies on daily press reportage]. Vienna: Passagen Verlag.

Mautner, G. (2007). 'Mining large corpora for social information: The case of "elderly"'. *Language in Society* 36(1): 51 - 72.

McCarthy, M., and Carter, R. (2004). '"There's millions of them": Hyperbole in everyday conversation'. *Journal of Pragmatics* 36: 149 - 184.

McEnery, A. M., Xiao, R. Z., and Tono, Y. (2006). *Corpus-based Language Studies: An Advanced Resource Book.* London/New York: Routledge.

McEnery, T., and Hardie, A. (2001 - 2007). *Lancaster Newsbooks Corpus.* Available from: *The Oxford Text Archive*, http://ota. ox. ac. uk/desc/2531.

McEnery, T., and Hardie, A. (2012). *Corpus Linguistics: Method, Theory and Practice.* Cambridge: Cambridge University Press.

McQuail, D. (2005). *McQuail's Mass Communication Theory*, 5th edn. London: Sage.

Meyer, R. (2015). '72 hours with Facebook instant article'. *The Atlantic*, 23

293

October. http://www. theatlantic. com/technology/archive/2015/10/72-hours-with-facebook-instant-articles/412171/, accessed 10 November 2015.

Milestone, K., and Meyer, A. (2012). *Gender & Popular Culture*. Cambridge/ Malden: Polity. Mnookin, S. (2004). *Hard News: The Scandals at* The New York Times *and their Meaning for American Media*. New York: Random House.

Molek-Kozakowska, K. (2013). 'Towards a pragma-linguistic framework for the study of sensationalism in news headlines'. *Discourse & Communication* 7(2): 173–197.

Molek-Kozakowska, K. (in press). 'Communicating environmental science beyond academia: Stylistic patterns of newsworthiness in popular science journalism'. *Discourse & Communication*.

Montgomery, M. (2005). 'Television news and narrative: How relevant are narrative models for explaining the coherence of television news?' In J. Thornborrow and J. Coates (Eds.). *The Sociolinguistics of Narrative*, 239–260. Amsterdam/ Philadelphia: John Benjamins.

Montgomery, M. (2007). *The Discourse of Broadcast News: A Linguistic Approach*. London/New York: Routledge.

Montgomery, M. (2009). 'Semantic asymmetries and "the war on terror"'. In E. Bielsa and C. W. Hughes (Eds.). *Globalisation, Political Violence and Translation*, 117–135. Basingstoke/New York: Palgrave Macmillan.

Moses, L. (2015). 'Are viral traffic's days numbered?' *Digiday*, 9 March. http:// digiday. com/publishers/viral-traffics-days-numbered/, accessed 14 March 2016.

Nation, I. S. P., and Waring, R. (1997). 'Vocabulary size, text coverage, and word lists'. In N. Schmitt and M. McCarthy (Eds.). *Vocabulary: Description, Acquisition and Pedagogy*, 6–19. Cambridge: Cambridge University Press.

Newman, N. (2011). *Mainstream Media and the Distribution of News in the Age of Social Discovery*. Oxford: Reuters Institute for the Study of Journalism, University of Oxford. Available at: http://reutersinstitute. politics. ox. ac. uk/publication/ mainstream-media-anddistribution-news-age-social-discovery.

Newman, N., and Levy, D. (2014). *Reuters Institute Digital News Report* 2014: *Tracking the Future of News*. Oxford: Reuters Institute for the Study of Journalism, University of Oxford. Available at: http://www. digitalnewsreport. org/.

Nguyen, A. (2013). 'Online news audiences: The challenges of webmetrics'. In K. Fowler-Watt and S. Allan (Eds.). *Journalism: New Challenges*, 146–161. Bournemouth: Centre for Journalism & Communication Research, Bournemouth University.

O'Donnell, M. (2007). 'The UAM Corpus Tool'. *28th ICAME conference*: Stratford-upon-Avon, UK.

O'Donnell, M. (2015). *UAM Corpus Tool* (Version 3. 2) [Computer Software]. Available from: http://www. wagsoft. com/CorpusTool/download. html.

294

O'Donnell, M. B., Scott, M., Mahlberg, M., and Hoey, M. (2012). 'Exploring text-initial words, clusters and concgrams in a newspaper corpus'. *Corpus Linguistics and Linguistic Theory* 8(1): 73–101.

O'Halloran, K. L. (2008). 'Multimodality around the world: Past, present, and future directions for research'. *35th International Systemic Functional Congress* (*ISFC*), Sydney, 21–25 July.

O'Halloran, K. L., and Smith, B. A. (Eds.) (2011). *Multimodal Studies: Exploring Issues and Domains*. London/New York: Routledge.

O'Neill, D., and Harcup, T. (2008). 'News values and selectivity'. In K. Wahl-Jorgensen and T. Hanitzsch (Eds.). *Handbook of Journalism Studies*, 161–174. London/NewYork: Routledge.

Olmstead, K., Mitchell, A., and Rosenstiel, T. (2011). 'Navigating news online: Where people go, how they get there and what lures them away'. *Pew's Research Center's Project for Excellence in Journalism*, 9 May. http://www.journalism.org/analysis_report/navigating_news_online, accessed 25 August 2013.

Palmer, J. (1998). 'News production, news values'. In A. Briggs and P. Cobley (Eds.). *The Media: An Introduction*, 377–391. Harlow: Longman.

Palmer, J. (2000). *Spinning into Control: News Values and Source Strategies*. London/New York: Leicester University Press.

Papacharissi, Z., and Oliveira, M. d. F. (2012). 'Affective news and networked publics: The rhythms of news storytelling on #Egypt'. *Journal of Communication* 62: 266–282.

Partington, A., Duguid, A., and Taylor, C. (2013). *Patterns and Meanings in Discourse: Theory and Practice in Corpus-assisted Discourse Studies* (*CADS*). Amsterdam/Philadelphia: John Benjamins.

Perrin, D. (2013). *The Linguistics of Newswriting*. Amsterdam/Philadelphia: John Benjamins.

Peterson, K. (2015). 'Why Sports Illustrated laid offall of its photographers'. *Money Watch CBS News*, 26 January. http://www.cbsnews.com/news/why-sports-illustrated-cut-all-of-its-photographers/, accessed 11 February 2015.

Pew Research Center (2014). *State of the News Media 2014*. 26 March. http://www.journalism.org/packages/state-of-the-news-media-2014/, accessed 23 March 2016.

Pew Research Center (2015). *The Evolving Role of News on Twitter and Facebook*. 14 July. http://www.journalism.org/2015/07/14/the-evolving-role-of-news-on-twitter-and-facebook/, accessed 23 March 2016.

Pflaeging, J. (2015). '"Things that matter, pass them on": ListSite as viral online genre'. *10plus1: Advancements in Linguistics*. http://10plus1journal.com/wp-content/uploads/2015/09/12_JOU_ART_Pflaeging.pdf, accessed 7 December 2015.

Piazza, R., and Haarman, L. (2011). 'Towards a definition and classification of human interest narratives in television war reporting'. *Journal of Pragmatics* 43: 1540‒1549.

Piper, T. A., Wilcox, S. J., Bonfiglioli, C., Emilsen, A., and Martin, P. (2011). 'Science, media and the public — the framing of the bicycle helmet legislation debate in Australia: A newspaper content analysis'. *eJournalist* 11(2): 125‒149.

Pollard, R. (2014). 'The 'lost' boy: Photo of four-year-old Marwan goes viral'. *Sydney Morning Herald*, 19 February. http://www. smh. com. au/world/the-lost-boy-photo-of-fouryearoldmarwan-goes-viral-20140219-hvcxm. html # ixzz2ySkkXVzo, accessed 22 January 2015.

Potts, A., and Baker, P. (2012). 'Does semantic tagging identify cultural change in British and American English?' *International Journal of Corpus Linguistics* 17(3): 295‒324.

Potts, A., Bednarek, M., and Caple, H. (2015). 'How can computer-based methods help researchers to investigate news values in large datasets? A corpus linguistic study of the construction of newsworthiness in the reporting on Hurricane Katrina'. *Discourse & Communication* 9(2): 149‒172.

Pounds, G. (2010). 'Attitude and subjectivity in Italian and British hard-news reporting: The construction of a culture-specific "reporter" voice'. *Discourse Studies* 12(1): 106‒137.

Pounds, G. (2012). 'Multimodal expression of authorial affect in a British television news programme'. *Discourse, Context & Media* 1: 68‒81.

Präkel, D. (2006). *Composition*. London: Applied Visual Arts.

Price, V., and Tewksbury, D. (1997). 'News values and public opinion: A theoretical account of media priming and framing'. In G. A. Barnett and F. J. Boster (Eds.). *Progress in Communication Sciences: Advances in Persuasion*, 173‒207. Greenwich, CT: Ablex.

Rau, C. (2010). *Dealing with the Media*. Sydney: University of New South Wales Press.

Reich, Z., and Klein-Avraham, I. (2014). 'Textual DNA: The hindered authorship of photojournalists in the Western press'. *Journalism Practice* 8(5): 619‒631.

Reid, A. (2014). '10 social media tips for local news organisations'. *Journalism*, 4 June. https://www. journalism. co. uk/news/10-social-media-tips-for-local-news-organisations/s2/a556974/, accessed 10 November 2015.

Renouf, A. (2007). 'Tracing lexical productivity and creativity in the British media: The Chavs and the Chav-nots?' In J. Munat (Ed.). *Lexical Creativity, Texts and Contexts*, 61‒89. Amsterdam/Philadelphia: John Benjamins.

Richardson, J. E. (2007). *Analysing Newspapers: An Approach from Critical*

295

Discourse Analysis. Basingstoke/New York: Palgrave Macmillan.

Rissel, C., Bonfiglioli, C., Emilsen, A., and Smith, B. J. (2010). 'Representations of cycling in metropolitan newspapers — Changes over time and differences between Sydney and Melbourne, Australia'. *BMC Public Health* 10: 1 – 8.

Ritz, M. -E. (2010). 'The perfect crime? Illicit uses of the present perfect in Australian police media releases'. *Journal of Pragmatics* 42: 3400 – 3417.

Ritz, M. -E., and Engel, D. (2008). '"Vivid narrative use" and the meaning of the present perfect in spoken Australian English'. *Linguistics* 46(1): 131 – 160.

Robie, D. (2006). '"Four Worlds" news values: Media in transition in the South Pacific'. *Australian Journalism Review* 28(1): 71 – 88.

Romano, A. (2015). '9 simple composition tips to take your photos to the next level'. *Mashable Australia*, 18 March. http://mashable. com/2015/03/17/photo-composition-tips/, accessed 27 March.

Rössler, P., Bomhoff, J., Haschke, J. F., Kersten, J., and Müller, R. (2011). 'Selection and impact of press photography: An empirical study on the basis of photo news factors'. *Communications* 36: 415 – 439.

Rychlý, P. (2008). 'A lexicographer-friendly association score'. *Proceedings of Recent Advances in Slavonic Natural Language Processing* (RASLAN): 6 – 9.

Schudson, M. (1978). *Discovering the News: A Social History of American Newspapers*. New York: Basic Books.

Schultz, I. (2007). 'The journalistic gut feeling: Journalistic doxa, news habitus and orthodox news values'. *Journalism Practice* 1(2): 190 – 207.

Schulz, W. F. (1982). 'News structure and people's awareness of political events'. *International Communication Gazette* 30: 139 – 153.

Scott, M. (2015). *Wordsmith* (Version 6. 0. 0. 235—2/08/2015). [Computer Software]. Available from: http://www. lexically. net/wordsmith/.

Semino, E. (2002). 'A sturdy baby or a derailing train? Metaphorical representations of the Euro in British and Italian newspapers'. *Text* 22(1): 107 – 139.

Semino, E. (2008). *Metaphor in Discourse*. Cambridge: Cambridge University Press.

Shaw, P. (2006). 'Evaluative language in evaluative and promotional genres'. In G. D. L. Camiciotti, M. Dossena, and B. C. Camiciottoli (Eds.). *Variation in Business and Economics Discourse: Diachronic and Genre Perspectives*, 152 – 165. Rome: Officina Edizioni.

Shoemaker, P. J., Danielian, L. H., and Brendlinger, N. (1991). 'Deviant acts, risky business and U. S. interests: The newsworthiness of world events'. *Journalism Quarterly* 68(4): 781 – 795.

Sidnell, J. (2010). *Conversation Analysis: An Introduction*. Malden/Oxford: Wiley-Blackwell.

Singletary, M. W., and Lamb, C. (1984). 'News values in award-winning photos'. *Journalism Quarterly* 61(1): 104 – 108 [continued on p. 233].

Sissons, H. (2012). 'Journalism and public relations: A tale of two discourses'. *Discourse & Communication* 6(3): 273 – 294.

Smith, A. , and Higgins, M. (2013). *The Language of Journalism: A Multi-genre Perspective*. London: Bloomsbury.   296

Staab, J. F. (1990). 'The role of news factors in news selection: A theoretical reconsideration'. *European Journal of Communication* 5: 423 – 443.

Stenvall, M. (2008a). 'Unnamed sources as rhetorical constructs in news agency reports'. *Journalism Studies* 9(2): 229 – 243.

Stenvall, M. (2008b). 'On emotions and the journalistic ideals of factuality and objectivity — tools for analysis'. *Journal of Pragmatics* 40(9) [Special Issue on pragmatic and discourse-analytic approaches to present-day English]: 1569 – 1586.

Strömbäck, J. , Karlsson, M. , and Hopmann, D. N. (2012). 'Determinants of news content: Comparing journalists' perceptions of the normative and actual impact of different event properties when deciding what's news'. *Journalism Studies* 13(5 – 6): 718 – 728.

Taylor, C. (2013). 'Searching for similarity using corpus-assisted discourse studies'. *Corpora*8(1): 81 – 113.

Taylor, C. (2014). 'Investigating the representation of migrants in the UK and Italian press: A crosslinguistic corpus-assisted discourse analysis'. *International Journal of Corpus Linguistics* 19(3): 368 – 400.

Thomson, E. A. , and White, P. R. R. (Eds.) (2008). *Communicating Conflict: Multilingual Case Studies of the News Media*. London/New York: Continuum.

Thornborrow, J. , and Montgomery, M. (Eds.) (2010). Special issue on Personalization in the Broadcast News Interview. *Discourse & Communication* 4(2).

Tiffen R. (2010). 'Changes in Australian newspapers 1956 – 2006'. *Journalism Practice* 4(3): 345 – 359.

Tunstall, J. (Ed.) (1970). *Media Sociology: A Reader*. London: Constable.

Tunstall, J. (1971). *Journalists at Work: Specialist Correspondents: Their News Organizations , News Sources , and Competitor-Colleagues*. London: Constable.

Tunstall, J. (1996). *Newspaper Power: The New National Press in Britain*. Oxford: Oxford University Press.

Ungerer, F. (1997). 'Emotions and emotional language in English and German news stories'. In S. Niemeier and R. Dirven (Eds.). *The Language of Emotions* , 307 – 328. Amsterdam/Philadelphia: John Benjamins.

Ungerer, F. (2000a). 'News stories and news events — A changing relationship'. In F. Ungerer. *English Media Texts — Past and Present* , 177 – 195. Amsterdam/ Philadelphia: John Benjamins.

Ungerer, F. (Ed.) (2000b). *English Media Texts — Past and Present*. Amsterdam/ Philadelphia: John Benjamins.

Ungerer, F. (2002). 'When news stories are no longer stories: The emergence of the top-down structure in news reports in English newspapers'. In A. Fischer, G. Tottie, and H. M. Lehmann (Eds.). *Text Types and Corpora: Studies in Honour of Udo Fries*, 91-104. Tübingen: Gunter Narr Verlag.

Ungerer, F. (2004). 'Ads as news stories, news stories as ads: The interaction of advertisements and editorial texts'. *Text* 24(3): 307-328.

Utt, S. H., and Pasternack, S. (2006). 'Front page design: Some trends continue'. *Newspaper Research Journal* 24(3): 48-61.

van Dijk, T. A. (1988a). *News as Discourse*. Hillsdale, NJ: Erlbaum.

van Dijk, T. A. (1988b). *News Analysis: Case Studies of International and National News in the Press*. Hillsdale, NJ: Erlbaum.

van Dijk, T. A. (1998). *Ideology: A Multidisciplinary Approach*. London/Thousand Oaks/New Delhi: Sage.

van Hout, T., and Macgilchrist, F. (2010). 'Framing the news: An ethnographic view of business newswriting'. *Text and Talk* 30(2): 169-191.

van Leeuwen, T. J. (1984). 'Impartial speech: Observations on the intonation of radio newsreaders'. *Australian Journal of Cultural Studies* 2(1): 84-98.

van Leeuwen, T. J. (1989). 'Changed times, changed tunes: Music and the ideology of the news'. In J. Tulloch and G. Turner (Eds.). *Australian Television: Programs, Pleasures and Politics*, 172-186. Sydney: Allen and Unwin.

297 van Leeuwen, T. J. (1992). 'Rhythm and social context: Accent and juncture in the speech of professional radio announcers'. In P. Tench (Ed.). *Studies in Systemic Phonology* 231-262. London/New York: Pinter.

van Leeuwen, T. J. (1999). *Speech, Music, Sound*. London: Macmillan.

van Leeuwen, T. J. (2005). *Introducing Social Semiotics*. London/New York: Routledge.

van Leeuwen, T. J. (2006a). 'Towards a semiotics of typography'. *Information Design Journal* 14(2): 139-155.

van Leeuwen, T. J. (2006b). 'Translation, adaptation, globalization: The Vietnam news'. *Journalism: Theory, Practice and Criticism* 7(2): 217-237.

van Leeuwen, T. J. (2008). *Discourse and Practice — New Tools for Critical Discourse Analysis*. New York: Oxford University Press.

van Leeuwen, T. J. (2011). *The Language of Colour — An Introduction*. London/ New York: Routledge.

van Leeuwen, T. J. (2015). 'Theo van Leeuwen'. In T. H. Andersen, M. Boeriis, E. Maagerø, and E. S. Tønnesses. *Social Semiotics: Key Figures, New Directions*, 93-113. London/New York: Routledge.

Vestergaard, T. (2000). 'From genre to sentence: The leading article and its linguistic realization'. In F. Ungerer (Ed.). *English Media Texts Past and Present: Language and Textual Structure*, 151 – 176. Amsterdam/Philadelphia: John Benjamins.

Walker, P. (2015). 'Sabotage and hatred: What have people got against cyclists?' *Guardian*, 1 July. http://www.theguardian.com/lifeandstyle/2015/jul/01/sabotage-and-hatred-what-havepeople-got-against-cyclists?CMP = share_btn_fb, accessed 25 August 2015.

Welbers, K., Atteveldt, W. v., Kleinnijenhuis, J., Ruigrok, N., and Schaper, J. (2015). 'News selection criteria in the digital age: Professional norms versus online audience metrics'. *Journalism*, first published on 28 July. DOI: http://dx.doi.org/10.1177/1464884915595474.

Westerståhl, J., and Johansson, F. (1994). 'Foreign news: News values and ideologies'. *European Journal of Communication* 9: 71 – 89.

White, P. R. R. (1997). 'Death, disruption and the moral order: The narrative impulse in mass "hard news" reporting'. In F. Christie and J. R. Martin (Eds.). *Genres and Institutions: Social Processes in the Workplace and School*, 101 – 133. London: Cassell.

White, P. R. R. (1998). 'Telling Media Tales: The News Story as Rhetoric'. PhD thesis. University of Sydney, Australia.

White, P. R. R. (2004). 'Subjectivity, evaluation and point of view in media discourse'. In C. Coffin (Ed.). *Applying English Grammar: Functional and Corpus Approaches*, 229 – 246. London: Arnold.

White, P. R. R. (2006). 'Evaluative semantics and ideological positioning in journalistic discourse: A new framework for analysis'. In I. Lassen, J. Strunck, and T. Vestergaard (Eds.). *Mediating Ideology in Text and Image: Ten Critical Studies*, 37 – 67. Amsterdam/Philadelphia: John Benjamins.

Young, S. (2010). 'The journalism "crisis": Is Australia immune or just ahead of its time?' *Journalism Studies* 11(4): 610 – 624.

Zelizer, B. (1995). 'Words against images: Positioning newswork in the age of photography'. In H. Hardt and B. Brennan (Eds.). *News Workers: Toward a History of the Rank and File*, 135 – 159. Minneapolis: University of Minnesota Press.

Zelizer, B. (1998). *Remembering to Forget: Holocaust Memory through the Camera's Eye*. Chicago/London: University of Chicago Press.

Zelizer, B. (2005). 'Journalism through the camera's eye'. In S. Allan (Ed.). *Journalism: Critical Issues*, 167 – 176. Maidenhead: Open University Press.

Zeller, F., O'Kane, J., Godo, E., and Goodrum, A. (2014). 'A subjective user-typology of online news consumption'. *Digital Journalism* 2(2): 214 – 231.

Zorger, C. (1992). 'The "lead" in American radio news: A critical study of types and techniques'. In C. Blank (Ed.). *Language and Civilization: A Concerted Profusion of Essays and Studies in Honour of Otto Hietsch*, 775 – 789. Bern/New York: Peter Lang.

图书在版编目(CIP)数据

新闻价值话语:新闻机构如何制造新闻价值/(澳)莫妮卡·
贝德纳雷克,(澳)海伦·卡普著,邓梦寒译. —上海:上海三联
书店,2023.7
ISBN 978 - 7 - 5426 - 8177 - 5

Ⅰ.①新…　Ⅱ.①莫…②海…③邓…　Ⅲ.①新闻学-研究
Ⅳ.①G210

中国国家版本馆 CIP 数据核字(2023)第 145305 号

新闻价值话语——新闻机构如何制造新闻价值

著　者 / [澳]莫妮卡·贝德纳雷克　[澳]海伦·卡普
译　者 / 邓梦寒
审　校 / 郇昌鹏

责任编辑 / 宋寅悦
装帧设计 / 一本好书
监　制 / 姚　军
责任校对 / 王凌霄

出版发行 / 上海三联书店
　　　　　(200030)中国上海市漕溪北路 331 号 A 座 6 楼
邮　箱 sdxsanlian@sina.com
邮购电话 021 - 22895540
印　刷 / 上海惠敦印务科技有限公司

版　次 / 2023 年 7 月第 1 版
印　次 / 2023 年 7 月第 1 次印刷
开　本 / 710mm×1000mm　1/16
字　数 / 300 千字
印　张 / 20.25
书　号 / ISBN 978 - 7 - 5426 - 8177 - 5/G·1686
定　价 / 85.00 元

敬启读者,如发现本书有印装质量问题,请与印刷厂联系 021 - 63779028